DISTEL
VERLAG

Herbert Schui / Eckart Spoo (Hg.)

Geld ist genug da

Reichtum in Deutschland

Unter Mitarbeit von Rainer Butenschön,
Friedrich Heckmann und Heinz in der Wiesche

Distel Verlag

DISTEL HEFTE · Beiträge zur politischen Bildung · Band 30
Herausgegeben von Uli Dieterich und Marion von Hagen

Sonnengasse 11, 74072 Heilbronn.

Druck und Bindung: Fritz Steinmeier, Nördlingen.
Umschlagentwurf: Jürgen Knauer, Heilbronn.
ISBN 3-929348-11-X

Inhalt

Vorwort 9

I. Wie die Reichen reicher werden

Ernst-Ulrich Huster
Soziale Polarisierung – Wieviel Abstand zwischen Arm und Reich verträgt die Gesellschaft 13

Stefan Welzk
Wie in Deutschland umverteilt und der Wohlstand ruiniert wird 29

Rainer Roth
Wie der Staat die Reichen immer reicher macht 40

Ulrich Podszuweit
Je mehr Reichtum, desto mehr Armut – Sozialdaten aus einer der reichsten Städte Europas 50

Klaus Steinitz
Transfer West-Ost und Ost-West – Wie an der deutschen Vereinigung verdient wird 53

Hans See
Wie wirtschaftskriminelle Bereicherung Staats- und Sozialkassen leert 60

II. Wie das Kapital zusammenwächst und seine Macht erweitert

Jörg Huffschmid
Zentralisierung und Monopolisierung des Kapitals – aktuelle Tendenzen 70

Fred Schmid
Finanzspekulation 78

Klaus Carlin
Die Macht der Banken – welchen Zwecken dient sie oder soll sie dienen? 86

Manfred Sohn
Die Finanzkonzerne demokratisieren 88

Udo Reifner
Finanzierung gegen Diskriminierung - Wie Banken Armut bekämpfen könnten 91

III. Wie die Kapitalmacht auf die Köpfe wirkt

Herbert Schui
Neoliberalismus - Der Versuch, die Konzentration von Einkommen und Vermögen zu legitimieren 103

Raimund Hethey
Denkfabriken der Reichen - Wo imperialistische Politik legitimiert wird 123

Otto Köhler
Die Macht der Reichen - dargestellt am System Metro/Kirch 128

Heinrich Bleicher-Nagelmann
Medien, Macht und Geld 134

Horst Bethge
Reichtum - kein Thema im Unterricht 138

Andrea Weinert
Das Geschlecht des Reichtums 141

Harald Werner
Reichtum als Ersatz 154

IV. Wie der Sozialstaat ausgebeutet wird

Christoph Butterwegge
Weltmarktkonkurrenz, Wohlstandssicherung und Sozialstaatsentwicklung 158

Heidi Knake-Werner
Sie sagen Umbau, sie meinen Abbau des Sozialstaats 170

Eberhard Dähne
Ausverkauf der Kommunen – am Beispiel der Boden- und Baupolitik in Frankfurt a. M. 172

Susanne Uhl
Beispiel: »Standort«-Politik in Hamburg 180

Dieter Hummel
Verdienstquelle Flüchtlinge 182

Hans Reich
Verdienstquelle Verschuldete und Überverschuldete 185

V. Wofür wir das Geld brauchen

Gisbert Schlemmer
Geld ist genug da, Arbeit auch – wir müssen beides gerecht verteilen 193

Andreas Bachmann
Anmerkungen zur Arbeitsmarktpolitik 198

Wolfgang Schoeller
Für die Entwicklungsländer verzichten? 202

Eckart Spoo
Wofür wir das Geld brauchen 213

Joachim Bischoff
Politik in einer reichen Gesellschaft 230

Hamburger Ermutigung 236

Die Autorinnen und Autoren 245

»Es ist alles still, wie in einer verschneiten Winternacht. Nur ein leiser, monotoner Tropfenfall. Das sind die Zinsen, die fortlaufend hinabträufeln in die Kapitalien, welche beständig anschwellen; man hört ordentlich, wie sie wachsen, die Reichtümer der Reichen. Dazwischen das leise Schluchzen der Armut. Manchmal klirrt etwas, wie ein Messer, das gewetzt wird.« *Heinrich Heine* (Lutetia)

Vorwort

Sozialleistungen werden gekürzt, Bildungs- und Kulturetats beschnitten, Umweltschutz und Entwicklungshilfe eingeschränkt. Zugleich wächst die Verschuldung des Staates. Die Kommunen sehen sich gezwungen, Aufgaben zu reduzieren und öffentliches Eigentum zu veräußern, um Haushaltslöcher zu stopfen. Die Bürgerinnen und Bürger erfahren tagtäglich über alle Medien: »Es muß gespart werden.« Viele Politiker und sogar manche Gewerkschafter haben längst verinnerlicht: »Es muß gespart werden.« Wer noch Forderungen an den Staat und an die Unternehmen richtet oder sich auch nur für die Bewahrung gesellschaftlicher Errungenschaften einsetzt, bekommt zu hören: »Es muß gespart werden.« Denn es sei »kein Geld da«. Kaum wagt noch jemand zu fragen, wofür denn gespart wird. Und nirgendwo in der öffentlichen Debatte hört man den Einwand, daß doch Produktivität und Produktion in Deutschland weiterhin wachsen und insofern eigentlich eine Verbesserung der allgemeinen Lebensverhältnisse möglich sein müßte.

Wer spricht vom realen Reichtum in Deutschland?

Ein als schicksalhaft suggerierter Sparzwang schüchtert die Menschen ein, lähmt die soziale Phantasie und Verantwortung, bedroht die Demokratie und die Humanität. Daher erscheint es dringend erforderlich, die Umverteilung von unten nach oben, ihre Mechanismen und ihre Konsequenzen zum Thema zu machen. Zu sprechen ist über die Milliardengewinne von Banken und Versicherungen, der Chemie- und Energiekonzerne, über die Milliardenaufwendungen für den Aufkauf von Firmen im Ausland, über den einträglichen Rüstungsexport, über die Ellenbogenmoral und ihre neoliberalen Theoretiker und Propagandisten.

Geld ist genug da. So viel, daß ein Bankier von »peanuts« spricht, wenn seinem Institut bei einer Fehlspekulation ein neunstelliger Betrag abhanden kommt. Weltweit wird täglich mit vieltausendfach höheren Beträgen spekuliert. Geld ist genug da – nur wo es wirklich gebraucht wird, fehlt es.

Dieses Buch soll dem politisch-ideologischen Druck entgegenwirken, den ein vergötzter Sparzwang ausübt. Es soll dazu anregen und ermuntern, in größeren gesellschaftlichen Zusammenhängen zu denken und wieder Freiräume für politisches Handeln zu entdecken. Vor allem soll es helfen, Klarheit darüber zu schaffen, daß Reichtum und Armut zusammengehören. Die politisch-ökonomischen Bedingungen sollen ausgeleuchtet werden, unter denen die Reichen geradezu zwangsläufig immer reicher werden und die Armen immer weiter zurückbleiben müssen.

Das Buch geht zurück auf den »Sozialpolitischen Ratschlag über Reichtum in Deutschland«, der im November 1995 in der Hochschule für Wirtschaft und Politik in Hamburg stattgefunden hat. Veranstalter war (unterstützt vom DGB und anderen Organisationen) die überparteiliche Bürgerinitiative für Sozialismus. Diese am 14. Juli 1989 unter dem Motto »Freiheit, Gleichheit, Mitmenschlichkeit« in Hannover gegründete Bürgerinitiative hatte zuvor die wachsende Armut in Deutschland thematisiert[1] und dazu beigetragen, dieses Thema in die öffentliche Debatte zu bringen. Inzwischen entstanden regionale Armutskonferenzen; DGB und Deutscher Paritätischer Wohlfahrtsverband gaben gemeinsam einen Armutsbericht heraus; mehr und mehr Wissenschaftlerinnen und Wissenschaftler befassen sich mit den Verarmungs- und Verelendungsprozessen. Doch wenn der Blick allein auf die Armut fixiert wird und der Reichtum ausgeblendet bleibt, entsteht ein falsches Bild – ein gefährliches Bild. Der Reichtum und seine kausale Wechselbeziehung zur Armut müssen in die Betrachtung einbezogen werden. Sonst erscheint die Verarmung schicksalhaft, und dann verstärkt sich der Einschüchterungseffekt, der die für demokratische Problemlösungen dringend benötigten Kräfte lähmt. Diese Überlegung führte zu dem Hamburger Kongreß, an dem 450 Wissenschaftler und Gewerkschafter teilnahmen. Ein Ergebnis des Kongresses ist die »Hamburger Ermutigung«, die am Ende dieses Buches abgedruckt ist.

Die Referentinnen und Referenten des Kongresses vertraten unterschiedliche, in manchen Punkten auch gegensätzliche Auffassungen. Man wird das beim Lesen dieses Buches feststellen und sich dadurch zu eigenem Nachdenken anregen lassen. Als Herausgeber des Buches

1 »Sozialpolitischer Ratschlag über Armut und Verelendung im reichen Deutschland« unter der Schirmherrschaft des niedersächsischen Sozialministers Walter Hiller in der Universität Braunschweig. Die Referate liegen vor in dem Buch »Gegen die soziale Lüge«, hg. von R. Butenschön/K. Dockhorn/F. Heckmann/E. Spoo, Braunschweig 1993.

haben wir das Meinungsspektrum nicht angetastet. Unvermeidlich war es jedoch, die Textmenge erheblich zu verringern. Nicht alle Referate konnten in das Buch aufgenommen werden. Außerdem mußten wir die Texte stark kürzen, um das Buch auf einen handlichen und bezahlbaren Umfang zu bringen.

Unser Dank gilt allen, die zum Zustandekommen des Kongresses und des Buches beigetragen haben. Neben den im Autorenregister genannten verdienen besondere Erwähnung: Kersten Artus, Rolf Becker, Frauke Dittmann, Hinrich Feddersen, Günter Frech, Folker Fröbel, Klaus Mehrens, Lydia Spoo, Richard Sorg, Wilhelm Warner, Ulrich Zachert, der Hamburger DGB-Vorsitzende Erhard Pumm und der Präsident der Hamburger Hochschule für Wirtschaft und Politik, Lothar Zechlin.

Von dem Kongreß gingen bereits spürbare Wirkungen aus (z. B. regionale Nachfolgeveranstaltungen). Wir hoffen, durch die Buchveröffentlichung noch viel mehr Menschen erreichen zu können, denen die hier zusammengetragenen Informationen und Argumente helfen sollen, sich gegen den seit Jahren betriebenen Sozialstaatsabbau zu wehren. Je genauer wir in den Blick nehmen, wie sich Ungleichheit herstellt und ständig vergrößert, desto mehr Ansatzpunkte für eine Politik sozialstaatlichen Ausgleichs können wir entdecken – in einer Zeit, in der Hans-Olaf Henkel, Präsident des Bundesverbands der deutschen Industrie, den Sozialstaat für nicht mehr finanzierbar erklärt.

Hamburg / Hannover, im März 1996 Herbert Schui / Eckart Spoo

I. Wie die Reichen reicher werden

Ernst-Ulrich Huster

Soziale Polarisierung – Wieviel Abstand zwischen Arm und Reich verträgt die Gesellschaft?

Die Gesellschaft in der Bundesrepublik Deutschland hat sich offensichtlich damit abgefunden, daß parallel zum stetig steigenden Wohlstand, ja Reichtum die Zahl der Personen dramatisch zunimmt, die ohne staatliche Hilfe ihr Auskommen nicht fristen können. Von 1980 bis 1992 hat sich beispielsweise die Zahl der Empfänger von Hilfen zum Lebensunterhalt in der Sozialhilfe mehr als verdoppelt (Index: 1980 = 100, 1992 = 238), während sich gleichzeitig die Anzahl der Haushalte mit einem monatlich verfügbaren Einkommen von 10000 DM und mehr fast verfünffacht hat (Index 1992 = 471).[1] Der Anteil dieser reichen Haushalte an der Gesamtzahl aller Haushalte ist von 1980 bis 1992 von 1,5 Prozent auf 5 Prozent angestiegen, er hat sich also mehr als verdreifacht.[2]

Global gilt für 1992: Das obere Drittel der privaten Haushalte hat mit einem Anteil von 58,2 Prozent der gesamten verfügbaren Haushaltseinkommen in der Bundesrepublik Deutschland mehr als die beiden unteren Drittel zusammen, auf die nur 41,8 Prozent entfallen. Eine große Differenz besteht noch einmal zwischen dem mittleren und dem unteren Drittel: Auf das untere Drittel aller Haushalte ent-

1 E.-U. Huster: Einkommensverteilung und hohe Einkommen in Deutschland, in: ders. (Hg.): Reichtum in Deutschland, Frankfurt a.M./New York 1993; ders.: Reichtum in Deutschland – Von der Schwierigkeit, über ein Tabu zu sprechen, in: WSI-Mitteilungen, Heft 10/1994, S. 635 ff.

2 Vgl. Deutsches Institut für Wirtschaftsforschung (DIW), Wochenberichte Nr. 4/1982 und Nr. 45/1994.

fällt mit einem Anteil von 15,7 Prozent weniger als die Hälfte dessen, was ihm proportional eigentlich zustünde. Aber auch das mittlere Drittel bleibt mit einem Anteil von 26,1 Prozent erheblich unter seinem ihm bei gleicher Verteilung zustehenden Drittel.[3] Und diese Entwicklung geht offensichtlich weiter.

1. Ungleiche Verteilung: Unbeabsichtigt oder systembedingt?

Verteidiger des marktwirtschaftlich-kapitalistischen Systems bewegen sich im Regelfall im Widerspruch zwischen dem Leugnen asymmetrischer Verteilungsstrukturen als Bedingung der bestehenden Wirtschaftsordnung und gleichzeitigem Legitimieren dieser Asymmetrien. Im Gegensatz zu derartigen Ideologemen vermochten die Klassiker der Wirtschaftswissenschaften wie auch ein von ihnen besonders geprägter Theoretiker der bürgerlichen Gesellschaft, Georg Wilhelm Friedrich Hegel, mit Theorie Wirklichkeit im wahrsten Sinne des Wortes »auf den Begriff« zu bringen. So schieb Hegel in seiner Rechtsphilosophie von 1821: »Durch die *Verallgemeinerung* des Zusammenhangs der Menschen durch ihre Bedürfnisse und der Weisen, die Mittel für diese zu bereiten und herbeizubringen, vermehrt sich die *Anhäufung der Reichtümer* – denn aus dieser gedoppelten Allgemeinheit wird der größte Gewinn gezogen – auf der einen Seite, wie auf der anderen Seite die *Vereinzelung* und *Beschränktheit* der besonderen Arbeit und damit die *Abhängigkeit* und *Not* der an diese Arbeit gebundenen Klasse, womit die Unfähigkeit der Empfindung und des Genusses der weiteren Freiheiten und besonders der geistigen Vorteile der bürgerlichen Gesellschaft zusammenhängt.« Zugleich resümierte Hegel: »Es kommt hierin zum Vorschein, daß bei dem *Übermaße des Reichtums* die bürgerliche Gesellschaft *nicht reich genug* ist, d.h. an dem ihr eigentümlichen Vermögen nicht genug besitzt, dem Übermaße der Armut und der Erzeugung des Pöbels zu steuern.«[4] Von hier war der Schritt zu Karl Marx und Friedrich Engels nicht groß,

3 Deutsches Institut für Wirtschaftsforschung, Zahl und Nettoeinkommen der Haushalte in der Bundesrepublik Deutschland 1992, Typoskript.

4 G.W.F Hegel: Rechtsphilosophie, Paragraph 243 und 245, in: Hegel: Werke, Frankfurt a.M., Band 7, S. 389 und 390.

die in der bürgerlichen Gesellschaft »Armut und Reichtum zu einem Ganzen« zusammengefaßt sahen, das in sich gegensätzlich sei.[5]

Parallel zur Herausbildung einer im wesentlichen reformorientierten Arbeiterbewegung in Deutschland und der sozialen Abfederung der Folgen der industriellen Revolution haben auch bürgerliche Kreise nach der Legitimation des Reichtums gefragt, und zwar eines Reichtums, der sich im Gegensatz zur fortschreitenden Armut herausbildet.[6]

In den 20er Jahren des 20. Jahrhunderts standen vor allem die hohen Reichtumsverluste im Zentrum des Interesses, die tragende Teile der alten kaiserlichen Gesellschaft während und nach dem Ersten Weltkrieg erlitten hatten, vor allem der Mittelstand. Nach der – erfolgreichen – Abwehr der Sozialisierungsdrohungen galt es nun, vor allem die von den Versailler Siegermächten auferlegten Hemmnisse zu überwinden und im Bereich des Wirtschaftens wieder frei von fremdem Einfluß bzw. Diktat zu werden.[7]

Nach dem Zweiten Weltkrieg gab es – keineswegs nur in der Sowjetischen Besatzungszone – starke politische Bewegungen, die nach Vergesellschaftung von Grund und Boden, von tragenden Wirtschaftsbereichen und nach weitgehender Umverteilung der gesellschaftlichen Ressourcen strebten. Die Währungsreform vom 20. Juni 1948 unterstellte, daß alle Bürger in der marktwirtschaftlichen Stunde Null gleich viel Geld in der Hand hätten und daß es nun jedermanns/-fraus Sache sei, sein/ihr Glück zu wenden. Das Konzept der Sozialen Marktwirtschaft gab den Rahmen für freigesetzte Marktkräfte, zugleich schuf es Voraussetzungen dafür, daß diejenigen, die in diesem Treiben nicht mithalten können, letztlich sozial abgesichert werden. Der rasch einsetzende Wirtschaftsaufschwung und damit auch die Verbesserung der Lebenslage zunächst der Arbeitenden und später auch der Sozialleistungsempfänger hielt lange Zeit verdeckt, daß nicht nur die Vorstellung gleicher Startbedingungen Fiktion war, sondern daß mit dem Fortbestehen der alten Besitzverhältnisse die Verteilung erneut stark asymmetrisch war, wobei die neoliberale Wirtschaftspolitik massiv den bereits bestehenden und den neu dazu-

---

5 K. Marx/F. Engels: Werke, Berlin 1974, S. 36f.

6 Vgl. u. a. A. Seldis: Der moderne Reichthum und das menschliche Lebensglück, Berlin 1872; C. Marfels: Die zunehmende Verarmung inmitten des Reichthums, Berlin 1896; A. Graf v. Posadowsky-Wehner: Luxus und Sparsamkeit, Göttingen 1909.

7 E. Neckarsulmer: Der alte und der neue Reichtum, Berlin 1925.

gekommenen Reichtum förderte. Es waren Außenseiter wie etwa Kurt Pritzkoleit, die auf diese Entwicklung und darauf verwiesen, daß nicht geringe Vermögenswerte in die Nachkriegszeit hatten gerettet werden können, die letztlich durch die nationalsozialistische Aufrüstung sowie Kriegsführung und durch den Einsatz von Zwangsarbeitern erworben worden waren.[8]

Das Auslaufen des scheinbar selbsttragenden Wirtschaftswunders in den 60er Jahren kratzte nicht nur an dem Image stetig steigerbaren Wohlstandes, sondern machte zugleich die tatsächliche Ungleichverteilung der erwirtschafteten materiellen Ressourcen nach dem Zweiten Weltkrieg deutlich. Erste Untersuchungen etwa zur Einkommens- und Vermögensverteilung entstanden, zugleich Pläne, wie das Vermögen breiter gestreut werden könnte.[9] Mit Michael Jungbluts Studie »Die Reichen und die Superreichen in Deutschland«[10] wurde dies auch einer breiteren Leserschicht zugänglich gemacht. Jungblut griff damit den Ansatz von Ferdinand Lundberg auf, der 1968 in den USA nach den Reichen und den Superreichen gefahndet und damit zugleich die in den USA weiter verbreitete Reichtumsforschung fortgesetzt hatte.[11] Anders in Deutschland: Jungbluts Studie blieb im wahrsten Sinne des Wortes einzigartig. Von Mierheim und Wicke[12] ist im akademischen Bereich noch eine größere Studie zur Vermögenskonzentration vorgelegt worden. Erst in neuester Zeit hat es einige kleinere Einzeldarstellungen zu diesem Thema gegeben.[13]

---

8 K. Pritzkoleit: Das kommandierte Wunder, Deutschlands Weg im 20. Jahrhundert, Wien/München/Basel 1959; ders.: Auf einer Woge von Gold, Der Triumph der Wirtschaft, Wien/München/Basel 1961.

9 W. Krelle/J. Schunck/J. Siebke: Überbetriebliche Ertragsbeteiligung der Arbeitnehmer. Mit einer Untersuchung über die Vermögensstruktur der Bundesrepublik Deutschland, Tübingen 1968.

10 Reinbek bei Hamburg 1973.

11 F. Lundberg: Die Reichen und die Superreichen. Macht und Allmacht des Geldes, Frankfurt a.M. 1971.

12 H. Mierheim/L. Wicke: Die personelle Vermögensverteilung in der Bundesrepublik Deutschland, Tübingen 1978.

13 Vgl. u.a. R. Welzmüller: Armut und Reichtum in der Bundesrepublik Deutschland, in: Verbraucherpolitische Hefte, Heft 7/1988, S. 55ff.; M. Euler: Wer zählt zu den reichen Leuten?, in: bank und markt, Heft 10/1990, S. 5ff.; C. Schäfer: »Armut« und »Reichtum« sind die verteilungspolitischen Aufgaben. Zur Entwicklung der Einkommensverteilung 1992, in: WSI-Mitteilungen, Heft 10/1993, S. 617ff.; vgl. ders.: Die »Gerechtigkeitslücken« können auch ökonomische Effizienzlücken wer-

2. Daten zur Reichtumsentwicklung in Deutschland

Die Bundesrepublik Deutschland ist eines der reichsten Länder der Welt. Dies gilt auch nach Herstellung der deutschen Einheit, zumal sich der Reichtum nach wie vor dort konzentriert, wo er war, nämlich in Westdeutschland.

Mit dem Nachtsichtgerät scheuem Wild auf der Spur

Es gibt in der bundesdeutschen Literatur nur wenige Ansätze, die Entwicklung des Reichtums zu beschreiben und zu analysieren. Beschäftigt man sich mit dem Reichtum, erkennt man sehr schnell, daß es im Grunde keine Quellen gibt, die geeignet sind, aus sich heraus den Reichtum und dessen Entwicklung zu illustrieren. Es drängt sich der Verdacht auf, daß Unkenntnis über hohe Einkommen vielleicht sogar eine ihrer Grundvoraussetzungen darstellt. Bezieher hoher Einkommen lieben das Diskrete vor allem, wenn es um die Offenlegung ihrer Einkünfte geht. Sozialstatistik und öffentliche Forschungsförderung tragen diesem Bedürfnis Rechnung.

Ohne nun en detail die empirische Erforschung nachzuzeichnen, die der Suche nach scheuem Wild mit dem Nachtsichtgerät gleicht, darf ich hier die Ergebnisse kurz zusammenfassen: In der Armutsforschung hat sich in einem fast zwei Jahrzehnte währenden Diskurs ein Konsens dahingehend herausgebildet, daß Armut eine relative Größe bezogen auf das durchschnittlich verfügbare, nach Haushaltsgröße gewichtete Einkommen darstellt.

Eine vergleichbare Diskussion um einen Reichtumsbegriff gibt es bislang nicht. Wenn allerdings – entsprechend EU-Vorstellungen – die Hälfte dessen, was – im gewichteten Durchschnitt – einem Haushalt zur Verfügung steht, die Grenze zur Armut markiert, dann liegt es nahe, das Doppelte des durchschnittlichen, gewichteten Haushaltseinkommens als Reichtumsgrenze aufzufassen. Liegt also 1992 das durchschnittliche verfügbare Haushaltseinkommen in (West-) Deutschland bei 4766 DM, ergibt sich eine so definierte durchschnittliche Reichtumsgrenze bei etwa 9500 DM.

---

den – Zur Entwicklung der Einkommensverteilung 1993 und in den Vorjahren, in: WSI-Mitteilungen, Heft 10/1994, S. 598 ff.

Diese Reichtumsdefinition auf der Grundlage quantitativer Kriterien bedarf der Ergänzung durch qualitative: Einkommen – aus welchen Quellen auch immer – dient u. a. der Befriedigung von Bedürfnissen der unterschiedlichsten Art. Je niedriger das verfügbare Haushaltseinkommen ist, desto stärker ist der Verbrauch auf die Befriedigung des unumgänglichen Grundbedarfs wie Wohnen, Essen, Energie etc. konzentriert. Mit steigendem Haushaltseinkommen wird ein gehobener Konsum möglich, insbesondere entstehen größere Freiräume in den Bereichen Haushaltsführung, Verkehr und Nachrichtenübermittlung, Bildung und Unterhaltung sowie persönliche Ausstattung. Nach Güterarten gestaffelt steigt mit einem höheren verfügbaren Einkommen die Möglichkeit, langlebige hochwertige Gebrauchsgüter anzuschaffen. Und schließlich nimmt die Sparquote zu.

Mit dem Übergang zu einem verfügbaren Haushaltseinkommen über 10 000 DM im Monat verschieben sich die Haushaltsausgaben im Sinne einer neuen Qualität: Obwohl man sich eine bessere Wohnung, bessere Lebensmittel leisten kann, fällt der Anteil der Mietausgaben wie der Ausgaben für Ernährung am Gesamtbudget, so daß eine erheblich freiere Aufteilung der Haushaltsmittel möglich ist – eine knappe sozialstatistische Illustration der Erkenntnis von Bert Brecht: »Nur wer im Wohlstand lebt, lebt angenehm!«

Hinzu kommt, daß Haushalte mit einem ausgabefähigen Einkommen von 10 000 bis 25 000 DM pro Monat 30 Prozent sparen können.

Bedeutet ein Leben mit einem verfügbaren Einkommen von weniger als der Hälfte des durchschnittlichen Haushaltseinkommens eine so erhebliche Einschränkung der Bedürfnisbefriedigung, daß man hier von Armut sprechen kann, so stellen umgekehrt eine derartige freie Haushaltsgestaltung, die Befriedigung breiter, über Alltagsbedürfnisse hinausgehender Bedürfnisse sowie die hohe Sparquote ebenfalls eine neue Qualität dar, die ich als Reichtum bezeichne. Die Modellberechnung des DIW weist für 1992 ca. 1,7 Millionen Haushalte mit einem verfügbaren Monatseinkommen von 10 000 DM und mehr aus. Mehr als eine Million Haushalte davon sind solche von Selbständigen außerhalb der Landwirtschaft.

Der Übergang ist ebenso fließend wie die Armutsgrenze. Aber offenbar ist Reichtum nicht auf eine kleine soziale Gruppe beschränkt, etwa auf die 13 662 ausgewiesenen Einkommensmillionäre (1986). Reichtum ist vielmehr eine auch zahlenmäßig relevante, man kann sogar sagen: eine Massenerscheinung der bundesdeutschen Gesellschaft geworden.

An der Einkommensteuerstatistik wird darüber hinaus deutlich, daß es innerhalb dieser Schicht der reichen Haushalte offensichtlich eine Schwelle gibt, wo das hohe Einkommen für den persönlichen Verbrauch und die Sicherung einer gehobenen Lebensqualität relativ gesehen an Bedeutung verliert und der Ausbau einer selbständigen Existenz, die Vermehrung von Kapitalvermögen und vor allem von Produktivvermögen in den Vordergrund rücken. Das meint, daß hier trotz eines hohen Lebensstandards genügend finanzielle Ressourcen vorhanden sind, die genutzt werden, um die Ressourcen selbst wieder produktiv zur Quelle von neuem Einkommen werden zu lassen. Ich will hier nicht erörtern, ob für eine solche Einkommensklasse, die etwa ab 500 000 DM zu versteuerndem Einkommen anzusetzen ist, die Bezeichnung »superreich« angemessen ist. Wesentlich ist, daß in diesem Grenzbereich auch die Einkommen aus selbständiger Tätigkeit zurückgehen, während nun das Einkommen aus dem Besitz an Produktivvermögen an die erste Stelle rückt. Die Einkommensteuerstatistik weist für 1986 knapp 40 000 Steuerpflichtige mit Einkünften über 500 000 DM aus. Allerdings sind erhebliche Zweifel an der Steuerehrlichkeit gerade dieses und des unmittelbar darunter liegenden Personenkreises angebracht, so daß von einer größeren Zahl Steuerpflichtiger in der Gruppe der besonders Reichen auszugehen ist.

Das Vermögen der privaten Haushalte in Deutschland

Einkommen ist starken Schwankungen unterworfen. Im Gegensatz dazu hat Vermögen eine größere Beharrungstendenz und kann seinerseits erneut Quelle von Einkommen sein. 1986 deklarierten 102 792 Personen beim Finanzamt ein Rohvermögen in Höhe von einer Million und mehr DM.

Die Datenlage zur Verteilung der Vermögen ist noch dürftiger als zu den hohen Einkommen. Laut Berechnungen der Deutschen Bundesbank hatten die westdeutschen Haushalte 1992 insgesamt ein Bruttogeldvermögen von zusammen 3,26 Billionen Mark angespart. Pro Haushalt ergab dies brutto 110 000 DM – fünfmal mehr als 1979. Dabei zeigen aber erste Ergebnisse der Einkommens- und Verbrauchsstichprobe (EVS) von 1988, daß die untere Hälfte der Haushalte lediglich über sechs Prozent des dort ausgewiesenen Geldvermögens verfügt, während das oberste Hundertstel 13 Prozent auf sich konzentriert. Insgesamt ergibt ein Vergleich, daß das Ausmaß der Konzentration bei Vermögen etwa doppelt so hoch ist wie bei Einkommen.

Des weiteren veranschlagt die Deutsche Bundesbank das Gesamtvermögen der deutschen Haushalte auf 9,5 Billionen Mark. Die Auswertung der EVS von 1983 durch Heinrich Schlomann zeigt, daß das oberste Einkommensdezil, also die wohlhabendsten 10 Prozent der Haushalte, 1983 über nicht weniger als 48,8 Prozent des gesamten privaten Nettovermögens verfügte, während sich die unteren 50 Prozent der Haushalte zusammen mit gerade 2,4 Prozent zufrieden geben mußten! Im Fall des reichsten Zehntels bedeutete dies im Schnitt 600000 DM pro Haushalt und 345000 DM pro Kopf. Dabei muß darauf hingewiesen werden, daß die EVS zum einen auf Selbstauskünften der Haushalte beruht und insofern auch hier gerade bei höheren Einkommen und Vermögen mit Sicherheit eher von zu niedrigen Angaben auszugehen ist. Zum anderen fehlen hier spezielle Angaben über die Haushalte mit einem monatlichen Nettoeinkommen von über 25000 DM, also die obersten Einkommensbezieher und Vermögensbesitzer, die das Bild sicher in Richtung zugespitzter Vermögensverhältnisse verdeutlichen würden.

3. Reichtum unter der Steuerschraube?

Es gehört zu den gängigen Topoi sozialer und politischer Repräsentanten von Besserverdienenden, Leistung in unserer Gesellschaft lohne sich nicht mehr, weil der Mehrverdienst letztlich vom Staat weggesteuert werde. Es gelte, so wird argumentiert, die Leistungsträger dieser Gesellschaft auch steuerlich zu entlasten, damit sie innovativ und investiv den zukünftigen wirtschaftlichen Wohlstand vorbereiten und vermehren können. »Sozialneid« hingegen nütze niemandem, schon gar nicht den Ärmeren, seien diese letztlich doch auch von der Leistungsfähigkeit der Leistungsstärkeren abhängig.

Geschichtlich hat sich im Steuerrecht der schon von Adam Smith formulierte Grundsatz durchgesetzt, wonach »die Untertanen jedes Staates [...] zur Unterstützung der Staatsgewalt möglichst genau nach Verhältnis ihres Vermögens beitragen, d.h. nach Verhältnis der Einkünfte, die ein jeder unter dem Schutze des Staates genießt«.[14] Dieses »Äquivalenzprinzip«, das zwar »eine der Leistungs- bzw. Belastungsfähigkeit entsprechende Steuer«[15] legitimiert, wird aber zugleich stets von neuem ausgehöhlt, und zwar auf der Ebene des Gesetzgebers, auf der Ebene des steuerpflichtigen Bürgers oder Unternehmens und schließlich in der Praxis der steuereinziehenden Behörden.

Um das Ergebnis kurz zusammenzufassen: Das Aufkommen bei den Gesamtsteuern hat sich in drei Jahrzehnten bundesdeutscher Geschichte geradezu verkehrt. 1960 stellten die Gewinnsteuern (hier verstanden als Sammelbegriff von Einkommensteuer, nicht veranlagter Einkommensteuer, Körperschaftssteuer und Gewerbesteuer) noch einen Anteil von knapp 35 Prozent. Dieser Anteil ist – unter gewissen Schwankungen – stetig gesunken und liegt 1992 bei ca. 17 Prozent. Umgekehrt ist der Anteil der vor allem von den abhängig Beschäftigten zu zahlenden Lohnsteuer von ehedem ca. 12 Prozent kontinuierlich auf nunmehr 36 Prozent gestiegen. Der kurze Rückgang im Verlauf der Steuerreform Ende der 80er Jahre ist insbesondere seit 1991 mehr als überkompensiert worden.

Lohnsteuerpflichtige haben nicht solche Möglichkeiten wie Einkommensteuerpflichtige. Oliver Lang vom Mannheimer Zentrum für Europäische Wirtschaftsforschung hat festgestellt, daß die »individuelle Einkommensteuerlast [...] von der Findigkeit des einzelnen Steuerzahlers bzw. seines Beraters ab[hängt], Schlupflöcher im Steuersystem ausfindig zu machen.«[16] Dabei – und dies ist die Pointe – gipfelt nach Berechnungen Langs der tatsächliche, auf das Bruttoeinkommen bezogene Grenzsteuersatz bei lediglich 34 Prozent: »Diesen Höchstwert zahlten allerdings nicht die Haushalte mit den höchsten Einkommen, sondern jene der gehobenen Mittelschicht. An der Spitze der Einkommenspyramide nahm die Grenzsteuerbelastung wieder ab. Haushalte aus dem obersten Zehntel der Einkommenshierarchie überwiesen dem Finanzamt von einer zusätzlich verdienten Mark im Durchschnitt nur 32 Pfennige als Einkommensteuer.«[17] Dies führt

---

14 A. Smith: Eine Untersuchung über Natur und Wesen des Volkswohlstandes, dt. Gießen 1973, Zweiter Teil, S. 559.

15 D. Eißel: Reichtum unter der Steuerschraube?, Staatlicher Umgang mit hohen Einkommen und Vermögen, in: Huster (Hg.), a. a. O., S. 87.

16 O. Lang: Steuervermeidung und -hinterziehung: Eine Schätzung von Ausmaß und Gründen, in: ZEW Newsletter, Heft 1/1993, S. 17.

17 O. Lang: Die Reichen und ihre Steueroasen, in: Caritas, Heft 2/1994, S. 59.

dann zu beträchtlichen Einnahmeausfällen des Staates. Lang berechnet für 1992 den Steuerausfall auf ca. 130 Milliarden DM.

Parallel zum Anstieg der Lohnsteuer, wenngleich nicht im selben Umfange, ist in diesen drei Jahrzehnten der Anteil der Umsatzsteuern angestiegen, in besonderer Weise zwischen 1976 und 1984 und sodann kontinuierlich seit 1989. Da die Umsatzsteuern besonders die Endverbraucher belasten, ist die breite Masse der Bezieher niedriger und mittlerer Einkommen relativ gesehen stärker am Umsatzsteueraufkommen beteiligt als etwa die Besserverdienenden mit einer hohen Sparquote.

Alles in allem hat dies die Bezieher von Gewinneinkommen und die Besitzer von Vermögen erheblich entlastet. Das DIW resümiert in einer nur noch als sarkastisch zu bezeichnenden Weise: »Nachdem die Unternehmen in der ersten Hälfte der 80er Jahre entlastet worden waren, in der zweiten Hälfte der 80er Jahre die mittleren und höheren Einkommensgruppen überdurchschittlich begünstigt wurden, hatten zu Beginn der 90er Jahre die unteren Einkommensgruppen den Großteil der Last - relativ zu ihrem Einkommen - zu tragen. [...] In den 80er Jahren hat die Finanzpolitik [...] die Einkommen über die marktmäßige Entwicklung hinaus zugunsten der Unternehmen bzw. der Gewinneinkommensbezieher umverteilt. Dies wurde begründet mit der Notwendigkeit, angebotsseitig die Bedingungen für Investitionen in Westdeutschland zu verbessern. Dafür, daß dies erfolgreich war, gibt es keine Belege.«[18]

4. Innovatorische Funktion von Reichtum

Das Grundinstitut des liberalen Rechtsstaates, die Unrechtsvermutung, gilt selbstverständlich auch für jeden einzelnen Besserverdienenden. Eigentum, Vermögen, Einkommen sind verfassungsrechtlich geschützt, sie sind Teil der Grundrechte in unserer Rechts- und Verfassungsordnung. Bis zum Nachweis ihres unredlichen Erwerbs unterliegen sie diesen Schutzrechten.

Reichtum soll und darf nicht bloß dämonisiert werden. Auch steht

18 DIW: Verteilungsprobleme in Westdeutschland, in: DIW Wochenbericht 37/1993, S. 505 und 507.

er nicht für beliebige Umverteilungsüberlegungen zur Verfügung. Reichtum hat innovatorische Funktionen in unserer Gesellschaft[19]: im ökonomischen, sozialen und kulturellen Bereich. Aber Reichtum steht auch nicht außerhalb des gesellschaftlichen Diskurses darüber, welcher Grad an sozialer Ungleichheit in einer Gesellschaft konstruktiv, förderlich wirkt und welcher Grad sozialer Ungleichheit destruktiv ist. Vielmehr bedarf es eines ausgewogenen Diskurses darüber, wozu Reichtum dient bzw. was Sozialbindung von Eigentum konkret heißen soll.

Der »homo oeconomicus«

Mit Namen wie Alfred Krupp, Werner von Siemens, Henry Ford oder Rockefeller verbindet sich das Bild vom tüchtigen, kreativen, wagemutigen und letztlich erfolgreichen Unternehmer, das Joseph A. Schumpeter in seinem Begriff vom »homo oeconomicus« zusammengefaßt hat.[20] Dessen Aufgabe sei es, in der kapitalistischen Gesellschaft die Produktionsstruktur zu reformieren oder gar zu revolutionieren: durch neue Erfindungen, neue, bislang nicht erprobte technische Möglichkeiten zur Produktion. Biographien solcher Personen sind freilich häufig alles andere als Belege für ein Leben auf der gesicherten Grundlage von Wohlstand. Viele, die diese innovatorischen Leistungen erbringen wollten, erlitten Schiffbruch.

Insofern der marktwirtschaftliche, auf der Grundlage privaten Kapitals basierende Wirtschaftsprozeß sich letztlich über Angebot und Nachfrage steuert, ist deren materielle Weiterentwicklung strukturell vom Wirksamwerden des innovatorischen unternehmerischen Handelns abhängig. Gewinne müssen investiert werden. Unternehmerische Risikobereitschaft ist verbunden mit der Chance auf weiteren Gewinn, aber auch mit der Gefahr, das bislang Geschaffene oder Ererbte ganz oder teilweise zu riskieren. In der Bundesrepublik Deutschland ist eine Diskussion darüber entbrannt, ob und inwieweit insbesondere die Großunternehmen und deren Management dieser innovatorischen Aufgabe derzeit überhaupt noch gerecht werden und

19 M. Miegel: Die verkannte Revolution (1), Einkommen und Vermögen der privaten Haushalte, Stuttgart 1983, S. 130.

20 J. A. Schumpeter: Kapitalismus, Sozialismus und Demokratie, dt. Bern 1950; vgl. J. Espenhorst: Reichtum als gesellschaftliches Leitbild, in: Huster (Hg.), a. a. O., S. 132 ff.

ob nicht die notwendige Risikobereitschaft und Dynamik eher bei kleineren Unternehmen zu finden ist.

Sozialer Genuß: das Mäzenatentum

Reichtum ermöglicht, Gutes zu tun. Natürlich könnte dies auch im Verschenken von einzelnen Geldscheinen an beliebige Bedürftige bestehen. So hat die Heilige Elisabeth gegen den ausdrücklichen Befehl ihres Gatten, des Herrn Landgrafen, Hab und Gut unter die Armen verschenkt. Dafür bekam sie dann zwar nicht irdischen Lohn von ihrem Ehemann, wohl aber himmlischen, zumindest päpstlichen, sie wurde heiliggesprochen.

Doch auf solchen Gotteslohn verlassen sich Reiche selten. Ihre Schenkung soll schon zu ihren Lebzeiten, zumindest nach ihrem Ableben auf immer mit ihrem Namen verbunden werden.

Unzählig sind solche Stiftungen, in jedem deutschen Museum verweisen kleinere und größere Schilder auf Leihgaben, Schenkungen, ja ganze Sammlungen, die vordem in Privatbesitz gewesen sind. Die Namen großer Wirtschaftsunternehmen sind mit Stiftungen für wissenschaftliche, kulturelle und soziale Zwecke verbunden. Ihr Sponsoring ist für weite Teile des kulturellen Lebens inzwischen unverzichtbar, gehen doch von hier Innovationen etwa im Hochschulbereich, der Forschungsförderung, der Förderung von wissenschaftlichem und kulturellem Nachwuchs aus.[21] Dabei haben diese Stiftungen durchaus auch die Funktion, das öffentliche Ansehen des einzelnen Unternehmens zu verbessern. Steuern sollen und können so auch gespart werden.

Neben diese Stiftungen und Fördereinrichtungen tritt in letzter Zeit verstärkt das geschäftsmäßige Sponsoring, vorzugsweise im Sport – eine Form von Werbung: Gutes tun und darüber reden, ist die Maxime.

Es sagt etwas über die Wertigkeit von Kultur und sozialem Engagement in unserer Gesellschaft aus, wenn sich Mäzenatentum nur in Randbereichen auf soziale Belange bezieht. Dabei gibt es auch hier durchaus historisch leuchtende Vorbilder, erste Siechenhäuser in den europäischen Städten, die Franckesche Stiftungen in Halle, das Rauhe Haus in Hamburg, Krankenhäuser u. a. m. Gleichwohl verbindet sich

21 Vgl. Espenhorst, a. a. O.

Reichtum eher mit dem Schönen als mit dem Mangel. Dies schließt nicht aus, daß auch hier gespendet wird. Doch die Spende unterscheidet vom Mäzenatentum im Regelfall nicht nur die - geldliche - Größe, sondern vor allem der persönliche Einsatz.

Trendsetter im Konsum

Und schließlich kann nicht übersehen werden, daß es häufig Reiche gewesen sind, die neuen Produkten und Dienstleistungen den Durchbruch verschafft haben. Zu erinnern ist an viele größere Erfindungen von der Post über die Bahn bis hin zum Automobil, Fernsehen und PC sowie neuen Formen der Datenübermittlung. Im Regelfall sind die anfänglich sehr teuren Waren und Dienstleistungen zunächst von einer kleinen Schicht Privilegierter in Anspruch genommen worden, bis dann neue Fertigungsmethoden, Einkommensverhältnisse und soziale Verhaltensmuster deren Übernahme durch breite Bevölkerungskreise ermöglichten.

Dabei wird hier allerdings zugleich auch die Kehrseite deutlich: Das jeweilige individuelle Bedürfnis nach Luxus, Bequemlichkeit, Genuß etc. bestimmt die Entwicklungsrichtung von Innovationen. Gefördert wird die Auto-Mobilität, nicht der kollektive Verkehr. Fragen der Umweltverträglichkeit werden individuellen Bedürfnissen nachgeordnet. Interessen der Herkunftsländer von Rohstoffen und Produkten geraten in Vergessenheit gegenüber dem Begehr auf unverwechselbaren Konsum. Der Lebens- und Genußstil, von kleinen Konsumeliten in Gang gesetzt, wird mitunter zu einer ökologischen Stampede, wenn dieser Konsumstil verallgemeinert wird.

Dies führt zu einer weiteren Entwicklung, die Gerhard Schulze eindrucksvoll belegt hat: Mit steigendem Wohlstand in einer Gesellschaft werden eindeutige Zeichen des Reichtums sukzessive entwertet.[22] Der Mercedes ist nicht mehr Ausdruck von Zugehörigkeit zu einer exklusiven Schicht von Bessergestellten. Urlaubsziele »verkommen« zum touristischen Alltag. Um sich zu vergewissern, daß man dazugehört, bedarf es zum einen eines immer höheren finanziellen Aufwandes, zugleich ständig neuer Gegenstände, Ziele, Formen der Bedürfnisbefriedigung. Im Erstürmen der letzten Reservate dieser Erde, im Erwerb und sei es selbst kriminell entwendeter Kunstschätze,

22 G. Schulze: Soziologie des Wohlstands, in: Huster (Hg.), a. a. O., S. 195 f.

in einer immer ungehemmter sich verwirklichenden »Erlebnisgesellschaft« fallen letzte Tabus.

5. Reichtum als Leit- und als Leidbild

Jede Wochen hoffen Millionen Menschen auf das große Glück im Lotto. Sich leisten können, was man will, genug haben, auch für das Alter, Privilegien genießen, die andere nicht besitzen, Gutes tun können, damit man die Dankbarkeit anderer erfährt: Dies ist der diskrete Charme, den Reichtum ausmacht.

Reichtum ist ein *Leitbild*, das letztlich für soziale Differenzierung steht: Leistung und Konkurrenzverhalten werden verlangt, mit ihnen sind positive Gratifikationen verbunden, materielle und immaterielle. Leistung und Konkurrenz sind die vorherrschenden Verhaltensanforderungen, wo Reichtum als Gratifikation geboten wird. Reichtum kennzeichnet eine herausgehobene Position in der Gesellschaft. Doch bedürfte es nicht genauerer Differenzierungen, wie Reichtum entstanden ist? Ansonsten wäre die Mafia wohl die Elite der Nation.[23]

Reichtum ist auch ein *Leidbild*. Insbesondere bei nicht wenigen jungen Menschen, die persönlich oder sozial benachteiligt sind, wächst der Frust, aus ihrer Situation heraus keine Chance zu haben, ihren Anteil am Reichtum dieser Gesellschaft zumindest auf legalem Wege erhalten zu können. Sie neiden anderen das, was diese bekommen, sie verteufeln sozial noch Schwächere, ja, sie werden tätlich, mit zum Teil tödlichem Ausgang! Hoyerswerda, Solingen und Mölln zeigen das rapide wachsende Gewaltpotential in unserer Gesellschaft. Dagegen soll, so fordern konservative Innenpolitiker, der Staat aufrüsten. Natürlich muß Gewalt, zumal der Anschlag auf Leib und Leben, abgewendet werden. Doch zielt die zunehmende öffentliche und private Aufrüstung insgesamt in die falsche Richtung: Nicht der soziale Diskurs über Verteilungsfragen wird in dieser Gesellschaft gesucht, sondern die Wagenburg der Reichen wird noch fester geschlossen. Nicht erst die Diskussion um die »Besserverdienenden« im Bundestagswahlkampf 1994 hat deutlich gemacht, wieweit inzwischen in dieser Gesellschaft der Unwillen reicht, sich auf Verteilungsdiskussio-

23 U. Henke: Elite oder ... »einige sind gleicher«, in: Huster (Hg.), a. a. O., S. 158.

nen über verbale Bekenntnisse hinaus überhaupt noch ernsthaft einzulassen.

Armut stigmatisiert, der Arme wird ausgegrenzt. Die Siedlungen am Rande der Stadt, einzelne Stadtteile und Gegenden sind Ghettos der Armut. Sozialberichte bundesdeutscher Großstädte zeigen in eindringlicher Weise, wie gerade die sozialen Problemgruppen in bestimmte Stadtteile zusammengedrängt werden. Folglich erfahren etwa Kinder und Jugendliche eine Verstärkung ihrer sozialen Lage und Perspektivlosigkeit. Zugleich entstehen damit in ihren Folgewirkungen nicht abschätzbare Problemzusammenballungen, denn Konflikte und Konkurrenzen um Lebenschancen gewinnen im Regelfall ihre Brisanz zwischen den unterschiedlichen Gruppen und Teilgruppen *am unteren Ende der Sozialpyramide* und nicht global zwischen allen Teilen der Gesellschaft! Der Vorsitzende des Jugendgerichtstages, Christian Pfeiffer, hat in überzeugender Weise den Zusammenhang von Verarmung und dem Entstehen bestimmter Formen von Kriminalität bei Jugendlichen herausgearbeitet.[24] Die Politik wäre gut beraten, sich die Ergebnisse dieser Studien als Basis einer ernstzunehmenden Kriminalitätsvermeidung zu eigen zu machen.

Soziale Hierarchisierung hat eine wichtige Funktion für unsere Gesellschaft. Eine soziale Hierarchie wird allerdings nur dann sozial akzeptiert werden können, wenn sie auf einer Absicherung von Mindestrechten für alle beruht. Über die liberalen Grund- und Freiheitsrechte hinaus, deren Bedeutung gerade angesichts wachsender Gewalt in dieser Gesellschaft wichtiger denn je ist, bedarf es sozialer Grundrechte, zu denen die angemessene Gewährung von Nahrung, Kleidung, Wohnung, Arbeit, Versorgung im Alter und im Krankheits-/Pflegefall gehören. Je schneller und je gründlicher die Gesellschaft darüber nachdenkt, wie solche Mindeststandards gewährt werden können, desto eher sind die gewaltsamen Protestaktionen gegen soziale Ungleichverteilung und Chancenlosigkeit gerade bei den Jugendlichen und jungen Erwachsenen zu stoppen.

Unsere Gesellschaft verteilt Orden, Doktorhüte, Preise und soziales Prestige im Regelfall an wirtschaftlich Erfolgreiche, Personen mit besonderen geistigen Fähigkeiten, an politisch Mächtige und mitunter

24 Ch. Pfeiffer / Th. Ohlemacher: Anstieg der (Gewalt-)Kriminalität und der Armut junger Menschen, in: S. Lamnek (Hg.): Jugend und Gewalt, Devianz und Kriminalität in Ost und West, Opladen 1995, S. 259 ff.

auch an Personen, die in besonderer Weise für uneigennützige Hilfe stehen. Allen isolierten Bemühungen zum Trotz wird jedoch der Wert, der der Bildung sozialen Konsenses und der Herausbildung sozial gerechter Strukturen in der Gesellschaft zukommt, zu gering angesetzt. Um hier nicht falsch verstanden zu werden: Gesellschaft basiert auf divergierenden sozialen Interessen und damit auf Konflikten. Diese sind legitim. Eine Gesellschaft bleibt aber nur *eine* Gesellschaft, wenn sie den zentrifugalen auch Kohäsionskräfte entgegenstellt. Eine solche Herausbildung eines demokratischen und sozialen Grundkonsenses bedarf eines anderen, höheren Stellenwerts in unserer Gesellschaft als bislang.

Vor Jahren mußten Einzelkämpfer in der Wissenschaft, innerhalb der Kirchen, der Wohlfahrtsverbände und auch im DGB nach Ausmaß, Ursachen und Perspektiven von Armut fragen. Sie sind dabei z. T. auch in ihren eigenen Reihen scharf angegriffen worden. Nicht zuletzt die tatsächliche soziale Polarisierung in Deutschland, das Wechselspiel sozialer und politischer Interessen, die Tätigkeit von Wohlfahrtsverbänden und last but not least die Tätigkeit der EG/EU haben bewirkt, daß Armut heute ein öffentliches Thema ist und zahlreiche Elemente in eine nunmehr doch schon längerfristig angelegte Armutsberichterstattung übergeführt worden sind.

Auf dem Gebiet des Reichtums gibt es bislang keine vergleichbaren Entwicklungen. Dabei bedürfte es dringend einer breiteren Verankerung dieses Themas in der wissenschaftlichen Forschung und der Einbeziehung in eine globalere Sozialberichterstattung. Doch sind die Ausgangsbedingungen dafür nicht gerade günstig: »Angesichts des offensichtlich engen Zusammenhangs zwischen verteilungspolitischen Zielsetzungen und gesellschaftlicher Interessenlage erfordert die Offenlegung von und rationale Auseinandersetzung über kontroverse Verteilungsziele eine Form politischer Streitkultur, wie sie sich in diesem Lande auch nach Jahrzehnten der Prosperität nicht entwickeln konnte.«[25]

25 W. Hanesch: Zwischen Effizienz und Gerechtigkeit: Reichtum und ökonomische Ungleichheit in der Verteilungstheorie, in: Huster (Hg.), a. a. O., S. 128.

Stefan Welzk

Wie in Deutschland umverteilt und der Wohlstand ruiniert wird

Man spricht von einer neuen industriellen Revolution. Die Produktivität wächst rapide. Doch wir werden nicht reicher, sondern ärmer. Wir sollen die Gürtel enger schnallen und länger arbeiten statt kürzer. Das Erstaunen darüber ist erstaunlich gering.

Das Volkseinkommen in Westdeutschland hat sich seit 1980 real um ein Drittel vermehrt. Doch der Netto-Reallohn eines Arbeitnehmers liegt offiziell um keinen einzigen Prozentpunkt höher als vor 15 Jahren. Die Vermögenseinkommen und die Privateinnahmen der Selbständigen haben im gleichen Zeitraum um 83 Prozent zugelegt – und das *nach* Steuern und Inflation. Bezogen auf das Basisjahr 1985 ergibt sich ein Zuwachs von 50 Prozent auf der Kapitalseite und 5,4 Prozent auf der Arbeitnehmerseite, bezogen auf 1990 sind es 19,4 Prozent gegenüber minus 5 Prozent bei den durchschnittlichen Nettoreallöhnen, wobei zu berücksichtigen ist, daß die Zahl der abhängig Beschäftigten in Westdeutschland seit 1980 um 7,0 Prozent zugenommen hat.

Hinter dem statistischen Gleichstand der Reallöhne stehen einschneidende Umverteilungsprozesse. Sie vollziehen sich neben den in den Tarifverhandlungen ausgehandelten Verteilungsentscheidungen, sind jedoch nicht weniger gravierend und bislang nur unzureichend von der öffentlichen Wahrnehmung erfaßt.

Tag für Tag hören wir, der eindrucksvolle Produktivitätsfortschritt könne nicht in Wohlstandszuwachs umgemünzt werden, wenn die Auslandskonkurrenz noch leistungsbereiter und verzichtswilliger sei als wir. Das klingt so, als verschwände unsere soziale Marktwirtschaft im Bermuda-Dreieck des freien Welthandels. Doch die ansehnlichsten Löhne finden sich – neben der Energiewirtschaft – noch immer gerade in ausgeprägt weltmarktexponierten Branchen wie Chemie, Fahrzeug- und Maschinenbau und in der Industrie insgesamt. Das Pro-Kopf-Entgelt ist seit 1980 in allen Branchen und Wirtschaftsbereichen gewachsen, nur insgesamt nicht. Die Auflösung dieses Paradoxons ist der Strukturwandel in Richtung Dienstleistungsbereich mit einem empfindlich niedrigen Entgeltniveau (sieht man von den Banken und Versicherungen ab, die sich honorige Löhne wahrlich auch leisten können). Der Einzelhandel zahlt ein Viertel weniger als die Industrie, das Gastgewerbe ein Drittel weniger, und bei Reinigung und Körperpflege ist es kaum mehr als die Hälfte eines Industrielohnes.

Jedem einzelnen erscheint es als Fortschritt, wenn sein Entgelt steigt. Doch weil im Produktiven Gewerbe seit 1980 1,6 Millionen Jobs verschwunden und bei den privaten Dienstleistungen gut zwei Millionen dazugekommen sind, ist die Resultante im Durchschnittsrealeinkommen null. Das hat empfindliche Konsequenzen nicht nur für die gesamtwirtschaftliche Nachfrageentwicklung, sondern auch für das Steueraufkommen und für die Finanzierung der Renten.

Inflationsbereinigt ist das Bruttoentgelt pro Kopf 1980 bis 1994 im produzierenden Gewerbe um 20 Prozent gewachsen, in der Gesamtwirtschaft dagegen nur um elf Prozent. Zugleich ist die Entgeltdynamik diskrepant, die Lohndrift zieht in der Industrie nach oben, im großen Restbereich eher nach unten. Im Gegensatz zur Industrie ist der Service-Sektor, wenngleich er auch Vorleistungen für den Export erbringt, dem Druck der Auslandskonkurrenz zumeist nur mittelbar und zurückhaltend ausgesetzt. Folglich sind seine inneren Strukturen für die dürftigen Einkommen entscheidend: die Zersplitterung in Kleinstunternehmen, das Vordringen von rechtlich dubiosen Arbeitsverhältnissen, das erfolgreiche Fernhalten von Gewerkschaften und nicht zuletzt die Konkurrenz durch Schwarzarbeit. Das miese Entgeltniveau der »working poor« ist selbstredend ein unmittelbarer Wohlstandsgewinn all derer, die ihre Dienste kaufen – einschließlich der gut bezahlten Kern-Arbeitnehmerschaft in Deutschland.

Nun gilt der Service-Sektor in Deutschland als entwicklungsverzögert. (57 Prozent der Arbeitnehmer werden ihm zugerechnet, in Frankreich sind es schon 69 und in den USA 73 Prozent, wobei jeweils ein Sockel von respektabel bezahlten und recht sicheren tradierten Berufen wie Ärzten, Lehrern und sonstigen Staatsbediensteten dazugehört.) Bislang ging man unterhalb der Oberklasse vom Trend zu einem Zweischichtenmodell aus: einer wachsenden Minorität von Ausgegrenzten und einer Kernarbeitnehmerschaft mit weithin passablem Lohnniveau. Doch inzwischen zeichnet sich eine Dreischichtigkeit ab. Zwischen die Ausgegrenzten und die Arbeitnehmer mit zunächst noch gutem Einkommensniveau (bei Industrie, Banken und Versicherungen, daneben Lehrer, Ärzte usw.) schiebt sich die rapide wachsende Schicht der »working poor«. Auf mittlere Sicht wird diese schlecht bezahlte Arbeitnehmerschaft im Service-Sektor das Lohnniveau in Deutschland maßgeblich mitbestimmen. Die absehbare Dynamik in diesem Bereich und die Versiertheit der Industrie und des Staates, Eigenleistungen durch Dienste zu ersetzen, gefährden die Stabilität unseres Sozialsystems.

Daß der tertiäre Sektor expandiert, ist weder zu verhindern noch von Übel. Sein Wachstum ist dem technischen Fortschritt inhärent, ist zum Teil auch Folge von Wohlstandszuwachs und Konsequenz der beschränkten Rationalisierungschancen in den Face-to-Face-Dienstleistungen. Gefährlich ist nicht die wachsende Dominanz der Dienstleistungen auf dem Arbeitsmarkt, sondern das unbewältigte Kardinalproblem der Durchsetzung fairen Entgelts.

Das Kapital gilt dem Fiskus bekanntlich als das scheuste aller Rehe, das bei leichtem Erschrecken schon davon ist über die Grenzen. Deswegen nähert er sich ihm mit großer Behutsamkeit. Der Beitrag von Körperschaftssteuer und veranlagter Einkommensteuer zum westdeutschen Steueraufkommen ist von 17,4 Prozent 1980 über 13,2 Prozent im Jahre 1990 auf nunmehr 6,9 Prozent (1994) gefallen. Inklusive Kapitalertrags- und Gewerbesteuern ging der Beitrag des Kapitals zum Steueraufkommen von 26,9 auf 17,4 (Gesamtdeutschland 16,4) Prozent zurück. Doch im gleichen Zeitraum stieg der Anteil der privaten Einkommen aus Unternehmertätigkeit und Vermögen am Volkseinkommen von 25,2 auf 30,3 Prozent und – ein anderer statistischer Ansatz – der Anteil der Vermögenseinkommen und der Privatentnahmen der Selbständigen am verfügbaren Einkommen *nach* Steuern von 22,6 Prozent 1980 über 28,2 Prozent 1990 auf 32,1 Prozent 1994. Wie auch immer man das statistische Puzzle zusammenfügt – einem dramatischen Anstieg des Kapitals am Volkseinkommen steht zugleich ein Absinken seines Beitrags zum Steueraufkommen um rund ein Drittel gegenüber.

Irgendwo muß der Staat sein Geld hernehmen: Der Anteil von Lohn- und Umsatzsteuern am fiskalischen Aufkommen stieg von 51,8 Prozent 1980 über 64,2 Prozent 1980 auf nunmehr 68,4 Prozent in Gesamtdeutschland. Vom Zuwachs der Bruttolöhne im Zeitraum von vier Jahren (1990–1994) wurden 56,3 Prozent durch Steuern und Zwangsabgaben abgeschöpft, vom Einkommenszuwachs auf der Kapitalseite 3,2 Prozent und im Gesamtzeitraum 1985 bis 1994 auch nur 4,2 Prozent.

Ein wachsender Teil des Volkseinkommens fällt damit auf die im Durchschnitt schwach und immer schwächer besteuerte Kapitalseite. Hinter dieser Entwicklung stehen Milderungen im Steuerrecht, ein Entwicklungsschub von Phantasie und Versiertheit in der Nutzung von Möglichkeiten der Steuervermeidung und eine zunehmende Unverfrorenheit der Steuerhinterziehung. Denn die deutsche Steuerpraxis ist bekanntlich gekennzeichnet durch hohe nominale Sätze, durch eine nicht mehr überblickbare Vielfalt von Ausnahmebestimmungen und infolgedessen durch zahllose Chancen legaler Steuervermeidung sowie durch eine laxe Haltung beim Durchsetzen des Steuerrechts.

Ich will das mit einigen Beispielen illustrieren: Der Negativsaldo der deutschen Patent- und Lizenzbilanz von 2,4 Milliarden DM geht kaum auf die innovative Schwäche im Wirtschaftsstandort Deutschland zurück, sondern erklärt sich zu 95 Prozent aus konzerninternem Lizenzverkehr mit den USA, obgleich die deutsche Wirtschaft weit mehr in Amerika investiert hat als umgekehrt. Dies ist in multinationalen Konzernen eine der beliebtesten Methoden steuerfreier Gewinnverschiebung.

Stark ausgeweitet hat sich zum Beispiel auch die Praxis ausländischer Konzerne, in Deutschland keinerlei Kapitalrücklagen zu bilden, sondern den Gewinn zu 100 Prozent an die ausländische Muttergesellschaft auszuschütten, von der man sich das notwendige Kapital sodann als Kredit zurückborgt, wobei diese Kredite gern über Holdings in Steueroasen kanalisiert werden. Denn die Zinsen für diese konzerninternen Kredite können als sogenannte Fremdkapitalkosten steuerfrei aus Deutschland abfließen, während Gewinn auf gebildetes Eigenkapital versteuert werden müßte. Mit 113 Milliarden DM besteht inzwischen mehr als die Hälfte der Auslandsinvestitionen in Deutschland aus konzerninternen Krediten. Per Federstrich könnte der Fiskus der Praxis dieser steuermindernden Scheinkredite beikommen.

Wichtigstes Instrument zur steuerwirksamen Gewinnminderung der Unternehmen sind die steuerfreien Rückstellungen und hier im besonderen die Rückstellungen für »ungewisse Verbindlichkeiten« und »drohende Verluste«, für Boni, Rabatte, Kulanzen, Währungs- und Prozeßrisiken, Risiken aus Patentverletzungen usw. Sie sind eine spezifische Großzügigkeit des deutschen Steuerrechts. Den Vorteil haben eindeutig die großen und finanzstarken Kapitalgesellschaften, die ihre Bankkredite auf eine belanglose Größenordnung zurückführen und sich gegenüber Zinsschwankungen auf den Kapitalmärkten immunisieren können. So begünstigt der Staat mit steuerfreiem Geld massiv die Großunternehmen gegenüber kleinen und mittleren Firmen.

In den 80er Jahren habe ich in einem größeren Forschungsprojekt einige tausend Bilanzen der Industrie am Großrechner analysiert. Dabei ergab sich eine negative Korrelation zwischen Bankkrediten und steuerfreien Rückstellungen auf höchstem Signifikationsniveau. Imposant war im besonderen für die Aufschwungjahre 1982 bis 1986 ein Blick auf 61 Umsatzmilliardäre der Chemie- und der Metallbranchen, die immerhin ein Drittel des Umsatzes der Verarbeitenden Industrie auf sich vereinen. Ich erlaube mir, an diesem Punkt einmal ein wenig ins Detail zu gehen – wegen des Beweiswertes für die These »Geld ist genug da«. Während das Bruttoinlandsprodukt in diesen vier Jahren um nominal 21 Prozent wuchs, expandierte das Bilanzkapital dieser 61 Firmen um 27 Prozent oder 71 Milliarden DM. Dieses Wachstum wurde zu 45 Prozent durch Zuwachs an Eigenkapital und zu 59 Prozent durch steuerfreie Rückstellungen finanziert, folglich zu mehr als 100 Prozent durch eigenes oder steuerfreies Geld. Über ein Drittel der gesamten Bankkredite wurde zurückgezahlt. Dieser Sachverhalt war für eine Aufschwungsphase pathologisch. Nur zehn Prozent des neuen Kapitals flossen in Sachanlagen, der Bilanzwert des Maschinenparks war sogar rückläufig, dagegen wurde viermal soviel auf den Geldmärkten angelegt. Die Erwartung, daß diese Unternehmen mehr Arbeitsplätze schaffen würden, wenn sie mehr Geld hätten, ist nicht sehr plausibel.

Ich gönne es einer Firma, wenn sie gut verdient, vorausgesetzt, dies erklärt sich aus wirtschaftlicher Leistung und nicht aus der Nutzung von Steuertricks und -vorteilen.

Inzwischen werden bei der *Gesamtheit* der publizitätspflichtigen deutschen Kapitalgesellschaften die Bankschulden von den eigenen Geldmarktanlagen übertroffen. Im Herbst 1995 spricht denn auch die Bundesbank von einer »zunehmenden Entkoppelung der Unternehmen vom Bankensystem«, was freilich in dieser Verallgemeinerung wieder über kraß unterschiedliche Entwicklungen hinwegvermittelt. Kleine und mittlere Firmen sind nach wie vor auf die Banken angewiesen und werden dabei kräftig zur Ader gelassen. (Im Verarbeitenden Gewerbe betrug 1990 der Anteil der Bankkredite an der Bilanz bei Firmen mit mehr als 100 Millionen DM Umsatz im Durchschnitt 7,8 Prozent, bei 25 bis 100 Millionen DM Umsatz 22,0 Prozent, bei weniger als fünf Millionen DM Umsatz 38,4 Prozent.)

Angesichts der Gewinnentwicklung im deutschen Geldsektor konstatierte Graf Lambsdorff schon 1986: »Bei den Banken ist die Gewinnsituation derart, daß sich einem kritischen Beobachter die Frage stellt, ob der Wettbewerb noch ausreichend funktioniert.« Inzwischen funktioniert er noch miserabler als damals. Der Jahresüberschuß vor Steuern hat sich seit 1970 bei den Unternehmen etwa verdoppelt, bei den Banken stieg er auf das Neunfache. Dabei verzeichnen die Banken merkwürdigerweise ihre Gewinnschübe meist dann, wenn Wirtschaft und Unternehmenserträge einbrechen. Allerdings ist auch das Leben der Banken nicht problemfrei. Lange Zeit haben sie den Mittelstand von oben herab behandelt. Jetzt leistet selbst die Deutsche Bank auf Mittelstandstagungen Abbitte. Denn die Großunternehmen stehen inzwischen meist so gut im Gelde, daß die Banken Kreditgeschäfte dort kaum noch machen können und zunehmend Mühe haben, ihr Geld an den Kunden zu bringen.

Der Glücksfall der Deutschen Einheit ist bekanntlich nicht billig. Er kommt den Westen des wiedervereinigten Vaterlandes um eine Größenordnung teurer als von der Bundesregierung anfangs geschätzt. Hinter dieser Kostenexplosion stehen nicht nur die Schäden und Folgelasten von 50 Jahren Kriegs-, Kommando- und Planwirtschaft, sondern massive Umverteilungsprozesse, zwar vermittelt über die neuen Länder, doch letztlich von den Arbeitnehmern und öffentlichen Händen im Westen zur Kapitalseite im Westen.

Das von der F.D.P durchgesetzte Rückerstattungsprinzip ist die kostenwirksamste Fehlentscheidung in der Geschichte der Bundesrepublik. Die Deutsche Einheit wurde zum »windfall profit«, zum Zufallsgewinn von Leuten, die diesen Vermögenszuwachs weder erwartet noch im Normalfall gebraucht haben. Die Abarbeitung von Millionen zum Teil konfligierenden Ansprüchen kam nur sehr schleppend in Gang und wird sich noch bis Ende des Jahrzehnts hinziehen. Damit ist in der entscheidenden Aufbruchsphase per Federstrich eine hochwirksame Investitionsbremse eingezogen worden. Folge ist eine unnötig hohe Arbeitslosigkeit im Osten, deren Kosten nicht zuletzt die westdeutschen Arbeitnehmer zu tragen haben.

Daß zudem die ostdeutsche Industrie ungeschützt der Westkonkurrenz ausgesetzt wurde, daß Gutachter der Treuhand allzu oft die Interessen der Westkonkurrenz, auf deren Lohnlisten sie standen, zum Schaden ostdeutscher Unternehmen verfolgt haben, all das hat zur Vergeudung von Vermögen geführt, die Arbeitslosenzahlen und damit die sozialen Folgekosten der Einheit um ein weiteres hochgetrieben. Hinzu kommen Übervorteilungen der Staatskasse, wie sie der Bundesrechnungshof Anfang Oktober 1995 aufgelistet hat: von Milliardenschäden durch unrichtige und ungeprüfte Wertansätze in den ostdeutschen Eröffnungsbilanzen über unverhältnismäßige Honorare für Liquidatoren bis zu den Fragwürdigkeiten bei der Abwicklung des ostdeutschen Bankensystems. Allein hier werden Belastungen der Öffentlichen Hände zugunsten der übernehmenden Großbanken im Milliardenumfang vermutet. Und schließlich profitieren von all den Investitionsförderungen in den neuen Ländern, den Zinszuschüssen, Investitionszulagen und Sonderabschreibungen zum großen Teil Investoren aus dem Westen. Auch eine 26-Milliarden-DM-Lücke im Bundeshaushalt, die Ende 1995 überraschend aufklaffte, erklärt sich nur zu einem Viertel aus konjunkturbedingten Steuerausfällen und zu drei Vierteln aus der exzessiven Ausnutzung staatlicher Investitionsförderungen im sogenannten Beitrittsgebiet.

Es war klar, daß all die unvermeidbaren und vermeidbaren Folgekosten der Einheit nicht allein über Steuern und soziale Pflichtbeiträge zu finanzieren sein würden. Weil die von der Einheit massiv begünstigte Kapitalseite bis zum äußersten geschont wurde, Ideen wie zum Beispiel die Einführung eines neuen Lastenausgleichs völlig tabu blieben (schon der Solidaritätszuschlag fiel ja zeitweilig der F.D.P zum Opfer), mußte unvermeidbar die Staatsverschuldung explodieren. Der Schuldenstand des Bundes wuchs binnen fünf Jahren von 491 Milliarden DM auf 712 Milliarden DM; hinzu kommen 250 Milliarden DM Schulden der Treuhand und 418 Milliarden DM der sogenannten Sondervermögen wie Kreditabwicklungsfonds, Fonds Deutsche Einheit, Post- und Bahnvermögen. Das ergibt summa summarum nahezu 1,4 Billionen DM an Bundesschulden und bei Einbeziehung von Ländern und Gemeinden einen öffentlichen Schuldenstand von nunmehr zwei Billionen DM; das entspricht 79 Prozent des Volkseinkommens.

Der Nettoabsatz von Anleihen der öffentlichen Hand in Deutschland stieg von 28 Milliarden DM im Jahr 1989 bis auf 243 Milliarden DM im Jahr 1993; seither sinkt er freilich wieder. Der Vermögensstatus öffentlicher Stellen gegenüber dem Ausland hat sich seit 1989 um 283 Milliarden DM verschlechtert und damit ein Minus von 406 Milliarden DM erreicht. Daraus darf aber keinesfalls gefolgert werden, daß die Deutschen zu arm gewesen wären, dieses Geld aufzubringen. Denn im gleichen Jahrfünft hat sich der Vermögenssaldo von Unternehmen und Privatpersonen gegenüber dem Ausland um 305 Milliarden DM auf inzwischen 676 Milliarden verbessert. Darin sind selbstredend jene Gelder nicht enthalten, die in Panik vor dem Zinsabschlagsgesetz in Koffern über die luxemburgische Grenze gewandert sind. Was der deutsche Staat in den letzten Jahren auf dem Euro-Geldmarkt aufgenommen hat, dürfte deshalb zum großen Teil deutsches Geld sein. Das eben sind die feinen Unterschiede in der Finanzierung der Einheit: Die einen zahlen Steuern, die anderen borgen dem Staat Geld und kassieren Zinsen – zum großen Teil auch noch unversteuert.

Geld ist noch immer genug da. Natürlich kann man nach und nach die steuerliche Anerkennung von Risikorückstellungen mindern. Natürlich kann man die volle Anrechnung der Körperschaftssteuer auf die Einkommensteuer auf Freibeträge reduzieren und sich dem amerikanischen Modell, das überhaupt keine Anrechnung kennt, zumindest annähern. Man kann die Besteuerung einbehaltener Gewinne und ausgeschütteter Gewinne, die bei uns nur milde belastet werden, einander angleichen. Man kann bei den Doppelbesteuerungsabkommen vom deutschen Freistellungsprinzip zum amerikanischen Annäherungsprinzip übergehen. Natürlich muß man den Länderfinanzausgleich derart ändern, daß die Finanzbehörden zu einer effektiven Steuerfahndung überhaupt motiviert sein können. Und natürlich muß man den in § 30a der Abgabenordnung gesetzlich garantierten Schutz der Steuerhinterziehung aufheben; man muß es auch dann, wenn sich eines fernen Tages zum verstohlenen Ärger dieser Bundesregierung Luxemburg und London doch zu einer Quellenbesteuerung im europäischen Konsens breitschlagen lassen würden. Denn Deutschland wäre dann nicht rechtlich, aber de facto noch immer Steueroase für Zinserträge. § 30 der Abgabenordnung ließe sich unter Wahrung des generellen Bank- und Steuergeheimnisses so ändern, daß Kontrollenmitteilungen nach amerikanischem Vorbild ermöglicht werden. Und ohne weiteres könnte man das Zinsabschlagsgesetz durch Einführung einer Quellensteuer mit Anrechenbarkeit auf die Einkommensteuer und Sparerfreibeträge ersetzen. Theoretisch dürfte sich damit am Steueraufkommen nichts ändern, doch ich würde einen spürbaren Zuwachs im realen Aufkommen prognostizieren. Denn eines scheint offenkundig: Die größeren Defizite einer fairen Realbesteuerung liegen weniger im Unternehmensbereich als im Bereich der Zins- und sonstigen Vermögenseinkünfte. Dem Argument erneuter Kapitalflucht wäre mit einer rückwirkenden Stichtagskontrolle zu begegnen.

Inzwischen übersteigen die Zinslasten die öffentlichen Defizite. Das heißt, ohne die Kosten der aufgelaufenen Schulden wären die Haushalte im Überschuß. 1996 werden 25 Prozent der Steuereinnahmen des Bundes allein für den Zinsdienst verbraucht (Bundesschuld einschließlich Sondervermögen). 1980 waren es noch 7,9 Prozent. Damit tendiert die politische Gestaltungsfähigkeit gegen Null. Denn der Anteil am Haushalt der Gebietskörperschaften, der jeweils rechtlich noch nicht gebunden ist und über dessen Verwendung mithin überhaupt noch entschieden werden kann, liegt bei sehr wenigen Prozentpunkten. So mahnt jetzt der Bundesrechnungshof die Bundesregierung: »Daraus erwächst die finanzpolitische Pflicht, der Gefahr entgegenzuwirken, daß sich ein stetig wachsender Schuldensockel bildet, der schließlich die Fähigkeit des Staatshaushaltes, auf die Probleme der Gegenwart und Zukunft zu reagieren, in Frage stellt.«

All diese Entwicklungen sind autokatalytisch. Vermögen heckt Vermögen, Verschuldung Verschuldung. Öffentliche Armut und privates Elend bedingen und verstärken einander. Weil die Haushaltsdefizite an der rechtlichen Toleranzgrenze liegen, versucht man zum Beispiel auszuweichen auf privatfinanzierte Infrastrukturprojekte im Konzessionsmodell oder auf Immobilienleasing – Modelle, die im Saldo sehr viel teurer kommen, aber zunächst den Vorteil einer haushaltsrechtlichen Schuldenkosmetik bieten.

Andere Folgeprobleme öffentlicher Armut sind weniger klar berechenbar, aber um so brisanter. Wenn, wie in den USA, öffentliche Einrichtungen wie Bibliotheken oder Bäder dichtgemacht werden, so ist das zunächst nur Kapitalvernichtung aus Ersparnisgründen. Wenn das Netzwerk der sozialen und sozialpädagogischen Dienste mit der Sparmachete zerfetzt wird, so beschränken sich die Folgen keineswegs auf die unmittelbar Betroffenen. Nichts kommt eine Gesellschaft teurer als die Anomie, die Wut und Destruktionskraft einer wachsenden Minderheit von chancenlos deklassierten und ausgegrenzten Menschen. In den USA und England ist hinreichend deutlich erkennbar, daß Jugendliche, die in von Arbeitslosigkeit, Drogen und Hooliganismus geprägten Stadtteilen aufwachsen und infolge fehlender Berufschancen ihre Identität im sozialen Abseits bilden, kaum je wieder integriert werden können oder nur mit einem Aufwand, wie er höchstens im Einzelfall geleistet werden kann.

Geld ist ein Anrechtstitel auf Sachwerte und Dienstleistungen. Geld an sich ist im Grunde wertlos. Realen Gewinn kann Kapital nur erwirtschaften, wenn es mit Arbeit kombiniert wird. Alles andere sind Scheingewinne - Umverteilung zwischen Besitzern von Kapitalvermögen. Die einzelnen mögen davon profitieren, niemals aber die Investoren insgesamt. Soll die Gesamtwirtschaft ohne schwere Kriseneinbrüche funktionieren, so müssen die Gewinne und der Zuwachs an Löhnen und Staatsausgaben so aufeinander abgestimmt sein, daß die wachsende Nachfrage nach neuen Kapazitäten verlangt, so daß es für die Gewinne ein *Investitionsmotiv* gibt. Denn ein Unternehmer, mag er auch über noch so viel Geld verfügen, wird schwerlich Maschinen hinstellen, für deren Ausstoß er keine Nachfrage sieht.

Der sich bei einseitiger Einkommensverteilung auftürmende Gewinn will Werte erwerben, die wieder Gewinn versprechen - Aktien oder ganze Firmen, Grundstücke, Schürfrechte oder was auch immer. Mehr und mehr Geld interessiert sich folglich für den real nahezu gleichen Sachkapitalstock. Es steigt die Nachfrage nach Besitztiteln an Produktivvermögen, ohne daß dieses Produktivvermögen selbst wächst. Das treibt den Preis der Besitztitel nach oben. Die bekanntesten solcher Titel sind Aktien. Das Resultat ist Börsenfieber. Spekulation ist das Spiegelbild zur Inflation auf der Kapitalseite. Inflation kommt in Fahrt, wenn etwa infolge der Lohndynamik die Kaufkraft das Warenangebot übertrifft, Spekulation, wenn die Gewinne außer Proportion zu den sinnvollen Investitionen geraten.

Wenn sich der Marktpreis einer Aktie verdoppelt, nicht aber das Betriebsvermögen dieser AG und nicht deren Gewinn, so sinkt die Rendite. Doch dieser Verfall der Renditen wird im Börsenboom überkompensiert durch rapiden Kursanstieg. Der Kursgewinn ersetzt den realen im Unternehmen erwirtschafteten Ertrag. Die Spekulation gewinnt an Fahrt. Doch ein Geldschein ist genau so viel wert wie das, was man dafür kaufen kann - unabhängig von der Zahl der darauf gedruckten Nullen. Und eine Aktie ist genau so viel wert wie das Betriebsvermögen, das sie finanziert - unabhängig vom Börsenkurs.

Börsenkurse können nicht unendlich steigen. Stoppt ihr Höhenflug, müssen sie kollabieren. Denn wenn Aktien nur gehalten werden in der Hoffnung auf Kursgewinn und weniger der Dividende wegen, so gilt es, rasch auszusteigen, wenn die Erwartung auf weiteren Kursanstieg sich verflüchtigt. Jede Spekulation platzt irgendwann. Der Anlaß ist belanglos. Unausgewogene Einkommensverteilung wirkt nicht nur wachstumsschwächend, sondern destabilisierend.

Drei unübersehbare Sachverhalte werden von der neo-liberalen Doktrin ignoriert:

- zum ersten, daß Löhne nicht nur den Preis der Arbeitskraft, sondern zugleich die Endnachfrage bestimmen,
- zum zweiten, daß volkswirtschaftliche Ersparnis nicht notwendig Investitionen nach sich zieht, sondern je nach den Bedingungen Spekulation oder Kapitalexport,
- zum dritten, daß Lohnbescheidung mit wachsender Wahrscheinlichkeit statt in Exporterfolgen in Aufwertung resultiert.

Umverteilung nach oben ist bei der gegenwärtig gegebenen Verteilung der Einkommen kein Weg aus der, sondern in die Beschäftigungskrise, Umverteilung nach unten dagegen sehr wohl. Dabei denke ich freilich nicht nur an die Korrektur makro-ökonomisch schädlicher Bereicherungsprozesse, sondern auch an eine Umverteilung zwischen den Arbeitnehmern. Fritz Scharpf sprach Ende der 80er Jahre vom Sozialismus in einer Klasse und hatte dabei die Umverteilung von Einkommen und Arbeitszeit von den noch nicht Arbeitslosen zugunsten der Arbeitslosen im Blick. Denn, so damals Scharpf, die Linke habe für die absehbare Zukunft nur dann eine Chance der wirtschaftspolitischen Gestaltung, wenn sie »die vorläufig irreversible Niederlage im Verteilungskampf« und »die veränderten Tauschverhältnisse zwischen Kapital, Arbeit und Staat« anerkennt. Doch das zweite ist keine Vorbedingung für das erste. Keineswegs müssen wir die Niederlage im Verteilungskampf als vorläufig irreversibel anerkennen, um die dringlich gebotene Verteilung der Arbeit auf die Gesamtheit der Arbeitsfähigen auf den Weg zu bringen. Allerdings braucht es dazu die Mitwirkung des Staates. Arbeitsumverteilung ist weder eine Alternative für Wirtschaftswachstum noch zum Verteilungskampf zwischen Arbeit und Kapital, sondern eine unverzichtbare Komplementärstrategie. Das Verhältnis von Angebot und Nachfrage bestimmt den Preis der Ware. Das gilt auch für die Ware Arbeitszeit. Nur wenn das derzeitige Überangebot an Arbeit seitens der

Arbeitnehmerschaft signifikant vermindert werden kann, hat die soziale Marktwirtschaft eine Überlebenschance.

Die Umverteilung von Arbeit auf die Gesamtheit der Arbeitsfähigen steht unter Zeitdruck. Das Wachstum der Produktivität wird auch künftig im Trend das Wirtschaftswachstum übertreffen. Bei unveränderter Arbeitszeit steigen deshalb die Arbeitslosenzahlen weiter an und in der Folge Lohnnebenkosten und Zwangsabgaben. Je länger das millionenfache Überangebot an Arbeitswilligen fortbesteht, desto stärker verfällt die Durchsetzungskraft der abhängig Beschäftigten im Tarifstreit und damit der Reallohn. Desto weniger werden sich die Beschäftigten bereit finden können, im Zuge einer deutlichen Arbeitszeitverkürzung auf einen Teil ihres Einkommens (in der Größenordnung von fünf bis zehn Prozent) zugunsten einer Einbeziehung von Arbeitslosen ins Berufsleben zu verzichten, und desto größer würde der für eine solche Beschäftigungsstrategie erforderliche Einkommensverzicht sein müssen.

Rainer Roth

Wie der Staat die Reichen immer reicher macht

Der Staat muß sparen. Jeder, der über Jahre mehr ausgibt, als er einnimmt, und sich hoch verschuldet, muß sparen. Fragt sich nur, wo.

Es gibt zu wenig Geld in den Staatskassen. Fragt sich nur, wer es für was herausgenommen oder wer den gesellschaftlich erarbeiteten Reichtum in welche Kanäle geleitet hat, bevor das Geld die Staatskasse überhaupt erreichen konnte.

Die Regierenden verwandeln sich immer mehr in Gerichtsvollzieher, die Zinsen und Tilgung im Auftrag ihrer Gläubiger eintreiben. Fragt sich nur, wer oder was sie in diese Lage gebracht hat.

Widerstand gegen die von oben produzierte Ohnmacht fängt damit an, daß Bilanz gezogen wird. Eine Bilanz, wie sich Banken, Konzerne, Privatinvestoren usw. mit Hilfe der regierenden Parteien an den Staatsfinanzen gesundstoßen.

Hauptthema kann hier also nicht das »süße Leben der Sozialschmarotzer« (»focus«) sein, sondern, wenn wir einmal bei der Sprache von »focus« bleiben dürfen, »das süße Leben der Kapitalschmarotzer«.

I.

Eine wichtige Ursache der Staatsverschuldung ist der relative Rückgang der Kapitalsteuern.

Körperschaftssteuer, veranlagte Einkommensteuer und Gewerbesteuer hatten 1980 einen Anteil von 23,6 Prozent am Gesamtsteuereinkommen,[1] 1994 waren sie auf 11,3 Prozent abgesunken. Wenn diese drei Steuern heute denselben Anteil am Steueraufkommen hätten wie 1980, dann würden rund 100 Milliarden DM jährlich mehr in die Staatskassen fließen. Wir hätten fast keine Neuverschuldung mehr.

Die Nettoeinkommen aus Unternehmertätigkeit und Vermögen sind von 1980 bis 1994 dreimal so stark gestiegen (um 270 Prozent)[2] wie die Nettolohn- und Gehaltssumme aus unselbständiger Arbeit (um 90 Prozent).[3] Trotzdem ist der Anteil der Lohnsteuern am Gesamtsteueraufkommen leicht gestiegen.

Unterstellen wir, der Anteil der Kapitalsteuern am Gesamtaufkommen wäre jedes Jahr auf dem Niveau von 1980 geblieben, so kumulieren sich in den Jahren 1981 bis 1994 Steuerausfälle in Höhe von über 400 Milliarden DM oder etwa 45 Prozent der gesamten Nettoneuverschuldung im selben Zeitraum (in Höhe von 927 Milliarden DM).

Wenn sinkende Kapitalsteuern eine wichtige Ursache der Staatsverschuldung sind, dann muß der Widerstand gegen die daraus für die breite Masse folgenden Sparzwänge hier ansetzen. Die Kapitalsteuern müssen deutlich angehoben werden.

Doch die Arbeitgeberverbände wollen im Gegenteil die Kapitalsteuern noch weiter senken. Sie wollen z. B. die Gewerbesteuer insgesamt abschaffen. Das wird zu einer Erhöhung der Mehrwertsteuer um drei Prozent führen müssen. Sonst wäre ja wieder »kein Geld da« für die Staatsfinanzen.

Alle Methoden, die Bemessungsgrundlagen für die Kapitalsteuern zu drücken, müssen auf den Prüfstand. Darunter fallen z. B. die zahl-

1 isw-wirtschaftsinfo, 20/1995, S. 11.
2 Statistisches Taschenbuch 1995, Tabelle 1.10.
3 Ebenda, Tabelle 1.14.

losen Methoden, die Kosten einer luxuriösen privaten Lebensführung als Betriebsausgabe abzusetzen. Die Steuerausfälle daraus werden auf eine zweistellige Milliardensumme geschätzt.[4] Dazu zählen die ausufernden Abschreibungen, die unglaublich hohen Rückstellungen, die skandalöse Praxis der Wertberichtigung usw. Die legale, auf Gesetzen beruhende Steuerhinterziehung muß scharf bekämpft werden, aber auch die illegale. Gründlichere Betriebsprüfungen und Kontrollen der Steuerflucht sind nötig.

II.

Eine weitere Ursache der Staatsverschuldung besteht darin, daß Finanz- und Vermögensgeschäfte, die aus dem immens wachsenden Kapitalüberschuß getätigt werden, steuerlich noch mehr privilegiert werden als Gewinne aus der Produktion.

In den Jahren 1980–1989 wurden durchschnittlich jährlich 345 Milliarden DM Gewinne entnommen, in den Jahren 1990–1994 waren es schon jährlich 565 Milliarden DM.[5]

Die in den Betrieben entnommenen Gewinne fließen einerseits in die private Lebensführung der Unternehmer, andererseits aber in die spekulative Vermögensanlage. In Deutschland ist der Anteil der offiziell angegebenen Gewinne aus Geld- oder Immobilienvermögen an den gesamten Gewinnen von 24,2 Prozent im Jahre 1990 auf 30,3 Prozent im Jahre 1994 angestiegen.[6] Oder in absoluten Zahlen: von 66,6 Milliarden auf 195 Milliarden DM, wobei zu bedenken ist, daß ein großer Teil der Zinseinkünfte und Vermögenseinkünfte nicht angegeben wird.

Diese Verlagerung spiegelt sich auch in den Steuereinnahmen wieder. Die Kapitalertragssteuer, also die Steuer auf Erträge aus Aktien oder anderen Kapitalvermögen, ist von 4,2 Milliarden im Jahre 1980 auf elf Milliarden DM im Jahre 1992 und dank der – zaghaften – Einführung der Zinsabschlagssteuer auf 30,6 Milliarden im Jahre 1994 gestiegen, die Vermögenssteuer dagegen nur von 4,1 Milliarden DM (1980) auf 6,6 Milliarden (1994).[7]

Bei Gewinnen, die nicht aus Arbeit und Produktion, sondern aus

4 Vgl. KLARtext, Die Absahner, Frankfurt a. M. 1993.
5 Statistisches Taschenbuch 1995, Tabelle 1.11.
6 IdW 1995, Tabelle 32.
7 isw-wirtschaftsinfo, 20/1995, S. 11; Monatsberichte der Deutschen Bundesbank, 10/1995, S. 55*.

dem Kauf und Verkauf von Immobilien, Wertpapieren, Devisen, Optionen usw. anfallen, tendiert die Besteuerung gegen Null. Es müssen nur bestimmte niedrige Schamfristen eingehalten werden; dann gelten sie als private Geschäfte. Allein der Steuerausfall durch den weitgehenden Verzicht auf die Besteuerung von Veräußerungsgewinnen aus Immobilienverkäufen wurde für 1984 schon auf jährlich 25 Milliarden DM geschätzt.[8] Der Kauf von Devisen, Aktien und Finanzanlagen ist außerdem nicht einmal mit einer Umsatzsteuer oder einer anderen indirekten Steuer belegt, wohl aber der Kauf von Brot, Milch, Bier, Kühlschränken usw., als ob man diese nicht dringender braucht als Optionen.

Devisengeschäfte haben einen Jahresumsatz erreicht, der wesentlich höher ist als das Bruttosozialprodukt. Hier wird nicht das Kreditgewerbe, sondern auch eine Vermögens- und Finanzaristokratie staatlich besonders gefördert, die überwiegend oder nur noch von Anlageerträgen lebt. Die amerikanischen Superreichen, die ein Prozent der US-Haushalte ausmachen, arbeiten größtenteils überhaupt nicht mehr.[9] (Aber seien wir nicht ungerecht: Immerhin arbeiten sie – mit der entsprechenden nervlichen Anspannung – aufmerksam die Tageskurse durch und arbeiten – zusammen mit ihren Vermögensberatern – daran, daß ihr Vermögen rechtzeitig von hier nach da transferiert wird.)

Ohne die Steuerprivilegien dieser tatsächlich Arbeitsscheuen anzutasten, ist eine Sanierung der Staatsfinanzen nicht möglich.

Die Tätigkeit von Produktionsunternehmen verlagert sich immer mehr auf die Verwaltung des Kapitalüberschusses. Bis 1980 war die Geldvermögensbildung der Produktionsunternehmen erheblich geringer als die Sachvermögensbildung durch Nettoinvestitionen. Ab 1980 kippte das um. Von 1980 bis 1993 bildeten die Produktionsunternehmen ein Geldvermögen von 1212 Milliarden DM und ein Sachvermögen von 859,5 Milliarden DM.[10] Also haben nicht nur das Kreditgewerbe und die Vermögensaristokratie, sondern auch die Produktionsunternehmen ein massives Interesse an der staatlichen Subventionierung ihres Geldvermögens.

Steuereinnahmen aus der Abschaffung der Privilegierung von

8 Wirtschaftswoche vom 23.3.1990.
9 E. Luttwak: Weltwirtschaftskrieg, Hamburg 1994, S. 225.
10 Sachverständigenrat, 1994/5, S. 380 f.

Vermögensanlagen in Immobilien, Wertpapieren, Finanzgeschäften usw. würden zusammen mit der Abschaffung der Kapitalsteuersenkungen jede Neuverschuldung des Staates überflüssig machen.

Erfordern nicht bittere Zeiten bittere Maßnahmen auch bei Vermögensanlegern? Zehn Prozent der Haushalte besitzen 50 Prozent des Geldvermögens.[11] 1994 waren das 2150 Milliarden DM. Eine Besteuerung von nur zwei Prozent hätte schon 43 Milliarden DM ausgemacht.

III.

Daß Geld genug da ist, ist nur ein Teil der Wahrheit. In der Logik der Banken und Konzerne stimmt nämlich auch das Gegenteil: daß nicht genug Geld da ist.

Nicht etwa in dem Sinne, daß man bekanntlich nie genug Geld hat. Sondern daß im Verhältnis zu dem für Sachmittel, Vorprodukte und Arbeitskräfte vorgeschossenen Kapital langfristig zu wenig Profite gemacht werden, um *frühere* Gewinnspannen zu halten oder im Weltmaßstab *mögliche* Gewinnspannen zu erzielen.

Entscheidend ist nämlich nicht die absolute Höhe des in Form von Gewinnen angeeigneten Reichtums. Da sich Geld unter den Bedingungen der Marktwirtschaft in Kapital verwandelt, streben seine Besitzer möglichst hohe Profitraten an und sonst nichts. Entscheidend ist also das *Verhältnis* der Gewinne zum Kapital, das für Sachanlagen und Arbeitskräfte eingesetzt wird. Und dieses Verhältnis kann fallen, obwohl die Gewinne absolut steigen.

Nun existiert die eigenartige Gesetzmäßigkeit, daß die Rendite tendenziell fällt, je höher die Ausgaben für Sachanlagen und Vorprodukte werden. Um dieselbe Profitrate zu halten, müssen die Gewinne im selben Verhältnis wie diese Ausgaben steigen.

Der Sachverständigenrat hat die Kapitalrenditen aller Unternehmen aus Produzierendem Gewerbe, Handel, Verkehrswesen und Dienstleistungen errechnet. Unter Kapitalrendite versteht er nur den Prozentsatz des Gewinns vom Anlage- und Vorratsvermögen zu Anschaffungspreisen. Gerade, als ob Maschinen und Gebäude aus sich heraus ohne Arbeitskräfte Gewinne bilden. Jedenfalls stellt er fest, daß nach Abzug der Zinskosten die so definierte Kapitalrendite von 15,6 Prozent im Jahre 1960 auf den Tiefpunkt von 2,69 Prozent im

11 H. Afheldt: Wohlstand für niemand, München 1994, S. 36.

Jahre 1982 fiel, um dann auf 10,13 Prozent im Jahre 1991 zu steigen und bis 1993 wieder auf 8,48 Prozent zu fallen.[12]

Und genau das ist der Grund, weshalb in Deutschland, aber auch in anderen Industrieländern, ab Anfang der 80er Jahre verstärkt die Kapitalsteuern gesenkt wurden. In bezug auf die durchschnittlichen Profitraten war zu wenig Geld da. Durch die Kapitalsteuersenkungen werden die realen Gewinnspannen - die Gewinnspannen nach Steuern - gesteigert.

Die staatliche Steuersubventionierung der Vermögensanlagen ist indirekt ebenfalls eine Methode, wenigstens auf Konzernebene den tendenziellen Fall der Profitrate nach Steuern aufzuhalten. Die Investitionsquoten verringern sich mit fortschreitender Stagnation der ökonomischen Entwicklung. Das Kapital weicht mehr und mehr darauf aus, seinen Kapitalüberschuß als aufgehäuftes Geldvermögen zu verwalten, statt ihn in der Produktion zu investieren, wo keine genügenden Profitraten in Aussicht stehen. So beginnen sich Industriekonzerne in Banken mit angeschlossener Produktion zu verwandeln.

Die tatsächlichen Profitraten zu errechnen, wäre im übrigen eine lohnende Aufgabe, die noch geleistet werden muß. Die wichtigsten Möglichkeiten, die Rendite zu erhöhen, bestehen in der aggressiven Senkung von Lohn- und Vorproduktkosten, während jede neue Investition die Rendite tendenziell wieder drückt.

Diese Kostensenkung kann zwar zu einer kurzfristigen Erholung der Gewinnspannen führen. Langfristig aber stranguliert sie die Möglichkeiten der ökonomischen Entwicklung. Denn notwendige Folgen solcher Methoden zur Erhöhung der Profitraten sind einerseits wachsende Arbeitslosigkeit und sinkende Reallöhne, andererseits sinkende Steuereinnahmen und höhere Sozialausgaben für den Staat, von daher höhere Staatsverschuldung. Insgesamt verschärft sich also der Widerspruch zwischen den Möglichkeiten der Produktion und den Fähigkeiten zur Konsumtion.

Die regierungsamtliche Begründung für die Senkung der Kapitalsteuern besteht darin, daß die Unternehmen mehr Gewinne brauchen, um mehr investieren und dadurch mehr Arbeitsplätze schaffen zu können. So gibt sie die Kapitalsteuersenkung als Arbeitsbeschaffungsprogramm aus. Das ist ein Ammenmärchen für naive Gläubige.

Die Senkung der Kapitalsteuern *reagiert* nur auf die Entwicklung

12 Sachverständigenrat, Jahresgutachten 1994/5, Stuttgart 1994, S. 287.

der Profitraten. Die aggressiven Entlassungsfeldzüge und Lohnsenkungsprogramme haben genau dasselbe Ziel: die Gewinnspannen anzuheben. Beides ist für die Banken und Konzerne notwendig.

Die relativ sinkenden Investitionen dagegen werden überwiegend aus Abschreibungen finanziert. Die Steuererleichterungen dienen nicht diesem Zweck. Sie sind Profitraten-Subventionen. Ergebnis: eine Explosion der Staatsverschuldung.

IV.

Ohne eine Entschuldung ist keine Lösung des Problems der Staatsverschuldung möglich.

Steuerausfälle aus Gewinnen und Kapitalerträgen verwandeln sich auf der einen Seite in höhere Einkommen und Gewinne und auf der anderen Seite in Staatsschulden. Die Reichen können dann mit den Steuersubventionen wiederum festverzinsliche Staatspapiere kaufen. Der Durchschnittszinssatz liegt hier bei sechs Prozent. Die Gläubiger erhalten also Jahr für Jahr eine reale Erhöhung ihres Einkommens, statt daß sie Steuern zahlen müssen. Ein doppelter Gewinn. Außerdem zwingt die Staatsverschuldung zum Notverkauf staatlicher Beteiligungen und zu Privatisierungen, die die Anlage- und Geschäftsmöglichkeiten der Banken, Konzerne und anderer Investoren ausdehnen. Sie ist also auch in dieser Form eine zusätzliche Quelle privater Bereicherung.

1995 dürften die Zinszahlungen des Staates, seiner Schattenhaushalte und der staatlichen Unternehmen mehr als 150 Milliarden DM ausmachen. Der Staat muß also den großzügigen Kapitalgebern, die selbst kräftig dafür gesorgt haben, seine Finanzen zu ruinieren, täglich rund 500 Millionen DM Tribut zahlen. Es ist schon längst nicht mehr möglich, die Schulden aus den laufenden Einnahmen zurückzuzahlen. Eine Rückzahlung aus dem Staatsvermögen ist ebenfalls nicht möglich. Letztlich werden die Zinsen mit neuen Schulden bezahlt. Von 1970 bis 1994 betrug die Neuverschuldung von Bund, Ländern und Gemeinden 1381 Milliarden DM.[13] An Zinsen wurden in diesem Zeitraum 1217 Milliarden DM gezahlt.[14]

Daraus ergibt sich die zwingende Notwendigkeit, daß die Gläubi-

13 Statistisches Taschenbuch 1995.

14 IdW Zahlen 1990, Tab. 42; und Monatsberichte der Deutschen Bundesbank, 10/1995, S. 53*.

ger auf Schulden und Zinsen verzichten. Um die Gläubiger zu Zugeständnissen zu bewegen, ist ein Stop aller Zinszahlungen wohl unvermeidlich.

Ein interessanter Anfang ist die Weigerung der ostdeutschen Kommunen, ihre »Altschulden« in Höhe von inzwischen neun Milliarden DM an den Bund zu zahlen.

Mit der Wiedervereinigung wurden die Altschulden der Betriebe, der Wohnungswirtschaft und der Kommunen[15] anerkannt statt annulliert. Das führte zu einer im Interesse der Großbanken geplanten Explosion der Staatsverschuldung. Allein die im Verhältnis 2:1 abgewerteten Schulden der Betriebe beliefen sich auf 116 Milliarden DM. Bei Zinssätzen von zehn bis zwölf Prozent liefen bis heute rund 60 Milliarden DM auf. Die Treuhandanstalt als neue Inhaberin der Betriebe übernahm die Altschulden in der Regel. Zins und Tilgung fließen an die neuen Besitzer der Deutschen Kreditbank, die als Nachfolgerin der DDR-Staatsbank auf der Rückzahlung der Kredite und ihrer Bedienung besteht. Deutsche Bank und Dresdner Bank zahlten für den Erwerb der Deutschen Kreditbank netto gerade einmal 20 Millionen DM.[16] Sie erwarben damit das Recht auf staatliche Tributzahlungen.

Weil die Altschulden im Verhältnis 2:1 abgewertet wurden, erhalten die Banken aus dem Ausgleichsfonds Währungsumstellung verzinsliche Ausgleichsforderungen. Die Spareinlagen dagegen, die der Staatsbank zur Finanzierung der Betriebskredite usw. von den DDR-Kreditbanken zur Verfügung gestellt worden waren, wurden mit 1,475:1 umgestellt. Das bedeutete, daß die Banken den Einlegern mehr hätten zurückzahlen müssen, als sie selbst wiederum an Forderungen gegenüber den Betrieben usw. in den Büchern stehen hatten. Die Differenz zwischen der Währungsumstellung bei Forderungen und Verbindlichkeiten trägt der Bund. Die Summe beläuft sich auf 92 Milliarden DM.[17] Da die Ausgleichsforderungen verzinst werden, dürften weitere zehn Milliarden DM jährlich an Zinsen dafür anfallen.

Die abgewerteten Spareinlagen der Privatpersonen betrugen am 31. Mai 1990 123,4 Milliarden DM. Da sie zu einem guten Teil von

15 Zur Berechtigung dieser »Altschulden« vgl. Beitrag von Klaus Steinitz in diesem Buch – d. Hg.

16 Süddeutsche Zeitung vom 30.10.1995.

17 Frankfurter Allgemeine Zeitung vom 10.11.1995.

den Konten abgehoben wurden, mußten über die Treuhand Kredite aufgenommen werden, um sie auszuzahlen, bis Mai 1991 allein 80 Milliarden DM. Die wurden wiederum profitabel verzinst.[18] Die Währungsunion und ihre Abwicklung über die privaten Großbanken erzeugte also Milliarden-Verluste.

Eine Alternative wäre gewesen, die Altschulden und damit auch die langjährigen Tributzahlungen an die Großbanken zu annullieren. Dann wären auch die Ausgleichsforderungen aus der Währungsumstellung entfallen. Andererseits hätte der Staat den privaten Einlegern ihre Spareinlagen in Höhe von 123,4 Milliarden DM garantieren und in einem angemessenen Zeitraum auszahlen oder in Anteile am Betriebsvermögen umwandeln können. Damit wäre es nicht zu inflationären Auswirkungen gekommen.

Dadurch, daß die Großbanken zwischengeschaltet wurden, entstand ein Schaden, der sich einschließlich der aufgelaufenen Zinsen bereits auf mehr als 200 Milliarden DM belaufen dürfte.

Um diese einfallsreiche Bereicherung der Großbanken an den Staatsfinanzen zu finanzieren, wurde letztlich der Solidaritätszuschlag eingeführt, wie die Sondersteuer zur Solidarität mit den Bankprofiten heißt.

Die Altschulden müssen annulliert werden und mit ihnen der sogenannte Solidaritätszuschlag.

V.

Alle staatlichen Aufträge an und Geschäfte mit Privatunternehmen müssen auf den Prüfstand.

Hier gibt es ein weites Feld für Extraprofite z. B. durch überhöhte Preise, Verschleuderung von staatlichem Eigentum über zu niedrige Preise, sinnlose Bauinvestitionen, die man auch als Produktion um der Produktion willen bezeichnen kann.

Wenn es stimmt, daß bei staatlichen Bauaufträgen durchschnittlich 25 Prozent der Gesamtsumme auf durch Kartelle und Korruption hervorgerufene Extraprofite zurückzuführen sind,[19] dann bedeutet das allein schon eine Vergeudung von etwa 20 Milliarden DM im Jahr. Die öffentlichen Bauinvestitionen beliefen sich 1993 in Deutsch-

18 Vgl. J. Priewe/R. Hickel: Der Preis der Einheit, Frankfurt a. M. 1991, S. 92–106.

19 Nach J. Roth: Der Sumpf. Korruption in Deutschland, München 1995, S. 108 und S. 124.

land nämlich auf 78 Milliarden DM.[20] Zur Verhinderung solcher Ausplünderung des Gemeinwesens müssen die Kontrollen verschärft werden.

VI.

Der Sozialabbau dient direkt der Bereicherung der Reichen. Zum einen ermöglicht er den weiteren Schuldendienst für die Gläubiger der Staatsschulden. Zum anderen dient er dazu, weitere Senkungen der Kapitalsteuern zu finanzieren.

Staatliche Kürzungen von Arbeitslosenunterstützung und Sozialhilfe heizen ferner die Konkurrenz der Arbeitskräfte untereinander an, führen also zu Lohndruck und dadurch wiederum zu einer tendenziellen Erhöhung der Profitraten.

Schlußfolgerung

Wenn man diese realen Zusammenhänge ernst nimmt, muß man sich von der Illusion trennen, daß die Umverteilung des Reichtums eine Frage der moralischen Appelle an die Solidarität der Reichen mit den Armen sei oder auch nur an ihre Einsicht. Solidarität zwischen Reichen und Armen, zwischen Konzernen und Arbeitnehmern würde zu sinkenden Profitraten führen – unmöglich.

Selbst wenn Reiche Almosen geben, geschieht das (man kann es in den USA als Begleiterscheinung zum brutalen Abbau staatlicher Sozialleistungen beobachten) eher aus Furcht vor den Armen, aus dem Interesse, sie von sich abhängig zu machen und dadurch das eigene Privileg zu sichern, also eher aus Solidarität mit sich selbst als aus Solidarität mit anderen. Und was die Reichen in den USA spenden, haben sie in Form massiver Steuererleichterungen vorher schon mehrfach vom Staat zugeschoben bekommen.

Gesellschaftlich erarbeiteten Reichtum zurückzuerobern, ist eine Frage des Kampfes, der Stärke, also der mühseligen Organisierung von arbeitenden und arbeitslosen Menschen für ihre gemeinsamen Interessen. So kann es gelingen, den Gegensatz zwischen arm und reich abzumildern – wenn man ihn nicht mitsamt seiner ökonomischen Grundlagen abschaffen will.

20 Statistisches Jahrbuch 1994, S. 515.

Ulrich Podszuweit

Je mehr Reichtum, desto mehr Armut – Sozialdaten aus einer der reichsten Städte Europas

»Wenn Geldgier den Verstand vernebelt...« Mit diesen Worten gewährte am 27. Juni 1995 »Bild« seinen Leserinnen und Lesern einen seltenen Blick auf den privaten Reichtum, über den einige Bürger der Hansestadt Hamburg verfügen. Anlaß bot ein geplatztes Spekulationsgeschäft: Geködert von der verlockenden Aussicht auf bis zu 1300 Prozent Gewinn übergaben 150 Hanseaten dem Geschäftsmann H. mindestens 300 Millionen Mark. Firmeninhaber, Bankkaufleute, Anwälte, Steuerberater und Wirtschaftsprüfer – alles Leute, die, so »Bild«, im »Umgang mit Geld vorgebildet« waren – setzten im Schnitt je zwei Millionen Mark ein, die sie binnen eines Jahres auf bis zu 26 Millionen Mark zu vervielfachen hofften. Daraus wurde nichts: Geschäftsmann H. setzte sich mit den eingesammelten Geldern nach Südafrika ab.

Diese Geschichte parodiert nicht nur den angeblich so engen Zusammenhang zwischen Reichtum und persönlicher Leistung. Sie wirft auch ein Schlaglicht auf die soziale Wirklichkeit in einer der reichsten Städte Europas. Statistisch gesehen wird in Hamburg je Einwohner ein Bruttoinlandsprodukt von rund 67290 DM erwirtschaftet. Bei einer durchschnittlichen Einkommensverteilung würde dort eine vierköpfige Familie ein Jahreseinkommen von rund 270000 DM zur Verfügung haben. Tatsächlich aber polarisieren sich Einkommen und Lebenslagen in der Elbmetropole immer mehr.

Während einige Hanseaten locker mit Millionenbeträgen spekulieren, sind rund 300000 andere auf öffentliche Unterstützung angewiesen und als arm oder zumindest als sozial gefährdet anzusehen. Das sind rund 18 Prozent der Bevölkerung (Stand 1993), wobei in dieser Berechnung diejenigen registrierten Erwerbslosen, die weder Sozialhilfe noch Wohngeld erhalten, unberücksichtigt bleiben. Besonders erschreckend ist, daß Kinder, Jugendliche und zum Teil auch junge Erwachsene zur größten Gruppe der Armutsbevölkerung gehören: So sind 21 Prozent aller Kinder unter sieben Jahre, 16 Prozent aller im

Alter von sieben bis unter 18 Jahren und knapp 13 Prozent der jungen Erwachsenen zwischen 18 bis 25 Jahren auf Hilfe zum Lebensunterhalt gemäß Bundessozialhilfegesetz angewiesen.

Vor allem seit Anfang der 80er Jahre entwickelte der Verarmungsprozeß eine dramatische Dynamik: So stieg die Zahl der Sozialhilfebedürftigen von rund 56 500 auf knapp 159 000 Personen im Jahr 1993 an.

Bezogen auf einzelne Stadtteile, in denen sich die Armutsbevölkerung konzentriert, ist die Entwicklung noch krasser. So leben etwa im Bezirkskerngebiet Hamburg-Mitte (ohne St. Pauli) inzwischen jedes zweite Kind und jeder zweite Jugendliche in einem Haushalt, der auf Sozialhilfe angewiesen ist. 1980 gab es zwei »arme« Stadtteile – St. Pauli und Dulsberg. Deren Bevölkerung verfügte über ein mittleres Einkommen, das knapp 70 Prozent des durchschnittlich in Hamburg versteuerten Einkommens betrug. Dem standen damals zehn »reiche« Stadtteile gegenüber – die Elbevororte im Westen und die Walddörfer im Norden. Deren Bevölkerung verfügte über ein Einkommen, das den Hamburger Durchschnitt um mehr als 150 Prozent überstieg. Ende der 80er Jahre waren in Hamburg die »armen« Stadtteile nicht nur zahlreicher geworden (14 statt zwei), sondern relativ auch ärmer (St. Pauli erreichte nur noch 56 Prozent, Dulsberg 58 Prozent des durchschnittlich im Stadtstaat versteuerten Einkommens).

Auch wenn Vergleiche mit »amerikanischen Verhältnissen« (Gettos, Slums) für Hamburg überzogen sind, so gibt es doch Tendenzen, die auf die Gefahr verweisen, daß sich eine »underclass« und vernachlässigte Stadtregionen herausbilden. Ursache ist ein ökonomisch-politischer Prozeß der Wohlstandsentwicklung, der die ständige Modernisierung der kapitalistisch organisierten Wirtschaft, der städtischen Verwaltung (Verschlankung, Effektivierung) und der Gesellschaft (Individualisierung, neue Lebensstile) voraussetzt – und an dessen anderem Ende eine Anhäufung privaten Reichtums entsteht.

So hat sich in der Zeit von 1980 bis 1989 – das sind die aktuell verfügbaren Daten – die Zahl der Einkommensmillionäre in Hamburg knapp verdoppelt (von 503 auf 880). Deren Einkommen vor Abzug der Steuerschuld hat sich knapp vervierfacht. Ihr Nettoeinkommen wuchs um den Faktor 4,6. Ihre Steuerschuld hat sich dagegen nicht einmal verdreifacht, so daß mittlerweile im Schnitt jeder Hamburger Einkommensmillionär im Jahr 3,7 Millionen DM bezieht. Bei 880

Millionären ist das ein Gesamtvolumen von 3,259 Milliarden DM. Im selben Zeitraum hat sich die Zahl der Sozialhilfeempfänger verdreifacht.

0,28 Prozent der Hamburger Bürger besitzen rund 70 Prozent des Privatvermögens (22 Milliarden DM). Dabei ist ein Konzentrationsprozeß unübersehbar: Zwischen 1980 und 1989 wuchs die Anzahl der Vermögensmillionäre von 3 187 auf 4 509 Personen, was eine Steigerungsrate von rund 40 Prozent bedeutet. Die Summe der Vermögen stieg dagegen um rund 80 Prozent. Da zwischen den Gruppen der Einkommens- und Vermögensmillionäre zum Teil Personal- oder Familienunion besteht, läßt sich das wahre Ausmaß der Reichtumskonzentration in Hamburg nur erahnen.

Neben diesen Superreichen gibt es eine Gruppe von Wohlhabenden, die mehr als das Doppelte der durchschnittlichen Einkommen für ihre Lebensführung zur Verfügung haben (1980 lag diese Marge bei einem Jahreseinkommen von 75 000 DM, 1989 bei 100 000, was ziemlich genau der Preisentwicklung in diesem Zeitraum entspricht). Diese Gruppe der Wohlhabenden ist im angegebenen Zeitraum um elf Prozent gewachsen. Sie umfaßt acht Prozent der Steuerpflichtigen in Hamburg, das sind 48 399 Bürger. Diese beziehen rund 40 Prozent des Gesamtbetrags aller Hamburger Einkommen. Ihre Steuerschuld stieg im angegebenen Zeitraum um 72 Prozent, ihr Nettoeinkommen um 97 Prozent.

Dies macht deutlich, daß auch die Steuerpolitik nicht unerheblich zur Reichtumsvermehrung dieser Gruppen beigetragen hat:

- *1980* mußten die Einkommensbezieher von 100 000 bis 250 000 DM 36,8 Prozent ihres Einkommens versteuern (Klasse a); in der Einkommensklasse von 250 000 bis 500 000 DM betrug die Steuerbelastung 46,2 Prozent (Klasse b); bei einem Einkommen von 500 000 bis eine Million DM belief sie sich auf 49,4 Prozent; bei über einer Million machte sie 51,6 Prozent aus.
- *1989* war die Steuerbelastung deutlich gesunken: auf 30,5 Prozent in Klasse a und 42,7 Prozent in Klasse b; in den weiteren Einkommensklassen ab zwei Millionen DM sinken die steuerlichen Belastungen kontinuierlich, so daß ab einem Jahreseinkommen von zehn Millionen DM und mehr nur noch 31,5 Prozent steuerlich abgeschöpft werden.

Fazit: Seit Beginn der 80er Jahre ist es zu einem großen Umverteilungsprozeß in der Stadt Hamburg von unten nach oben gekommen mit der Folge sozialer Polarisierung. Diese kann nur durch eine Rückverteilung von oben nach unten entschärft werden.

Klaus Steinitz

Transfer West-Ost und Ost-West – Wie an der deutschen Vereinigung verdient wird

Zum fünften Jahrestag der Vereinigung gab es die erwarteten euphorischen Berichte der Bundesregierung über die großen, einmaligen Leistungen, die zur Unterstützung der neuen Bundesländer bereits vollbracht waren. Zwei Größen standen im Vordergrund:

- die *Transferzahlungen* von West nach Ost, die jährlich netto 140 bis 150 Milliarden DM betrugen und im Zeitraum 1991 bis 1995 nach offiziellen Angaben eine Größenordnung von 600 bis 700 Milliarden DM erreichten;
- die Übernahme der »DDR-Schulden« im *Erblastentilgungsfonds* in Höhe von rund 400 Milliarden DM.

Im Zusammenhang mit dem Thema »Geld ist genug da« interessieren vor allem zwei Fragen: 1) Worin liegen die eigentlichen Ursachen für diese Transferzahlungen und Schulden? 2) Wer sind die Nutznießer und wer die Belasteten?

Die Transferzahlungen und die sogenannten Altschulden werden von der Bundesregierung politisch instrumentalisiert. *Einerseits* soll die Vorstellung von der maroden DDR-Wirtschaft, ihrer angeblichen Nicht-Lebensfähigkeit, ständig im Bewußtsein der Menschen präsent sein. Ihnen wird gesagt, Ostdeutschland verbrauche rund 200 Milliarden DM mehr, als es produziere, wofür die umfangreichen westdeutschen Transferzahlungen notwendig seien. Darüber hinaus wird suggeriert, die DDR habe kein öffentliches Vermögen in die Einheit eingebracht, im Gegenteil, sie hinterlasse nur einen riesigen Schuldenberg. Schon der Begriff Erblast läßt die politische Absicht deutlich werden.

Andererseits soll damit auch der Sündenbock für die eskalierende Verschuldung der öffentlichen Haushalte gefunden werden: die ostdeutsche Wirtschaft, deren Zustand im Jahre 1990 diese Belastungen hervorgerufen haben soll. Dabei werden, wenn von Altschulden und Erblasten die Rede ist, die der alten Bundesländer verschwiegen, wo die Pro-Kopf-Verschuldung höher lag als in Ostdeutschland. Die heutigen öffentlichen Schulden, die mehr als zwei Billionen DM betragen, stammen zur Hälfte aus der alten Bundesrepublik, und die Ursachen des Schuldenwachstums liegen zu einem beträchtlichen Teil in der Massenarbeitslosigkeit in Ost und West, in den Folgen der Rezession (Steuerausfälle u. ä.) und der insgesamt verfehlten Wirtschafts- und Finanzpolitik.

Zweifellos erklärt sich die finanzielle Belastung des vereinigten Deutschland auch aus dem Zustand und der Leistungsfähigkeit der DDR-Wirtschaft, die infolge jahrzehntelanger Abschirmung vom Weltmarkt und aus anderen Gründen auf vielen Gebieten international nicht wettbewerbsfähig war; viele ihrer Unternehmen wiesen einen veralteten Kapitalstock auf und stellten zu wenig innovative Erzeugnisse her. Der *entscheidende* Grund für die notwendigen Transferzahlungen und auch die Vermögensverluste ist jedoch die weitgehende Zerstörung der Wirtschafts-, Industrie- und Forschungspotentiale in Ostdeutschland, die dazu führte, daß das Bruttoinlandsprodukt nach der Währungsunion auf etwa 60 Prozent (1991) und die Industrieproduktion auf etwa ein Drittel (1992) zurückgingen sowie über 3,5 Millionen Arbeitsplätze, darunter mehr als 80 Prozent der Stellen in der Forschung und Entwicklung, beseitigt wurden. Ostdeutsche Produkte verloren nicht nur weitgehend ihre traditionellen osteuropäischen Absatzgebiete, sondern verschwanden auch fast völlig vom ostdeutschen Binnenmarkt, der von den großen Handelskonzernen der alten Bundesländer in Besitz genommen wurde.

Diese voraussehbare Entwicklung war vor allem eine Folge der überstürzten Währungsunion, auf die sich die Betriebe nicht vorbereiten konnten. Von einem Tag auf den anderen waren sie mit einer faktischen Aufwertung der Währung von rund 300 Prozent, mit der Wirtschaftspolitik der Bundesregierung und vor allem mit der einseitigen Privatisierungspolitik der Treuhandanstalt konfrontiert. Ein tiefer Absturz im Lebensniveau der Menschen in den neuen Bundesländern, ein Bankrott vieler noch produzierender Unternehmen und das Ausbluten der Länder und Kommunen ließen und lassen sich nur durch beträchtliche Finanztransfers sowie Investitionen westdeutscher Unternehmen in Ostdeutschland verhindern.

Zwischen den Transferzahlungen und den Altschulden gibt es insofern Ähnlichkeiten, als beide in hohem Grade Ergebnis einer verfehlten Wirtschaftspolitik sind, die der Größe der zu lösenden Probleme und Herausforderungen nicht gerecht wird. Sehr deutlich zeigt sich dies in der Art und Weise der Privatisierung ehemals volkseigener Betriebe. Ein Unternehmen, das keine oder nur sehr geringe Marktchancen hat und mit einem Verlust abschließt, und dies traf für fast alle Treuhandbetriebe zu, wird kaum einen positiven Ertrags- oder Verkehrswert aufweisen. Dieser ist jedoch für die Höhe der Bewertung und des Verkaufspreises entscheidend. Das ist der erste Grund dafür, daß aus dem vom ersten Treuhandpräsidenten Rohwedder geschätzten Treuhandvermögen von 600 Milliarden DM wenig übrig blieb. Weitere Gründe hierfür sind:

- Umwandlung der für marktwirtschaftliche Verhältnisse fiktiven Kredite der ehemals volkseigenen Betriebe (Kredite innerhalb staatlichen Eigentums) in reale Schulden; insgesamt waren die sogenannten Altschulden der Treuhandunternehmen mit über 100 Milliarden DM beträchtlich höher als die beim Verkauf der Unternehmen realisierten Einnahmen.
- Die rigorose Beseitigung potentieller Konkurrenz westdeutscher Unternehmen, indem z.B. in vielen Fällen die Entscheidung so lange in der Schwebe gehalten wurde, bis der Treuhandbetrieb alle Chancen verloren hatte.
- Die verzögerte, meist nur widerwillige Durchführung notwendiger Modernisierungs- und Strukturanpassungsmaßnahmen in den Treuhandbetrieben.

Der Erblastentilgungsfonds mußte immer größere Ausmaße annehmen, weil auch die Kredite der landwirtschaftlichen Genossenschaften, der Wohnungsgesellschaften und der Kommunen für den Bau gesellschaftlicher (kultureller und sozialer) Bauten in Schulden umgewandelt wurden. Diese Kredite waren jedoch ebensowenig reale Schuldenverhältnisse wie die Kredite der ehemaligen volkseigenen Betriebe. Schließlich kamen noch in fünf Jahren akkumulierte Zinslasten von über 50 Milliarden DM hinzu.

Bei der Aufzählung der finanziellen Belastungen, die sich im Erblastentilgungsfonds niederschlagen, dürfen auch nicht die direkten Ausgaben, besonders die Personalkosten, der Treuhandanstalt selbst vergessen werden. Für die fast ausschließlich aus den alten Bundesländern stammenden leitenden Mitarbeiter wurden u. a. ausgegeben: Fahrtkostenerstattung monatlich 1482 DM (höher als die Durchschnittsrente eines Ostdeutschen im Juli 1994 nach 45 Berufsjahren); monatliches Trennungsgeld der Direktoren in Höhe von 7000 DM (etwa ein Professorengehalt); Bonuszahlungen für erfolgreiche Privatisierungen für die Führungskräfte bis zu 122000 DM jährlich; Jahresgehälter der Direktoren von fast 300000 DM. Für die Liquidierung von Betrieben wurden phantastische Honorare gezahlt. Ein früherer Abteilungsleiter der Treuhand gründete die »Gregor Zinsmeister Consultants« und kassierte für 76 Betriebsliquidierungen in sechs Monaten 4,2 Millionen DM.

So war es möglich, daß innerhalb einer kurzen Zeit aus einem realen Vermögen, in das zusätzlich zu den Treuhandunternehmen u. a. auch der volkseigene Grund und Boden, der staatliche Wohnungsfonds, militärische Liegenschaften, Auslandsvermögen (Botschaften u. a.) einzurechnen sind, so daß es sich auf weit über 1000 Milliarden DM summierte, eine Altschuld von 400 Milliarden DM entstehen konnte. Eine wahre Meisterleistung der Bundesregierung und der Treuhandanstalt.

Diese weitgehende Beseitigung und Privatisierung des Volkseigentums der DDR ist ein historisch beispielloser Prozeß der Enteignung und Umverteilung von Vermögen. Die von der Bevölkerung der DDR erarbeiteten Vermögenswerte wurden faktisch ohne Gegenleistung enteignet. Die zunächst vorgesehenen Anteilscheine für Ostdeutsche, die später eingelöst werden sollten, wurden nie ausgegeben. Es gibt wohl keine Chancen mehr, daß dies irgendwann einmal nachgeholt wird.

Die Gewinner dieser Aktion waren und sind die großen westdeutschen Banken, Versicherungsketten, Handelsketten und Produktionsunternehmen. Die Banken übernahmen die ostdeutschen Banken zu einem Preis weit unter Wert, und sie konnten aus den übernommenen Forderungen gewaltige Zinsgewinne realisieren. Ähnlich günstige Bedingungen konnten auch Versicherungsgesellschaften, wie die »Allianz«, zu ihrem Vorteil nutzen.

Die westdeutschen Unternehmen erzielten im Ergebnis der Treuhandtätigkeit oft einen dreifachen Profit: Erstens wurden viele Betriebe zu einem symbolischen Preis von nur einer DM verkauft, oder die Privatisierung wurde mit Finanzhilfen noch versüßt. Zweitens war das Ziel des Unternehmenskaufs in nicht wenigen Fällen gar nicht die Fortführung der Produktion, sondern der Erwerb einer Immobilie mit künftig günstigen Verwertungschancen. Schließlich ging es häufig einfach um die Beseitigung eines Konkurrenten und die Übernahme seiner Marktanteile.

Nachdem der Privatisierungsauftrag der Treuhandanstalt erfüllt ist, befinden sich rund 80 Prozent des Treuhandvermögens in den Händen westdeutscher Unternehmen, 15 Prozent in den Händen ausländischer Unternehmen und nur fünf Prozent in den Händen Ostdeutscher. Es hat sich somit ein beispielloser *Vermögenstransfer von Ost nach West* vollzogen. Er begründet dauerhaft neue Abhängigkeit der in den neuen Bundesländern liegenden Unternehmen von den westdeutschen Stammunternehmen oder Konzernen, die sich auf ihre zukünftigen Entwicklungsbedingungen, vor allem in schwierigen Zeiten, auswirken werden. Diese Prozesse haben auch dazu geführt, daß die ostdeutsche Wirtschaft weitgehend zu einer westdeutschen Dependenzwirtschaft geworden ist.

Im Unterschied zu den jährlichen Transferzahlungen handelt es sich hierbei nicht um eine Umverteilung von Einkommen, die geändert werden könnte, sondern um eine *langfristig wirkende Veränderung der Vermögens- und Eigentumsstrukturen* zu Gunsten der Reichen.

Durch die Altschulden werden langfristig wirkende Belastungen ostdeutscher Unternehmen und landwirtschaftlicher Genossenschaften, aber vor allem von Wohnungsgesellschaften und Kommunen festgeschrieben, die sich verheerend auf deren Entwicklung in den nächsten Jahren auswirken können: Die Altschulden der Wohnungsgesellschaften führen infolge der zukünftig zu zahlenden Zinsen zu weiteren Mietsteigerungen und zu einem Druck, den Wohnungsbestand zu privatisieren - mit weiteren negativen Folgen für die Mieter in den privatisierten Häusern. Die Konsequenz, zunehmende Obdachlosigkeit, wirft schon heute ihre Schatten. In den Kommunen würde die Anerkennung der Altschulden für gesellschaftliche Einrichtungen, wofür es nach meinem Verständnis keine rechtliche Grundlage gibt, die schon heute teilweise katastrophale Finanzsituation noch weiter erschweren, was sich auf Beschäftigung und dringend notwendige Investitionen sehr nachteilig auswirken würde.

Wie sind die öffentlichen Finanztransfers von West nach Ost einzuschätzen? Hier kann nur auf einige Aspekte hingewiesen werden.

Die Höhe dieser Finanztransfers wird durch gesetzliche Regelungen festgelegt. Dies wird allerdings in den offiziellen Erklärungen weitgehend unterschlagen. Überall in Deutschland besteht beispielsweise ein Rechtsanspruch auf bestimmte Zahlungen wie Kindergeld, Arbeitslosengeld, Arbeitslosenhilfe, Wohngeld, Sozialhilfe. Die hierfür erforderlichen Finanztransfers sind ihrem Wesen nach gleich, unabhängig davon, ob sie für Menschen in Thüringen und Sachsen oder in Bremen und Schleswig-Holstein vorgesehen sind. Ein anderer Teil der öffentlichen Finanztransfers wird von dem ebenfalls gesetzlich geregelten Länderfinanzausgleich bestimmt. Weitere Zahlungen unterliegen zwar freier Entscheidung. Aber auch hier läßt die Situation in den ostdeutschen Ländern und Kommunen wenig Spielraum für Änderungen, sollen nicht die ökonomisch-sozialen Ost-West-Unterschiede für einen kaum absehbaren längeren Zeitraum zementiert und die soziale Spaltung wieder vertieft werden. Die Fortführung dieser Transferzahlungen für den Zeitraum der nächsten zehn Jahre – etwa in der gegenwärtigen Größenordnung – ist somit ein zwingendes Erfordernis.

Unabhängig von dieser Problematik ist es interessant, die Art und Weise der Finanzierung der Transferzahlungen und ihre Verwendung etwas differenzierter zu betrachten. Sie haben die soziale Schieflage bei der Verteilung weiter verschärft. Seit der Vereinigung wurden die Beitragssätze zur Arbeitslosenversicherung und für die Renten- und Krankenversicherung erhöht. Die Sozialkassen leisten fast ein Drittel der Transferzahlungen. In der gleichen Zeit sind die steuerlichen Belastungen der Einkommen aus Unternehmertätigkeit und Vermögen zurückgegangen. Die Belastungen aus der Vereinigung betrugen im Verhältnis zu den jeweiligen Einkommen: bei Selbständigen und Beamten 1,5 bis 2 Prozent, bei Angestellten 3,5 Prozent und bei Arbeitern 4 Prozent.

Unbestreitbar waren die Transferzahlungen eine wichtige Voraussetzung dafür, daß in Ostdeutschland trotz der starken Produktionseinbrüche und einer weitgehenden Deindustrialisierung auf verschiedenen Gebieten spürbare Fortschritte erreicht werden konnten, u. a. bei der Erhöhung der Arbeitseinkommen, der Sicherung der Sozialleistungen – vom Arbeitslosengeld bis zum Wohngeld –, der Bereitstellung eines hochwertigen Warenangebots, der Erweiterung und Modernisierung der Infrastruktur.

Dabei darf aber nicht übersehen werden, daß zu einem großen Teil die öffentlichen Transferzahlungen über die erhöhte Nachfrage nach westdeutschen Waren und Dienstleistungen - der Überschuß der westdeutschen Lieferungen nach Ostdeutschland gegenüber ostdeutschen Lieferungen nach Westdeutschland lag 1994 bei rund 220 Milliarden DM - wieder in die alten Bundesländer zurückfließen, wo sie einige hunderttausend Arbeitsplätze gesichert haben. Sie verwandeln sich dort vor allem in Profit- und Zinszuwächse westdeutscher Unternehmen, Banken, Versicherungsgesellschaften und Handelsketten. Insbesondere die Gewinne von Banken und Versicherungen nahmen infolge der Vereinigung sprunghaft zu. Hinzu kommt, daß westdeutsche Unternehmen, die in Ostdeutschland investieren, auch in den Genuß der Investitionsförderung kommen. Wahrscheinlich wird der Hauptteil der hierfür eingesetzten Mittel (Informationen hierüber werden geheim gehalten) nicht von den kleinen und mittleren ostdeutschen, sondern von den großen westdeutschen Unternehmen in Anspruch genommen.

Resümee: Die Privatisierung des volkseigenen Vermögens, die Konstruktion des Erblastenfonds und die öffentlichen, beitrags- und steuerfinanzierten Transferzahlungen führen in ihrer Gesamtheit zu einer Vertiefung der sozialen Ungleichheit und zu einer weiteren Konzentration des privaten Reichtums.

Hans See

Wie wirtschaftskriminelle Bereicherung Staats- und Sozialkassen leert

Die Staats- und Sozialkassen sind leer. Die Steuerungskapazität des Staates liegt unter einem ungeheuren Schuldenberg begraben. Angeklagt werden die Arbeitslosen und sonstigen Sozialleistungsempfänger. Sie sollen, so will es die von oben kanalisierte Wut an deutschen Stammtischen, die wahren Ausbeuter der Gesellschaft sein, die Ausbeuter des sozialen Sicherungssystems, des Sozialstaats.

Gleichzeitig häufen sich Entdeckungen von Wirtschaftsverbrechen und Korruption. Der Schaden erreicht mehrstellige Milliardenhöhe. Hier halten sich die Ankläger, vor allem deren Wortführer in Regierungen, Parlamenten und populistischen Medien, vornehm zurück. Einen Zusammenhang zwischen den ausgeplünderten Staats-, Sozial- und Kommunalkassen und wirtschaftskrimineller Bereicherung scheinen sie nicht zu sehen.

Die Folge ist fatal: Nicht etwa die Steuerhinterziehung, die Subventionserschleichung, die gesamte Palette wirtschaftskrimineller Bereicherungspraktiken wird bekämpft, damit wieder Geld in die öffentlichen Kassen fließt, nein, es wird Sozialabbau betrieben. Die angeblichen Ausbeuter des Sozialsystems, vor allem die sogenannten Wirtschaftsasylanten, aber auch andere Ausländer, also die Ärmsten der Gesellschaft, sollen künftig sparsamer und ehrlicher leben.

Zwar wird der Sozialabbau zunehmend auch als sozialökologischer Umbau und als Reformpolitik angepriesen, aber auch hier bleiben die Wirtschaftskriminellen ungeschoren. Der Etikettenschwindel – man kann auch sagen, die Symbolik dieser Politik – wird erkennbar in der »nachhaltigen« Arbeitslosigkeit sowie der – trotz Wirtschaftswachstums und beachtlicher Gewinne aus Privatvermögen – wachsenden Armut. Auch viele andere Erscheinungsformen wirtschaftlicher Krisen- und gesellschaftlicher Abstiegsprozesse – Rassismus, neuer Nationalismus, Zerstörung alter Solidargemeinschaften, ansteigende Gewaltbereitschaft – verweisen auf die schwindende Steuerungskapazität sozialstaatlicher Demokratien.

Bei genauerem Hinsehen zeigen sich aber auch vielfältige Versuche, einen Erneuerungsprozeß des gesellschaftlichen Wertesystems herbeizuführen. Auch wenn sie nicht selten von Sekten und anderen Bereicherungsexperten mißbraucht werden, sind die Gegenströmungen immer deutlicher zu erkennen, z.B. bei der Unterstützung von Umweltschutz- und Menschenrechtsorganisationen.

Um die Gegenströmungen zu stärken und mögliche Tendenzen zu Law-and-Order-Patentrezepten in demokratische Bahnen zu lenken, sind statt verschärfter Gesetze und polizeistaatlicher Maßnahmen demokratische Lösungen anzustreben. Dabei darf die Rolle der Wirtschaftskriminalität nicht länger aus den Analysen gesellschaftlicher Probleme ausgeblendet werden.

Die Thematisierung der Wirtschaftskriminalität bietet aus demokratietheoretischer und sozialpolitischer Sicht einen neuen gesellschaftspolitischen Kritik-, Theorie- und Reformansatz, also auch eine neue politische Perspektive für eine Offensive sozialer Praxis. Hieraus könnten sich neue Argumente für neue Formen politischer Kämpfe gegen den Mißbrauch politischer und wirtschaftlicher Macht vor Ort entwickeln, die den Vorteil hätten, die Weltmacht Kapital nicht aus den Augen zu verlieren. In der Kritik der kriminellen Ökonomie steckt sogar der Ansatz zu einer neuen, praxisnahen, kapitalkritischen Gesellschaftstheorie, die die derzeitige Theorielosigkeit und die zwar liebenswert chaotische, aber hilflose sozialstaatliche Handwerkelei beendet und vielleicht sogar, wenn sie von Gewerkschaften und von fortschrittlichen Mittelständlern, die zunehmend ebenfalls zu den Opfern der kriminellen Teile der Wirtschaft gehören, aufgenommen und im Sinne einer organisierten Form der Aufklärung weitervermittelt werden, eine handlungsorientierte sozialreformerische Bewegung in Gang zu setzen vermag.

*

Wirtschaftskriminalität ist eine entscheidende Ursache für die Finanzmisere der Staaten und die Verelendung breiter Massen – nicht mehr nur in den Ländern der sogenannten Dritten Welt. Indem sie die Steuerungskapazität sozial regulierter Wirtschaftssysteme zerstört, zerstört sie die Grundlagen des friedlichen Zusammenlebens der Menschen und wird zur eigentlichen Gefahr für die innere Sicherheit der demokratischen Staaten wie der Bevölkerungen.

Nicht der Mißbrauch der Sozialkassen durch die Leistungsberechtigten, also durch Krankenversicherte, Arbeitslose, Sozialhilfeempfänger, Behinderte oder Asylsuchende ist das Problem, sondern die um sich greifende gesetzwidrige Wirtschaftspraxis, die nicht nur das zur Korrektur des Marktmechanismus entwickelte sozialstaatliche Regelwerk der Gesetze außer Kraft setzt, sondern auch den Marktmechanismus selbst, soweit er überhaupt noch funktioniert, und dies mit der Folge, daß die Reichen, die die Gesetze mißachten, auf Kosten der Reichen, die gesetzlich handeln, vor allem aber auf Kosten der Lohn-, Gehalts- und Sozialleistungsabhängigen immer reicher werden.

Es gibt zweifellos auch einen Mißbrauch des sozialen Netzes durch Sozialleistungsempfänger. Doch er sollte erst thematisiert werden, wenn der Kampf gegen die Wirtschaftskriminalität auf wirkliche Erfolge verweisen kann. Vielleicht erübrigt sich dann die Beschäftigung mit dem Sozialhilfeempfänger, der sich vom Sozialamt ein paar Mark erschwindelt hat. Der Schaden in diesem Bereich beläuft sich nicht nur nach meiner Schätzung auf maximal zwei Milliarden Mark. Das erscheint viel, ist aber, gemessen am materiellen Schaden, den die Wirtschaftskriminalität anrichtet, eine zu vernachlässigende Größe, zumal dieses Geld sofort in den Konsum und damit zurück in die Kassen von Kapitaleignern fließt, von Hausbesitzern, Großmärkten, Kioskbetreibern, Brauereien, Schnapsbrennern.

Der Schaden dagegen, den Wirtschaftskriminelle anrichten, beträgt *mindestens* 200 Milliarden Mark. Nicht gerechnet ist hier der materielle Schaden, den die organisierte Kriminalität, also jener Teil der Wirtschaft verursacht, den ich als Untergrundkapitalismus dem legalen Teil des Kapitalismus als Komplementärsystem zuordne.

Die kriminellen Praktiken der ihre Gewinne hauptsächlich legal erzielenden Wirtschaft sollten sinnvollerweise von denen der kriminellen Wirtschaft unterschieden werden, zumindest theoretisch, auch wenn das im konkreten Einzelfall oft schwer fällt. Eine solche Unterscheidung hat strategische und taktische Vorteile für die ideologisch-moralische Bekämpfung beider Formen von Wirtschaftsverbrechen; sie wirkt sich dann auch auf die administrative sowie die als Ultima ratio verbleibende strafrechtliche Bekämpfung aus.

*

Der Gesetzesbruch ist für viele legale Wirtschaftsunternehmen ein Mittel der Profitmaximierung. Mit Hilfe systematischer Strafrechtsverletzung verschafft sich zum Beispiel eine nicht geringe Zahl von

Unternehmen bei Ausschreibungen öffentlicher Aufträge (Straßen, Schulen, Krankenhäuser, U-Bahn-Bau, Ausstattung des Heeres mit Uniformen und Waffensystemen etc.) derart große Wettbewerbsvorteile, daß alle marktwirtschaftlichen Preisbildungstheorien Lügen gestraft werden. Noch immer gehören Kartellabsprachen und aktive Bestechung zu den erfolgreichsten Auftragsbeschaffungsmethoden. Die Ziele dieser Delikte sind Vernichtung oder Ausschaltung preisdrükkender Konkurrenz, allgemeine Überhöhung der Preise für öffentliche Investitionen, satte Extraprofite. Die Folgen sind bestochene und damit fortan erpreßbare Beamte, leere Kassen, hohe Schulden, immer höhere Zinsen, schließlich Überschuldung mit dem unausweichlichen Zwang, das fehlende Geld entweder durch Steuererhöhungen oder durch Geldentwertung, Personal- und Sozialabbau wieder einzutreiben, und dies – wie schon zuvor das kriminelle Geschäft betrieben wurde – wiederum auf Kosten der jeweils Schwächeren.

*

Trotz ihrer enormen Sozialschädlichkeit ist Wirtschaftskriminalität, die auch die Zerstörung menschlichen Lebensraums einschließt, noch immer kein zentrales Thema von Wissenschaft und Politik. Denn die Macht der Wirtschaft läßt es vor allem führenden Politikern, Journalisten, Publizisten und Wissenschaftlern, auch den kritischer eingestellten, geraten erscheinen, sich lieber mit anderen wichtigen oder weniger wichtigen Themen zu befassen. Als besonders geeignet erweist sich die Beschäftigung mit der organisierten Kriminalität und der Korruption. Beides sind zweifellos schwerwiegende Probleme. Aber sie sollten nur in Verbindung mit der Wirtschaftskriminalität untersucht und diskutiert werden, sonst wird nichts daraus. Vergeudete Zeit.

Die Fixierung der öffentlichen Aufmerksamkeit auf organisierte Kriminalität fällt um so leichter, wenn diese, was leider oft geschieht, fast als Synonym für Ausländerkriminalität benutzt wird. Gerade dadurch wird von der Wirtschaftskriminalität als einem innergesellschaftlichen Problem abgelenkt. Die Ablenkung geht weiter, wenn Korruption hauptsächlich in den Zusammenhang der organisierten Kriminalität gestellt wird. Wie Jürgen Roth in seinem Buch »Der Sumpf« gezeigt hat, sind es durchaus nicht in erster Linie die Bosse des Untergrundkapitalismus, die mittels Bestechung ihre kriminellen Ziele zu erreichen verstehen, sondern zum großen Teil auch »ordentliche« Unternehmer, die in den Chefetagen der Wirtschaft - wenn sie sich davon größeren Nutzen versprechen - auch kriminelle marktstrategische Konzepte entwickeln.

Die bisherige Zurückhaltung der Wissenschaften, sich mit Wirtschaftskriminalität zu beschäftigen, und damit das enorme Theoriedefizite sind in letzter Instanz auf den Gegensatz zwischen bürgerlicher und marxistischer Wissenschaft zurückzuführen. Die Marxisten sahen im gesamten Kapitalismus ein kriminelles System. Für die Kapitalseite stand dagegen jegliche Kritik an der Praxis der Wirtschaft unter Kommunismusverdacht. Ernsthafte, kontinuierliche Erforschung der Wirtschaftskriminalität unterblieb daher auf beiden Seiten.

*

Wir können davon ausgehen, daß Wirtschaftskriminalität - das heißt konkret: die Kriminalität der legalen Wirtschaft wie auch die organisierte Kriminalität, das System des Untergrundkapitalismus - in allen höher entwickelten Gesellschaften in verschiedenen Ausgestaltungen auftreten und eine bedeutende Rolle spielen.

Wirtschaftskriminalität wird - wie jede andere Form von Kriminalität - niemals ganz beseitigt werden können. Sie muß aber so streng in Grenzen gehalten werden, daß die Staaten und Gesellschaften sich vor ihrer Destruktivität zu schützen vermögen.

Historische Erfahrung lehrt, wohin es führt, wenn private wirtschaftliche Macht unkontrolliert schalten und walten darf. Private Kapitalmacht kann unter bestimmten Voraussetzungen durchaus den Staat, die Gesetzgebung, die Verwaltung, Polizei und Rechtsprechung in ihren Dienst stellen und in Extremfällen jedes nur denkbare Verbrechen ungestraft zum Gesetz erheben. Diese Tatsache ist Grund genug, der demokratischen Kontrolle der Wirtschaft höchste Aufmerksamkeit zu schenken, nicht erst nach großen Krisen und Kriegen, wenn immer wieder zu Recht die Demokratisierung auch der Wirtschaft gefordert wird.

*

Um dem »wilden« Kapitalismus, dem Abenteuer- und Raubkapitalismus, Zügel anzulegen, ihn also auch nicht völlig in die Illegalität zu verbannen, entwickelten die fortgeschrittenen Industriegesellschaften - nicht zuletzt unter dem Eindruck des zeitweiligen Vormarschs kommunistischer Systeme - den organisierten oder sozial regulierten Kapitalismus. In Deutschland sprechen wir vom Sozialstaat. Soziale

Regulierung der Kapitalbeschaffung, der Kapitalverwertung und der politischen Kapitalsicherung schränkt die unternehmerische Eigentums- und Betätigungsfreiheit soweit ein, wie es die Mehrheit des jeweiligen Parlaments für verantwortbar hält. Gegenüber der durch Konzentration und Internationalisierung von Kapital und Arbeit immer mächtiger werdenden Wirtschaft sind solche staatlichen Regelungen freilich immer schwieriger durchzusetzen.

Die Gesetze generell, vor allem die Sozialgesetze, aber zunehmend auch die Gesetze zum Schutz unserer natürlichen Umwelt, werden von der Wirtschaft als unzumutbare Last empfunden. Strafgesetze zur Sanktionierung wirtschaftlichen Fehlverhaltens erzeugen selbstverständlich auch Abwehrreaktionen und Umgehungsstrategien. Ob die Wirtschaft die Gesetze bricht oder nicht, hängt heute nicht mehr nur von mehr oder weniger starken moralischen Prinzipien der Verantwortlichen ab, sondern ist eine Frage rationaler Risikokalkulation. Das bedeutet, daß je nach Art des Gesetzes, nach Höhe des berechenbaren Risikos und der Gewinnchancen Gesetze gebrochen werden oder nicht. Straftaten, die die legale Wirtschaft aus kalkulatorischen Gründen nicht begeht, unterbleiben freilich nicht, sondern fallen in die Zuständigkeit der organisierten Kriminalität. Über die Geldwäsche und andere Austauschverhältnisse der beiden Komplementärsysteme partizipiert auch die legale Wirtschaft am Gewinn der illegalen.

*

Die durch sozialstaatliche Gesetzgebung überwundenen Grundformen anarchischer Bereicherung können jederzeit wieder hervorbrechen. Die Bedingungen dafür sind verschieden. Wissenschaftlich-technische Innovationsschübe, die überlieferte Wertvorstellungen ins Wanken bringen, veranlassen oft Gesetzesübertretungen - vielleicht mit einem Ergebnis, das sich zu einem späteren Zeitpunkt als wirklich revolutionäre Errungenschaft und echter Fortschritt feiern läßt. Politische und wirtschaftliche Krisen und Umwälzungen durch Revolutionen oder Konterrevolutionen entwerten geltendes Recht und schaffen ein Machtvakuum, das nicht nur die kleinen Tagediebe, sondern vor allem die großen Schieber und kriminellen Geschäftemacher auf den Plan ruft.

So hat das Ende des Ostblockkommunismus und die folgende überstürzte Liberalisierung der Wirtschaft in diesen Räumen die dortige Sozialordnung völlig zerstört und geradezu einen Räuberkapitalismus ermöglicht, weil sich in der Überleitungsperiode niemand den geltenden Gesetzen verpflichtet fühlte und die Überleitungsregeln einen hochgradigen Aufforderungscharakter zum exzessiven Mißbrauch jeglicher Bereicherungsmöglichkeit haben. Auch das westdeutsche Kapital hat sich verhalten, wie es sich gegenüber jedem Entwicklungsland verhält.

*

Der Wettbewerbsvorteil wirtschaftskrimineller Praktiken ist einer der bedeutendsten kriminogenen Faktoren in sozialstaatlich (oder auch nach anderen überindividuellen Bedürfnissen wie z. B. Erhaltung des ökologischen Gleichgewichts) geregelten Wirtschaftsordnungen. Die gesellschaftlichen Folgen eines staatlich geduldeten oder nicht mehr beherrschbaren kriminellen Wettbewerbs sind von größter Destruktivität, bedeuten Selbstzerstörung, Untergrabung des Vertrauens in die Wirtschaftsordnung selbst, aber auch Aushöhlung aller gesellschaftlichen Institutionen, kulturellen Beziehungen und moralischen Instanzen. Unfähigkeit sozialstaatlicher Demokratien, soziale Probleme zu lösen, kann zum immer wirkungsvolleren Vorwand demagogischer Gruppen werden, nach einem starken Staat, einem Führer, einer Diktatur zu rufen.

*

Eine von ihrer Struktur her zwingend auf Wachstum angelegte und angewiesene Wirtschaft überschreitet alle Grenzen, muß sie überschreiten, bis der Globus restlos kapitalistisch erschlossen ist. Dann aber gibt es zumindest wirtschaftlich kein Drüben oder Draußen mehr. Das ökonomische System kann seine internen Probleme und sozialen Kosten nicht mehr externalisieren. So darf z. B. Giftmüll aus Industriestaaten ab 1998 nicht mehr in Entwicklungsländer exportiert werden. Alle originären Systemprobleme, die der Ost-West-Konflikt lange Zeit überdeckte, werden im vernetzten Weltmarkt als nationalstaatlich kaum zu bewältigende Probleme innerer Sicherheit erkennbar. Das Wirtschaftsverbrechen erscheint in dieser Lage als der letzte systematische Ausweg aus der Wachstumskrise, aus Stagnation und fallenden Profitraten. Staaten und Bevölkerungen, die der Wirtschaft den Weg der kriminellen Bereicherung nicht endlich verstellen, sondern sogar auf ihn setzen, werden zuletzt selbst in die Gewalt von Wirtschaftskriminellen fallen.

Eine sozialstaatliche Demokratie könnte in diesem Stadium als Standortnachteil Nummer eins gedeutet werden. Sie müßte, wollte man sie unter diesen Bedingungen aufrechterhalten, auf die reine Form des Wahlaktes reduziert und restlos entpolitisiert werden. Läßt man sich darauf ein, Sozialstaatlichkeit als Investitionshemmnis zu betrachten, wird am Ende die soziale Demokratie selbst abgeschafft werden - im Interesse der Mehrheit, wie dann gesagt werden wird. Die Folgen können neuer Chauvinismus, neuer Rassismus, neuer militärischer Imperialismus, also Bürgerkrieg und Krieg sein, bis hin zum Weltkrieg. Als Globalmacht ist schon die legale Wirtschaft in ihrem Wachstumswahn eine tödliche Gefahr; die Wirtschaftskriminalität kann - in ihrem Wechselspiel mit dem Untergrund-Kapitalismus - die Weltgesellschaft in den Suizid treiben.

*

Die Ausbreitung der Wirtschaftsverbrechen ist kein unabwendbares Schicksal. Sie bedeutet eigentlich nichts weiter als den Rückfall in spätfeudalistisch-frühkapitalistische Bereicherungsmethoden, jetzt allerdings auf globaler Entwicklungsstufe mit all den dazugehörenden wissenschaftlich-technischen, militärischen und massenmedialen Mitteln. Dies aber heißt, daß Gegenstrategien in Alleingängen auf nationaler Ebene allenfalls Pilotfunktion für eine künftige Weltinnenpolitik haben können.

Die langfristige Lösung des Problems liegt in der Konzeption und politischen Durchsetzung einer sozialstaatlich-demokratischen Weltordnung, die nicht auf noch mehr Militär, noch mehr Polizei, noch mehr Repression setzt, sondern auf mehr Demokratie, mehr Selbstorganisation und Selbstverwaltung der Menschen in den ohnedies bedeutungsloser werdenden Nationalstaaten, vor allem aber in den machtpolitisch immer bedeutender werdenden internationalen Wirtschaftsunternehmen.

Die Weltmacht Kapital kann die Steuerungsfähigkeit der Staaten oder Staatengemeinschaften mühelos ausschalten bzw. konterkarieren und - wenn nötig - das Wirtschaftsverbrechen zur rechtlichen Norm erheben. Aber das ist nur möglich, wenn die zum Objekt degradierten Gesellschaften nicht die notwendige Gegenmacht organisieren.

Diese Gegenmacht keimt schon in einigen der sogenannten nichtstaatlichen Organisationen wie »amnesty international« und

»Greenpeace« heran. Ich hoffe, daß auch »Business Crime Control«[1] einen Beitrag in Form organisierter Aufklärung über Wirtschaftsverbrechen leisten wird.

*

Bekämpfung von Wirtschaftsverbrechen erfordert ein differenziertes Konzept der Prävention. Ich unterscheide drei Formen der Prävention: eine weltanschauliche, eine technokratische und eine strafrechtliche.

Die weltanschauliche zielt auf einen Einstellungswandel gegenüber der Wirtschaftskriminalität als dem Epizentrum der Gefahren. Gesinnungswandel zum Positiven, zur Anerkennung des sozialen Zwekkes jedweder Form von Wirtschaft als des letztlich einzig legitimen, ist innerhalb breiter Massen möglich, wie die Demokratiebewegungen des 19. und 20. Jahrhunderts, die noch junge Ökologie- und auch die Frauenbewegung beweisen.

Das, worauf es dabei ankommt, nenne ich organisierte Aufklärung über Wirtschaftsverbrechen. Doch diese Aufklärung setzt voraus, daß sich alle einschlägigen Wissenschaften mit den Problemen der wirtschaftlichen Bereicherung durch Gesetzesbruch befassen, allgemeinverständlich die Gefahren aufzeigen und die noch allzu große Akzeptanz von Wirtschaftskriminalität minimieren.

An einem solchen Einstellungswandel müßten diejenigen Teile der Wirtschaft größtes Interesse haben, die überwiegend Opfer wirtschaftskrimineller Praktiken werden, nämlich mittelständische Unternehmer und kleine Selbständige, Freiberufler und Arbeitnehmer. Würde er erreicht, hätte dies positive Folgen für die Entwicklung der Demokratie auch in der Wirtschaft.

Als technokratische Prävention bezeichne ich rechtlich abgesicherte organisations- und verwaltungstechnische Rahmenbedingungen, wie sie jedem Arbeitnehmer vertraut sind. Ihm ist z. B. die Möglichkeit der Steuerhinterziehung genommen, weil die Steuer einfach einbehalten wird. Allenfalls bleibt ihm die geringe Chance, durch falsche Angaben gegenüber dem Finanzamt bei den Werbungskosten ein kleines Plus zu machen. Wenn der politische Wille stark genug ist, fehlt es nicht an praktikablen Möglichkeiten, auch Wirtschaftsdelikte administrativ zu verhindern oder zu begrenzen. Je größer und mäch-

---

1 Business Crime Control (BCC), Postfach 1575, 63477 Maintal.

tiger ein Unternehmen ist, desto notwendiger ist demokratische Kontrolle.

In gut funktionierenden Demokratien wird Macht durch Gewaltenteilung gebrochen, gibt es darüber hinaus eine starke Opposition, kritische Medien und Bürgerinitiativen. Die Wirtschaft, als Weltmacht Kapital betrachtet, kennt keine Macht mehr über oder neben sich. Damit allein ist die Forderung nach Demokratisierung der Wirtschaftsmacht schon hinreichend legitimiert.

Wie die Mäuse der Katze die Schelle umhängen, um sich vor ihr zu schützen, muß sich in der Praxis zeigen. Es ist ein Lernprozeß.

Über die strafrechtliche Prävention wird am meisten gesprochen. Vielen Menschen fällt gar nichts Besseres ein, als immer schärfere Strafen und mehr Polizei zu verlangen. Ich meine zwar nicht, daß man das Problem gänzlich ohne die letzte Instanz der Strafverfolgung und der Strafe lösen kann, aber ich warne vor dem Versuch, den gefährdeten sozialen und demokratischen Rechtsstaat in den Polizeigriff zu nehmen, um ihn vor Verbrechern zu retten, denn er könnte auch daran zugrunde gehen - und dies noch bevor die Verbrecher es geschafft haben.[2]

---

2 *Literatur:* R. J. Barnet/R.E. Müller: Die Krisenmacher - Die multinationalen Konzerne und die Verwandlung des Kapitalismus, Reinbek bei Hamburg 1977; U. Duchrow: Alternativen zur kapitalistischen Weltwirtschaft, Gütersloh 1994; J. Ludwig, Wirtschaftkriminalität, Frankfurt a. M. 1993; J. Roth: Der Sumpf, Korruption in Deutschland, München 1995; H. See: Kapital-Verbrechen. Die Verwirtschaftung der Moral, Frankfurt a. M., 2. Aufl. 1992; H. See/D. Schenk (Hg.): Wirtschaftsverbrechen - Der innere Feind der freien Marktwirtschaft, Köln 1992; H. See: Die Durchdringung der legalen Wirtschaft durch das organisierte Verbrechen, in: Strategien und Gegenstrategien: Organisierte Kriminalität in Deutschland und Italien. hg. von dem Berliner Büro der Friedrich-Ebert-Stiftung, 1993; H. See: Wirtschaft und Politik im Spannungsfeld der Korruption, in: Korruption in Deutschland, hg. von der Friedrich-Ebert-Stiftung, 1995; H. See: Der Antisemitismus als nationalistisch-rassistischer Antikapitalismus - Erprobung eines neuen sozialökonomischen Theorieansatzes, in: G. Hentges/G. Kempfert/R.Kühnl (Hg.): Antisemitismus. Geschichte, Interessenstruktur, Aktualität, Heilbronn 1995; R. Uesseler: Herausforderung Mafia. Strategien gegen organisierte Kriminalität, Bonn 1993.

II. Wie das Kapital zusammenwächst und seine Macht erweitert

Jörg Huffschmid

Zentralisierung und Monopolisierung des Kapitals – aktuelle Tendenzen

Die aktuellen Tendenzen der Zentralisierung und Monopolisierung des Kapitals setzen an einer Struktur an, die sich in verschiedenen Konzentrationsschüben nach dem Zweiten Weltkrieg herausgebildet hat und in den letzten zehn Jahren noch einmal akzentuiert wurde. Dabei handelt es sich um *drei Ebenen:*

– Zum einen finden wir eine relativ hohe und weiter steigende Konzentration in *einzelnen Branchen* und auf *speziellen Märkten,* wo sich oligopolistische Strukturen herausbilden. Einzelne Märkte werden also durch wenige Unternehmen maßgeblich beeinflußt, die entweder miteinander kooperieren und so eine gemeinsame Monopolposition aufbauen oder gegeneinander konkurrieren, meistens allerdings nicht über den Preis.

– Über dieser Branchen- oder Einzelmarktebene gibt es zweitens eine begrenzte Zahl *großer Konzerne,* die auf mehreren Märkten agieren, miteinander durch Beteiligungen, Gemeinschaftsunternehmen und Personalverflechtungen verbunden sind und so insgesamt ein Netz von *Einfluß* und *Wirtschaftsmacht* über die Gesamtwirtschaft legen. Schematisch gesagt sind das die »100 größten Unternehmen«, die die Monopolkommission in ihren Berichten regelmäßig präsentiert. Auf sie entfällt ungefähr ein Fünftel der Wertschöpfung, ein Sechstel der Beschäftigten und ein Drittel der Produktionsanlagen in Deutschland; und die Hälfte von ihnen, für die entsprechende Daten vorliegen, kassiert ca. 20 Prozent des gesamten deutschen Cash-flow.

– Die dritte Ebene besteht aus den *Knotenpunkten dieses Netzes.* Damit sind einerseits die großen *Finanzgruppen* um die drei traditionellen (Deutsche, Dresdner und Commerzbank) und zwei oder drei neuen Großbanken (WestLB, Bayerische Vereinsbank) gemeint, die als Kreditgeber, Anteilsbesitzer, Kontrolleure und insbesondere durch das Depotstimmrecht über die Entwicklung dieses Netzes entscheiden. Andererseits handelt es sich um eine Gruppe von Konzernen, die auf besonders enge Weise mit staatlichen Stellen in staatlich-privaten Komplexen verbunden ist: der Rüstungskomplex (DASA), der Energiekomplex (RWE/VEBA/VIAG), der Telekommunikationskomplex (Telekom, Siemens).

Hauptzüge der Zentralisierung seit Beginn/Mitte der 80er Jahre

In den 80er Jahren fand überall in der Welt eine *große Konzentrationswelle* statt. In der Geschichte des deutschen Kapitalismus war es die vierte. Ihre Grundlage war die Revitalisierung des Kapitalismus nach der großen Krise der 70er Jahre, ihre Auslöser waren allerdings regional unterschiedlich:

– In den *USA* und *Japan* setzte die Deregulierung der Finanzmärkte eine Spekulationswelle in Gang, in deren Verlauf insbesondere die Immobilienspekulation zu neuer Blüte kam. Zahllose Unternehmen wurden in teils erbitterten Übernahmeschlachten gekauft, zerlegt, ausgeschlachtet und neu zusammengesetzt. Der Abfall – vor allem in Form von Arbeitsplätzen – wurde weggeworfen. Diese Konzentrationswelle hat aber eine ebenso mächtige Zusammenbruchswelle, insbesondere im Banken- und Immobiliensektor, nach sich gezogen, wovon sich die Unternehmen erst seit 1994 erholt haben.

– In *Europa* waren Motivation und Muster der Konzentration zumindest teilweise anders: Zentralisation fand vor allem im Vorfeld des europäischen Binnenmarktes und mit Blick auf die davon erwartete Verschärfung der Konkurrenz statt. Zum einen gab es eine enorme Verstärkung der nationalen Konzentration (z.B. im Maschinenbau der BRD: Babcock-Gildemeister-Rothenberger, im Einzelhandel: Hertie-Karstadt, bei den Reisebüros: TUI, NUR), zum anderen einen deutlichen Anstieg der grenzüberschreitenden innereuropäischen Verflechtungen. Die Zahl der Großfusionen in Europa (das sind Fusionen mit Beteiligung eines der 1000 größten europäischen Unternehmen) hat sich von 1985/86 bis 1989/90 von knapp 600 auf knapp

1400 mehr als verdoppelt, davon waren zuletzt 36 Prozent gemeinschaftsweite Fusionen gegenüber 20 Prozent im Jahre 1985. Diese Konzentrationswelle bewirkte, daß der Binnenmarkt nicht die von seinen Propagandisten behaupteten Wirkungen brachte: Durch die Öffnung der Grenzen sollten neue Konkurrenten kommen und die verkrusteten Wettbewerbsstrukturen aufbrechen, neuen Wind in die Märkte bringen, zum Segen der Verbraucher und der Gesamtwirtschaft. Die neuen Konkurrenten kamen, aber statt neue Unternehmen neben und gegen die bestehenden zu stellen, übernahmen sie die alten; insbesondere übernahmen die Unternehmen aus Deutschland, Frankreich und England diejenigen in Spanien, Portugal und Italien. Das ändert die Marktstruktur nicht, verändert nur die Eigentumsverhältnisse auf den Märkten. Die Internationalisierung bzw. besser Europäisierung läßt also die oligopolistische Marktstruktur bestehen. Die Zentralisationswelle erstreckte sich nicht nur auf Autos, Maschinen und andere Investitionsgüter. Auch bei Konsumgütern wie Mineralwasser (Nestlé, Danone – früher BSN), Schokolade (Nestlé, Mars, Jacobs, Suchard), Hausgeräten (Elecrolux, Whirlpool, Bosch-Siemens) haben die drei größten Anbieter zusammen heute Marktanteile von über 50 Prozent in Europa.

Insgesamt erreichte diese Konzentrationswelle ihren Höhepunkt Ende der 80er, Anfang der 90er Jahre und ebbte in den Jahren 1992/93 deutlich ab – was in einem Rückgang der europäischen Großfusionen auf rund 900 in 1992 zum Ausdruck kam. In Deutschland wurde dieser Rückgang allerdings kompensiert durch eine andere Welle, nämlich die *Übernahme des Produktivvermögens der ehemaligen DDR durch westdeutsche – und in beschränktem Maße auch ausländische – Unternehmen.* Als besondere Coups sind hier die Aneignung der Energieversorgung (VEAG, Lausitzer Braunkohle) durch RWE/VEBA/VIAG, die Übernahme der Versicherungen durch die Allianz, die der Banken durch das deutsche Bankenkartell, des Tankstellennetzes durch ein Konsortium von Elf und Thyssen, des Kalibergbaus durch die BASF sowie des ostdeutschen Einzelhandels durch die westdeutschen Handelsketten zu nennen. Ähnliches fand oft weniger spektakulär auch in anderen Branchen statt, z. B. im Maschinenbau. Die Treuhandanstalt übernahm die Aufgabe des Filetierens der Übernahmekandidaten, die Finanzierung wurde massiv staatlich subventioniert. Dieser Prozeß ist jetzt weitgehend abgeschlossen.

Aktuelle Tendenzen und Perspektiven für die nächsten Jahre

Erstens und rein quantitativ gibt es mittlerweile wieder einen deutlichen *Aufschwung der Unternehmensfusionen.* Er begann in den USA und ist jetzt auch in Europa angekommen. 1994 nahm die Zahl der Zusammenschlüsse und Übernahmen weltweit um 35 Prozent, in Europa um 37 Prozent zu. Dabei spielten sich 13 der 20 größten Aktionen mit europäischer Beteiligung innerhalb Europas ab, acht als rein nationale Vorgänge (nach dem Bayernwerk-VIAG-Muster), fünf als innereuropäisch grenzüberschreitende (BMW-Rover-Muster); bei sechs waren US-Unternehmen beteiligt, davon nur einmal als Käufer, fünfmal als Übernahmeobjekte europäischer Unternehmen. Obwohl die Privatisierungswelle aus dem DDR-Vermögen weitgehend zu Ende ist, nahm doch auch die Übernahmeaktivität deutscher Unternehmen weiter zu. Die Zahl der Fusionen, die wegen ihrer volkswirtschaftlichen Bedeutung beim Bundeskartellamt anzumelden waren, stieg 1994 auf 1500 und im ersten Halbjahr 1995 um ein Viertel gegenüber dem Vorjahreszeitraum.

Zweitens gibt es eine starke Welle von *Bereinigungen und Rückschlägen.* In vielen Fällen zeigt sich, daß Übernahmen Fehlinvestitionen waren, weil sie mehr nach dem Prinzip der Gelegenheit und des Schnäppchens als nach einer von innen entwickelten strategischen Konzeption erfolgt waren. Synergieeffekte wurden oft nicht erzielt oder durch die Kosten der Integration unterschiedlicher Unternehmen mit unterschiedlichen Verflechtungsstrukturen nach außen und Unternehmenskulturen nach innen überkompensiert. Daher werden viele frühere Erwerbungen abgestoßen: Quandt verkauft Milupa an Nestlé, Hoechst trennt sich von dem Anlagebauer Uhde, die VIAG stößt die Papierwerke Aschaffenburg an den europäischen Marktführer in Schweden ab, Krupp trennt sich von der Elektronik und vom Panzerbau, Klöckner vom Stahl. (Schon vor Jahren hatte der englische Chemieriese ICI aus dem Ausbleiben von Synergien die Konsequenz gezogen und sich in zwei völlig voneinander unabhängige Unternehmen aufgespalten. Ähnlich macht es jetzt AT&T. Die Verbundvorteile werden nicht so hoch eingeschätzt wie die Verbundnachteile. Deswegen teilt sich jetzt der Konzern in drei unabhängige Unternehmen auf.) Oft geht es aber für den Käufer nicht so glimpflich ab: Viele der schnell zusammengekauften Konglomerate erweisen sich als nicht steuerbare chaotische Haufen, die nun in einen Abwärtsstrudel geraten. Zunächst gelingt die Organisations- und Management-Integration nicht, dann gerät das Hauptgeschäft ins Schlingern, dadurch wird die Liquidität beeinträchtigt, und schließlich müssen Löcher hier durch neue Löcher da gestopft werden. Bei Daimler geht es nicht nur um DASA, sondern auch um die *AEG*, die in den acht Jahren bei Daimler mindestens ein halbes Dutzend Mal umstrukturiert und neuausgerichtet wurde und jetzt weitgehend verscherbelt wird. Das Desaster der *Metallgesellschaft* entstand nur zum Teil durch die kurzfristige Spekulationsverluste, zum anderen und wesentlich durch eine über Jahre – und oft in der Öffentlichkeit als Ausdruck kühner Zukunftsvisionen bewunderte – Zukaufstrategie. Der *Bremer Vulkan*, Anfang der 90er Jahre auf dem Sprung zum maritimen Technologiekonzern, hat sich an seinen vielen, mehr oder minder nach dem Prinzip des Vorratskaufs organisierten Erwerbungen übernommen und kann sie nicht integrieren. Er hat sich damit in eine Lage manövriert, die von der Konkurrenz und deren Banken genutzt wird, um das Unternehmen zu zerstören. Innerhalb weniger Jahre kauften sich die Brüder *Rothenburger* Dutzende von kleineren und größeren Maschinenbauunternehmen, nach der deutschen Einheit legten sie noch einmal an Tempo zu, es wurde wild zugegriffen, kreuz- und querfinanziert, stillgelegt und ausgeschlachtet. Dann kam die Krise, einige Unternehmen gingen in Konkurs, andere wurden verkauft, um dritte zu finanzieren usw. *Was bei jeder dieser Transaktion auf der Strecke blieb und bleibt, sind die Arbeitsplätze.* Die fälligen Quittungen für Fehlinvestitionen erhalten nur selten die Manager, immer aber die Beschäftigten.

Drittens folgt die neue Konzentrationswelle überwiegend einer Strategie der *Konzentration auf das Kerngeschäft* bei gleichzeitig stärkerer Internationalisierung, die sich vor allem auf Europa richtet. Statt breiter Produktdiversifizierung bei beschränkter regionaler Diversifizierung erleben wir jetzt verstärkt eine Beschränkung der Produktpalette bei gleichzeitig regionaler Ausweitung.

Das Kerngeschäft kann dabei *innerhalb der traditionellen Branchen* liegen. Das ist sogar in den meisten Fällen so. Besonders spektakuläre Übernahmen gibt es bei Arzneimitteln (Hoechst-Marion Merell Dow, BASF-The Boots, Glaxco-Wellcome), Banken (Mitsubishi-Tokyo, ING-Baring, Dresdner Bank-Kleinwort, Schweizerischer Bankverein-Warburg, Deutsche Bank-Interfinance N.Y.), Stahl (nach Krupp-Hoesch nun Cockerill-EKO, Arbed-Klöckner), Autos (BMW-

Rover, Daimler-Kässbohrer), Telekommunikation (Siemens-Italtel). Es fällt auf, daß dauernd neue weltgrößte oder zumindest europagrößte Unternehmen gegründet werden: Bei den Banken (Japan), den Pharmakonzernen (England) oder Medienunternehmen (USA), Papierherstellern, Reifenunternehmen etc.

Das Kerngeschäft kann aber auch aus *neuen Produkten oder Produktpaketen* bestehen. Ein Beispiel ist die Bildung großer Konsortien für die Produktion von Eisenbahnen und Verkehrstechnik: Nach GEC-Alsthom und Siemens-Krauss Maffei ist kürzlich noch das Konsortium ABB-Daimler Benz Transportation (mit AEG) gebildet worden; alle drei konkurrieren um große Aufträge in den USA und Ostasien. Ein weit spektakuläreres Beispiel ist die Neuformierung des Medien- und Unterhaltungssektors mit Integration von Zeitungen, Fernseh- und Rundfunkanstalten, Filmverleih, Unterhaltungselektronik, Computertechnologie und Telekommunikation. Auch hier geht der Prozeß mit den vier Megafusionen (Seagram-MCA, Time Warner-Turner, Disney-Capital Cities/ABC und CBS-Westinghouse) von den USA aus, findet aber mittlerweile auch in Europa und Deutschland – unter der Führung der Kirch/Springer/Burda-Gruppe und der Bertelsmann/WAZ-Gruppe statt. Ich habe allerdings den Verdacht, daß das, was sich hier unter dem Titel *Multimedia* neugruppiert, nicht nur die Macht der Medienfürsten steigert und die Qualität des Fernsehens als Informations- und Unterhaltungsmedium weiter herabzieht, sondern daß auch hier das Organisations- und Management-Chaos vorprogrammiert wird, das, wenn es zu offener Krise führt, dann auf dem Rücken der Beschäftigten bereinigt wird.

Viertens ist zu den klassischen Formen der Zentralisation als Übernahme oder Verflechtung von Kapital neuerdings wieder stärker die Kooperation getreten, sei es in Gemeinschaftsunternehmen oder als sogenannte *strategische Allianz*, die jeweils produkt- oder projektbezogen ist und den Beteiligten mehr Platz für Revisionen und größere Flexibilität läßt. Dabei geht es nicht nur um gemeinsamen Vorstoß zu neuen *technologischen Horizonten* (Stichwort: Siemens-IBM-Toshiba und der 256-Megabit-Chip, der anders nicht zu finanzieren wäre). Es geht auch um schlichte Öffnung, Aufteilung und Beherrschung von Märkten, eine typische Kartellstrategie, die insofern so neu auch wieder nicht ist. Gegenwärtig beobachten wir diese Strategie besonders deutlich bei den Luftfahrtgesellschaften, die wegen der Deregulierung des Luftverkehrs durch die USA, die meisten europäischen Länder und die EU stark unter Konkurrenzdruck gekommen sind. Hier passen Kartellstrategien als »Kinder der Krise«; sie werden allerdings nur so lange dauern, bis ein Beteiligter sich stark genug fühlt, allein weiterzumachen und den Markt aufzurollen.

Fünftens wird die Zentralisationsbewegung bereits jetzt in gewissem Maße, in den nächsten Jahren aber mit Sicherheit sehr stark durch die staatliche Deregulierungs- und Privatisierungspolitik beeinflußt: *Das läuft in der Regel unter der Devise des Aufbrechens staatlicher Monopole – und endet in der Regel als privates Monopol oder Oligopol.* Das ist jedenfalls in England bei der Telekommunikation, den Eisenbahnen und der Wasser- und Stromversorgung der Fall. In Deutschland landeten die Aktien der zweiten Teilprivatisierung der Lufthansa bei mehreren Großbanken. Ähnliches ist bei der Telekommunikation zu erwarten: Das staatliche Telefonmonopol wird geknackt, es wird mehr Konkurrenz geben, aber schon jetzt zeichnet sich ein enges Oligopol von wenigen Anbietern ab. Bei den *internationalen* Netzen bilden sich drei große Allianzen um die amerikanische AT&T (Unisource), die deutsch-französische Achse Telekom und France Telecom mit ihrem Projekt Atlas sowie um die britisch-amerikanische Achse BT-MCI (Concert). Bei den *nationalen* Netzen wird Telekom durch die Energieversorgungsunternehmen herausgefordert, die über eigene Leitungsnetze verfügen und ihre monopolistischen Strukturen und Praktiken in den TK-Bereich übertragen werden: VEBA, VIAG, RWE, dazu Mannesmann und Thyssen – die jeweils einen ausländischen Telekommunikationspartner haben (C&W, BT, AT&T, BellSouth). Resultat der Neuformierung ist ein drastischer Abbau der Arbeitsplätze sowie eine Preisreform, deren erklärter Zweck es ist, die Gebühreneinnahmen zu erhöhen.

Konsequenzen

Die skizzierten Tendenzen bewirken allmählich eine Veränderung der Kapitalstruktur in Deutschland und Europa. Bezogen auf die eingangs genannten Ebenen heißt das:

- Die Branchenkonzentration bleibt weiter hoch, wird aber europäischer.
- Die Großunternehmen bilden weiterhin ein dichtes Netz von Einfluß und Wirtschaftsmacht über den jeweiligen nationalen Ökonomien, und die größten Konzerne erweitern ihren Einfluß durch Expan-

sion vor allem in die europäischen Nachbarländer. Dadurch werden sie aber keine europäischen Unternehmen. Es gibt z.B. nur sehr wenig international besetzte Aufsichtsräte, von Vorständen großer Konzerne ganz zu schweigen. Es bleibt bei national basierten Unternehmen, die transnational agieren und letztlich von den national basierten Zentralen aus entscheiden.

– Bei den Finanz- und Staatskomplexen verändert sich am meisten. Die Banken internationalisieren sich stark, sie stoßen teilweise Industrieunternehmen ab. Das liegt vor allem daran, daß mit der mittlerweile auch in Europa erfolgten Deregulierung der Finanzmärkte die reinen Finanzgeschäfte enorm zugenommen haben – und auch attraktiver geworden sind. Staatsmonopolistische Komplexe bleiben zu einem Teil erhalten, wie das z.B. bei der Energieerzeugung und -versorgung in den meisten Ländern der Fall ist. Bei der Telekommunikation dagegen gibt es starke Tendenzen zur Auflösung nationaler Komplexe. Die längerfristige Entwicklung in diesem Bereich ist weitgehend offen.

Für Wirtschaft und Gesellschaft bringen die neuen Tendenzen der Zentralisation und Monopolisierung des Kapitals wenig Gutes. Sie sind in allen Fällen mit massenhafter Vernichtung von Arbeitsplätzen verbunden, sei es als Durchforsten der Belegschaften im Zuge von Übernahmen, sei es als Ergebnis mißglückter Integration von Unternehmen, als sozial abgefederte Arbeitsplatzvernichtung oder als brutale Entlassungswelle. Auch für VerbraucherInnen gibt es im wesentlichen nur Nachteile, da die Konkurrenz abnimmt und, wo sie weiterbesteht, in der Regel nicht über den Preis ausgetragen wird.

Besonders problematisch ist jedoch, daß mit steigender Zentralisation und der Zusammenballung wirtschaftlicher Macht auch die politische Macht der großen deutschen und europäischen Konzerne und ihrer Verbände zunimmt. Damit stoßen aber alle Versuche auf immer stärkeren Widerstand, das verfehlte und verhängnisvolle Muster der wirtschaftlichen Entwicklung, das sich in den letzten knapp 30 Jahren herausgebildet und zementiert hat, zu verändern und einen anderen, sozial und ökologisch verträglichen Entwicklungsweg einzuschlagen. Das stärkste Hindernis gegen die Wende in der Verkehrspolitik sind die Automobilkonzerne. Eine Energiewende, deren Notwendigkeit, Machbarkeit, Finanzierbarkeit und Nutzen vielfach nachgewiesen wurden, scheitert bisher am Widerstand von RWE/VIAG/VEBA und ihren Verbündeten in der Politik.

Die marktradikale Deregulierungspolitik der deutschen und der meisten anderen Regierungen Europas hat zu neuer unkontrollierbarer Zusammenballung privater Wirtschaftsmacht geführt, deren Einfluß demokratische Willensbildungsprozesse auf nationaler und europäischer Ebene konterkarieren und unterlaufen kann. Hiergegen ist ein neuer Anlauf zur Demokratisierung und zur Re-Regulierung der wirtschaftlichen Prozesse und Strukturen erforderlich.

Fred Schmid

Finanzspekulation[1]

Schlagzeilen weisen auf die zunehmende Hektik an den Finanzmärkten hin: »Achterbahnfahrt des Dollars, mexikanische Peso-Krise, Abwertungswettlauf europäischer Währungen, japanische Bankenkrise, Crash der renommierten britischen Baring-Bank ...«

In Deutschland sei eine Bankenkrise oder gar ein GAU wie bei der Baring-Bank nicht möglich, verlautet aus Banker-Kreisen. Denn wir haben nicht nur die sichersten AKWs, die sicherste Mark, sondern auch »ausgebuffte Sicherungssysteme« im Bankwesen, wie uns der Präsident des Bundesaufsichtsamtes für das Kreditwesen, Wolfgang Artopoeus, versichert.

Die Pleite der Herstatt-Bank infolge Devisenspekulation liegt schon über 20 Jahre zurück. Die Havarie der Metallgesellschaft unter Verantwortung der Deutschen Bank ist allerdings jüngeren Datums. Der Handel mit derivativen Ölkontrakten hätte beinahe zur Pleite geführt, kostete zwei Milliarden Mark an Verlust und hunderten Beschäftigten den Arbeitsplatz. Für die Deutsche Bank aber waren es wie bei der Schneider-Spekulation wieder einmal nur »peanuts«.

1 Näheres dazu siehe Fred Schmid: »Cash-Crash-Casino-Kapitalismus«, in: isw-report, 26/1996 (isw e. V., Johann-von-Werth-Straße 3, 80639 München).

Kein Zweifel, die Finanzspekulation hat in den vergangenen Jahren neue Dimensionen angenommen – und die Flut schwillt weiter an. Die Bank für internationalen Zahlungsausgleich (BIZ) meldet, daß im ersten Quartal 1995 an den internationalen Devisenbörsen täglich 1230 Milliarden Dollar umgesetzt wurden – tagtäglich! Nur ein Bruchteil – Experten sprechen von etwa drei bis fünf Prozent – dienen der Abwicklung des internationalen Handels oder der Kreditierung von Direktinvestitionen im Ausland. Der Rest – also mehr als 1,1 Billionen Dollar täglich – wird umgeschlagen, um spekulative Geschäfte abzuwickeln. Er dient dazu, Aktien- oder Devisenschwankungen auszunutzen bzw. auf Kursschwankungen zu setzen oder sie gar zu bewirken. Oder Arbitrage-Vorteile mitzunehmen, also Kursdifferenzen an verschiedenen Märkten gewinnbringend einzufahren. Tendenz steigend. Die Tagesumsätze waren 1995 um 50 Prozent höher als drei Jahre zuvor und doppelt so hoch wie 1989, meldet die BIZ.

Was sind nun die *Ursachen* für diese Springflut? Erstens muß eine hinreichende Menge an Geldvermögen für Spekulationen entstanden sein. Zweitens müssen Gründe dafür existieren, dieses Geldvermögen mal in der einen und mal in der anderen Währung zu halten. Aus welchen systematischen Gründen hat sich ein Geldvermögen mit einem Volumen von 25 Billionen US-Dollar herausgebildet, das auf den internationalen Finanzmärkten handelbar ist? Dem entwickelten Kapitalismus der Industrieländer fehlt es an Nachfrage. Manche Länder können dieses Problem durch Handelsbilanzüberschüsse lösen, andere nur durch staatliche Haushaltsdefizite. Gelegentlich werden die negativen Wachstumseffekte eines Handelsbilanzdefizits durch die positiven Effekte zusätzlicher staatlicher Defizitausgaben ausgeglichen. Die USA sind hierfür ein Beispiel. All diese Defizite werden durch Kredite finanziert; der größere Teil der Kredite ist verbrieft und somit international handelbar. Damit sind die Defizite, deren tatsächlicher Zweck gewollt oder ungewollt in der Schaffung von mehr Nachfrage besteht, unter zwei Aspekten zu betrachten: (a) durch die kreditfinanzierten Ausgaben entsteht im Sinne von Multiplikatorwirkungen ein Vielfaches an Einkommen; (b) ein Teil dieses Einkommens wird gespart und in Form von Geldvermögen zur Finanzierung der Kredite angelegt. Damit ist von vornherein klar: Es handelt sich hier keineswegs um den klassischen Investitionskredit. Vielmehr ist die allgemeine Nachfrage ja gerade deswegen unzureichend, weil die Investitionsgüternachfrage der Unternehmen nicht hoch genug ausfällt. Aus diesem Grund steht das so zustandegekommene Geldkapital nicht in Konkurrenz zum Investitionskredit oder zu unternehmerischen Investitionsausgaben. Man darf auch nicht meinen, daß eine niedrigere Verzinsung dieses Geldkapitals zu nennenswert mehr realen Investitionen führen würde; denn die unternehmerischen Investitionsausgaben werden durch die Gewinnerwartungen bestimmt, die sich durch Modernisierungen und Kapazitätserweiterungen ergeben. Kapazitätserweiterungen werden durch Nachfragesteigerungen ausgelöst, die für die Unternehmen exogen sind. Kapazitätserweiterungen dagegen, die sich daraus ergeben könnten, daß die Unternehmen den Preis senken in der Erwartung, mehr absetzen zu können, sind bei gegebenen Kosten nicht rentabel. Denn die Preissenkung senkt die Kapitalrentabilität. Deswegen ist es günstiger, bei zurückhaltender Kapazitätserweiterung hohe Produktpreise und damit eine hohe Kapitalrentabilität zu realisieren und die dann noch verbleibenden Mittel zu den jeweils höchsten Zinsen auf den Finanzmärkten anzulegen.

Da die Zinsen weltweit oft sehr unterschiedlich sind und die Zinsdifferenzen überdies sich verändern (in manchen Jahren ist der US-Zins höher - dann wieder der deutsche Zins), erfolgen internationale Umschichtungen des Geldkapitals. Eben dies sind die Spekulationen. Spekulationen wiederum lösen ihrerseits Gewinnerwartungen aus, so daß mit entsprechenden Finanzinstrumenten in Art einer Wette beispielsweise auf fallende oder steigende Wechselkurse gesetzt wird. Geldkapitalbesitzer bzw. Kapitalsammelstellen - wie Banken, Versicherungen, aber auch Industriekonzerne - legen deshalb ihr überschüssiges Geldkapital (d. h. dasjenige Kapital, das nicht der Finanzierung von Realinvestitionen im Binnenland dient) in Staatsanleihen, Schuldverschreibungen, Obligationen und anderen Wertpapiere an, oder sie setzen es direkt für spekulative Zwecke ein.

Um es an einem Beispiel deutlich zu machen: Der Siemens-Konzern konnte seine liquiden Mittel trotz zahlreicher Übernahmen auf 24 Milliarden Mark anhäufen, was ja zu dem Börsenkalauer führte, der Konzern sei eine »Bank mit angegliederter Elektroabteilung«. Im normalen Geschäftsbetrieb lassen sich diese Gelder offenbar nicht gewinnbringend genug anlegen - für weitere Realinvestitionen fehlt es an der kaufkräftigen Nachfrage. Also legt der Elektro-Multi das Geld in Wertpapieren an, spekuliert an der Aktienbörse und wahrscheinlich auch mit Derivaten im Devisengeschäft. Und er kassiert daraus Zinseinnahmen von jährlich etwa drei Milliarden Mark.

Dadurch beschleunigt sich aber der fehlerhafte Kreislauf: Denn durch die Zinsgutschriften wird die Geldakkumulation weiter beschleunigt. Zinsen und Dividenden entsprachen 1992 vier Fünfteln des neu gebildeten privaten Geldvermögens, heißt es in einem Bericht der Bundesbank, die in diesem Zusammenhang von einer »Selbstalimentation der Geldvermögen durch steigende Erträge« spricht.

Zum andern bedeuten Zinszahlungen, daß dort Geld und Kaufkraft zusätzlich abgesaugt werden, wo diese ohnehin schon fehlen, eben aus den öffentlichen Haushalten bei Staatsverschuldung und aus dem Ausland allgemein bei Zahlungsbilanzdefiziten. Und dies in steigendem Maße. 209 Milliarden Mark kassierten 1994 die privaten Geldbesitzer an Zinseinnahmen. Sechs Jahre davor waren es erst halb soviel gewesen. Der Löwenanteil stammt aus dem Staatshaushalt, wo Transferzahlungen an Sozialhilfeempfänger und Bedürftige zunehmend zu Transferzahlungen an Geldvermögensbesitzer und Reiche umgeschichtet werden.

Je größer die Defizite, um die schwache Investitionsgüternachfrage auszugleichen, um so mehr weichen Geld- und Realakkumulation voneinander ab. In gewisser Weise sind sie sogar voneinander unabhängig; sie verselbständigen sich insoweit, als die Verzinsung des Geldkapitals nicht aus dem industriellen Profit stammt, sondern letzten Endes von den Regierungen (Inland und Ausland) durch Steuern oder Ausgabenkürzungen aufgebracht wird.

Das Fieber an den Finanzmärkten aber wird genährt von Haushaltskrisen, von Anpassungskrisen, von unterschiedlichen zinspolitischen Reaktionen der Zentralbanken. Das führt dann zu Auf- bzw. Abwertungen bis hin zu Währungskrisen. Insgesamt ein idealer Nährboden und zugleich Operationsfeld für die Spekulation, die diese Schwankungen ausnutzt, krisenhafte Prozesse verstärkt und daraus abzockt.

Zugleich vermag die Spekulation aufgrund der entstandenen Vermögensgebirge Geldlawinen in Gang zu setzen und auf die Finanzmärkte zu schütten, gegen deren Wucht selbst die mächtigsten Zentral- und Notenbanken machtlos sind.

Nationalbanken und Nationalstaaten aber haben diesen Machtverlust selbst zu verantworten. Sie haben dazu beigetragen, daß ihre Souveränität in geld- und zinspolitischen Fragen ausgehöhlt wurde. Entsprechend der neoliberalistischen Doktrin haben sie in den 80er Jahren die Finanzmärkte dereguliert. Mit der Beseitigung nationaler

Schranken für den Kapitalverkehr, mit der Abschaffung von Zins- und Devisenkontrollen wurde das Finanzsystem globalisiert und der Spekulation ein weltweites Operationsfeld eröffnet.

Der Einsatz moderner Technik, insbesondere elektronischer Kommunikationssysteme, hat diese Finanzmärkte zudem in Echtzeit miteinander vernetzt und die Transportkosten für die »Ware Geld« gegen Null gebracht. Die Globalisierung der Finanzmärkte bewirkt eine ungeheure Zunahme der Mobilität des Finanzkapitals und ein explosionsartiges Anwachsen von Finanzdienstleistungen. Kein Winkel der Erde, wohin nicht in Sekundenschnelle die Saugarme der Banken, Versicherungen und großen Fonds reichen, wohin nicht riesige Kapitalmassen mobilisiert und von wo sie auch wieder abgezogen werden können.

Globalisierung der Finanzmärkte bedeutet aber zugleich globaler Konkurrenzkampf der Geld-Multis. Und zwar Konkurrenz zunehmend um den Kunden Geldvermögensbesitzer. Dabei geht es nicht um den Inhaber von kleinen Sparguthaben, sondern um das sogenannte Top-Segment der Geldvermögensbesitzer, also jene zehn Prozent in Deutschland, die mehr als 50 Prozent des gesamten privaten Geldvermögens ihr eigen nennen. Ein wesentliches Motiv der gegenwärtigen Fusionswelle bei US-Banken, aber auch der Expansionspläne deutscher Großbanken ist denn auch der Aufbau einer globalen Präsenz und Reichweite u.a. in der Vermögensverwaltung, im Aktien- und Devisenhandel und im Investmentgeschäft.

Die Weltmarktkonkurrenz der Finanzinstitute spielt sich auch als Preis-, sprich Zinswettbewerb ab. Angeheizt wird dieses Zinsrennen auch von den renditehungrigen Rentiers. Denn die »neue Klasse der Geldvermögensbesitzer«, wie sie Elmar Altvater (FU Berlin) nennt, begnügt sich ja nicht mit zwei oder drei Prozent Sparzins, sondern fordert eine höhere Rendite ein: »Machen Sie mehr aus Ihrem Geld«, »Lassen Sie Ihr Geld für sich arbeiten«, »Spitzenerträge bei Wertpapieranlagen« lauten die einschlägigen Werbespots der Geldbranche.

Dieser Konkurrenzkampf treibt die Geldinstitute verstärkt zu spekulativen Engagements, da ja vor allem hier überdurchschnittliche Gewinnaussichten locken. US-Fonds gehen zunehmend zu »risikoreichen Produkten« über, stellt die »Süddeutsche Zeitung« fest. Aber auch deutsche Großbanken locken inzwischen mit exotischen Risikofonds. Gelder mit hoher Verzinsung meist in Schwellenländern angelegt und – wie im Falle Mexikos – kurzfristig abrufbar.

Ähnlich wie im globalen güterwirtschaftlichen Konkurrenzkampf spielt auch im monetären Wettbewerb die Innovation, die Schaffung neuer Produkte, eine zunehmende Rolle. In diesem Fall sind es die sogenannten Finanzinnovationen, die besonders lukrative Geldanlage-Möglichkeiten versprechen. Berühmt-berüchtigt sind in diesem Zusammenhang die Derivate – Call- oder Put-Optionen, Futures, Swaps und wie die Dinger alle heißen. Derivate sind, wie der Name bereits ausdrückt, Abkömmlinge oder Ableitungen, das heißt abgeleitete Geschäfte von einem zugrunde liegenden realen Geschäft. Sie dienen der Risikoabsicherung. Meist handelt es sich um Termingeschäfte mit Devisen- oder Aktienkursabsicherung. Diese Sicherungsstrategie – auch Hedgen genannt, also Einhegen eines Risikos – gilt auch heute noch bei einem Teil der Derivatgeschäfte. Gerade wegen der Zunahme von Wechselkursschwankungen müssen weltweit operierende Unternehmen ihre Geschäfte gegen Kursschwankungen absichern.

Der eigentliche Boom an derivativen Geschäften hat aber mit der Grundidee »Risikoabsicherung« nichts mehr zu tun, sondern ist rein spekulativer Natur. Gehandelt werden nämlich in immer größerem Maße sogenannte abstrakte finanzielle Derivate, denen kein reales Liefergeschäft mehr zugrunde liegt. Es sind dies in ihrem Kern nichts anderes als Wetten – Wetten auf die Devisenkursentwicklung, auf das Steigen oder Fallen von Aktienindizes oder auf die Zinsentwicklung, wie etwa beim Kämmerer des kalifornischen Bezirks Orange County, der damit die Haushaltskasse verspekulierte. Das Motiv ist nicht mehr Risikoabsicherung, sondern die Erzielung von maximalem Gewinn in möglichst kurzer Zeit.

Schwindelerregend ist das Anwachsen dieser Derivat-Spekulation. Ende 1987 betrug das ausstehende Nominalvolumen der derivativen Finanzinstrumente 1300 Milliarden Dollar. Sechs Jahre später, Ende 1993, waren es bereits 14000 Milliarden Dollar, mehr als das Zehnfache.

Was dabei zusätzlich Grund zur Sorge gibt: Mit den Derivaten ist die Deregulierung der Finanzmärkte auf die Spitze getrieben. Denn neben den börsengehandelten Derivaten gibt es auch außerbörslich – »over the counter« – gehandelte Papiere. Keiner kennt noch die wahren Dimensionen dieses »unsichtbaren Handels« mit Finanzinstrumenten.

Zudem erscheinen Derivatgeschäfte nicht in den Bankbilanzen.

Banken müssen ihr Derivatgeschäft und die Gewinne daraus nicht offenlegen. Derivatgeschäfte erblicken gewissermaßen erst dann das Licht der Öffentlichkeit, wenn sie wie bei Baring zur Pleite einer Bank führen oder Milliardenverluste wie bei der Metallgesellschaft einbringen.

Bankbilanzen haben so kaum noch Aussagekraft über die in ihnen enthaltenen Risiken. Denn schon bei deutschen Großbanken macht das Derivatgeschäft inzwischen fast das Doppelte des normalen Bankgeschäfts aus. US-Banken haben bis zum Zehnfachen ihrer Bilanzsumme in Derivaten investiert. Richtig mithalten können in diesem Geschäft ohnehin nur die großen Finanzinstitute mit globaler Reichweite: Banken, Versicherungen, Fonds. Man schätzt, daß weltweit etwa 50 Finanzinstitute den Löwenanteil dieses Geschäfts unter sich ausmachen, allen voran die Großbanken. Diese fahren dabei ansehnliche Zusatzprofite ein: Der Schweizer Bankverein beziffert seine Rendite auf das eingesetzte Eigenkapital bei Derivatgeschäften auf weit mehr als 25 Prozent. Im normalen Bankgeschäft sind es dagegen nur zehn Prozent. Wegen der Chancen und Risiken gerade im Derivatgeschäft werden Bankenfusionen einerseits und Pleiten andererseits zunehmen. Das gesamte Finanzsystem wird labiler werden.

Stellt sich die Frage nach den Verlierern in diesem globalen Börsen-Wettspiel. Nach Ansicht der neoliberalen Deregulierer ist die Derivat-Spekulation ein Nullsummenspiel. So erklärt Nobelpreisträger und »Chicago-Boy« Merton Miller: »Bei jedem Terminkontrakt gibt es einen Gewinner und Verlierer.« Und: »Derivate verursachen keine sozialen Kosten.« Derivate mögen in der Tat im Einzelfall harmlos sein. Gefährlich wird es, wenn alle oder auch nur die Großanleger auf die Abwertung einer Währung setzen und eine Geldwalze in Bewegung setzen. Dann diktiert allein der Geld-Weltmarkt das Geschehen und macht die Notenbanken zu »Gefangenen der Märkte«, wie es Bundesbank-Präsident Tietmeyer formulierte. Dann wackeln Banken, Währungen und möglicherweise das gesamte Finanzsystem. Experten wie z. B. Andrew Crockett, Generaldirektor der Bank für internationalen Zahlungsausgleich, schließen Kettenreaktionen oder gar einen Super-GAU der Finanzmärkte nicht aus. Und mit den Banken und Währungen wackeln Arbeitsplätze, Einlagen von Kleinanlegern und bei staatlichen Rettungsaktionen – wie z. B. bei der japanischen Bankenkrise – die Gelder der Steuerzahler. Auch das IfO-Institut stellt fest, daß Spekulationsgewinne individualisiert, die Verluste von

Großspekulationen auf die gesamte Volkswirtschaft abgewälzt werden.

Beispiel Mexiko und Peso-Krise: Als die internationale Spekulation – voran die US-amerikanischen Fonds – den mexikanischen Staat bis an den Rand des Bankrotts trieben, startete die US-Administration unter Vereinnahmung des Internationalen Währungsfonds (IWF) eine »Rettungsaktion«. Doch gerettet wurden mit dem 50-Milliarden-Dollar-Kredit in erster Linie die Anleihen und kurzfristigen Kredite der US-Pensionsfonds an den mexikanischen Staat, die ansonsten verloren gewesen wären. Als diese Fonds bei dem Rettungsdeal völlig ungerupft davonkamen, gelangte sogar im Bonner Finanzministerium Waigels Staatssekretär Stark zu der Erkenntnis: »Das ist ja Spekulation auf Staatskosten.«

Die Rechnung für diese staatlich subventionierte Spekulation zahlt aber einmal mehr das mexikanische Volk, dem jetzt zur Abtragung des 50-Milliarden-Kredits ein verschärftes Austeritätsprogramm verpaßt wurde. Gewissermaßen eine Austerität der Austerität.

Was läßt sich gegen die Spekulation tun? Wie läßt sie sich zumindest eindämmen – gewissermaßen »hedgen«? Das Rezept ist im Prinzip ganz einfach. Der US-Ökonom und Nobelpreisträger James Tobin präsentierte vor der UNO einen Vorschlag, den er schon im Jahre 1978 entwickelt hatte. Tobin will eine Steuer auf Devisenumsätze erheben und damit »Sand in das Getriebe der kurzfristigen Spekulation streuen«. Wie Tobin an Berechnungen zeigt, würde ein Steuersatz von einem Prozent reichen, um die kurzfristige Spekulation weitgehend zum Erliegen zu bringen.

Das Problem: Damit das Instrument auf den globalisierten Finanzmärkten wirksam wird, bedarf es einer internationalen Abstimmung. Zumindest die wichtigsten Industrieländer müßten mitmachen. Ansonsten wäre es für die Spekulation ein Leichtes, über die internationalen Finanzmärkte und mit Hilfe neuer Finanzinnovationen, gerade auf dem »unsichtbaren Markt«, sich der Steuer zu entziehen. Doch die Bundesregierung und auch die anderen G-7-Staaten lehnen die Tobin-Steuer ab.

Klaus Carlin

Die Macht der Banken – welchen Zwecken dient sie oder soll sie dienen?

Bei den großen Banken und Versicherungen konzentriert sich gigantischer privater Reichtum, der ihnen erhebliche wirtschaftliche und politische Macht gibt. Über diesen Reichtum und diese Macht muß öffentlich debattiert werden. Zu fragen ist nach ihren Auswirkungen auf Demokratie und soziale Gerechtigkeit – nicht nur hierzulande, sondern auch in den Ländern des Südens. Dabei kann es nicht genügen, die Macht der Finanzkonzerne zu kritisieren. Vielmehr sind Banken und Versicherungen mit geänderten Anforderungen zu konfrontieren: Statt Kreditvergabe und Kapitalanlage allein unter dem Gesichtspunkt der höchstmöglichen Rendite vorzunehmen, müssen die Institute der Geldwirtschaft verpflichtet werden, gemeinwohlorientiert und im Geiste internationaler Solidarität zu handeln.

Maßnahmen zur Beschränkung der Macht der Banken und Versicherungen werden sich nicht einfach per Parlamentsbeschluß durchsetzen lassen. Denn die Machtstrukturen, die dadurch angetastet würden, durchziehen die ganze Gesellschaft. Ohne eine gesellschaftliche Bewegung, die den Kapitalverwertungsinteressen andere Werte entgegensetzt und ihre Forderungen nachdrücklich, mit langem Atem vorträgt, werden strukturelle Änderungen nicht zu erzielen sein.

Besonders in den Blick zu rücken ist die Tatsache, daß das Finanzkapital mit unglaublichen Mengen an Geld inzwischen global tätig ist. Dabei ist auf die weltwirtschaftlichen Gefahren und Risiken aufmerksam zu machen, die von der neoliberalen Deregulierung der Geld- und Kapitalmärkte ausgehen – bis hin zu einem möglichen globalen Finanzcrash. Es gilt Koalitionen zu schmieden aus Gewerkschaften, fortschrittlichen Kräften und den armen Ländern, um in internationalen Organisationen und durch Koordinierung nationaler gesellschaftlicher Initiativen Einfluß zu nehmen.

Ein Hebel, um Kapitalverwertungsmechanismen zu durchbrechen und andere Werte – Menschenrechte, weltweiten sozialen Ausgleich, Schutz der natürlichen Lebensgrundlagen – zur Geltung zu bringen, kann das Verursacherprinzip sein, das in der Ökologiediskussion schon Bedeutung erlangt hat: Für angerichteten Schaden haftet der Verursacher. Auch das Finanzkapital muß diesem Prinzip unterworfen werden.

In der BRD, in der das Bank- und Versicherungsgewerbe nach Sparten aufgeteilt ist, müssen die öffentlichen Banken und Versicherungen sowie die Sparkassen erhalten und gestärkt werden. Sie sind einem öffentlichen Auftrag verpflichtet und haben gegenüber dem Marktgeschehen eine Korrekturfunktion.

In der Diskussion um den öffentlichen Auftrag sehe ich Chancen, Druck auszuüben, das Verhalten der Marktteilnehmer zu beeinflussen und eine andere Wertorientierung zu bewirken. Der öffentliche Auftrag ist gefährdet, er soll privaten Verwertungsinteressen geopfert werden.

Zum öffentlichen Auftrag gehören Produktalternativen, die verbraucherfreundlich sind:

- das Konto für jede Frau/jeden Mann,
- Mittelstands-/Kleinbetriebs-Förderung,
- Förderung von Umweltprojekten (Risikokapital),
- Finanzierung der regionalen Strukturpolitik,
- Finanzierung von Beschäftigungsgesellschaften,
- Förderung des sozialen Wohnungsbaus,
- Förderung von Bildung, Kultur und Wissenschaft.

Wenn die Wertediskussion initiiert wird und Resonanz findet, werden auch die Gewerkschaften und die Beschäftigten in den Banken und Versicherungen diese Diskussion um Alternativen mitführen. Dazu gibt es bereits Ansätze.

Manfred Sohn

Die Finanzkonzerne demokratisieren

I.

Zum deutschen Reichtumspool gehören die rund 400 Versicherungen, die Groß- und Spezialbanken, gehören hunderte von Sparkassen und genossenschaftliche Banken – insgesamt weit über 100 Institute mit 10000 Vorstandsmitgliedern und Direktoren. Kaum einer von ihnen verdient weniger als 200000 DM im Jahr. Neben diesem persönlichen Reichtum weisen die Bankenbilanzen erhebliche Gewinne aus. So beläuft sich der Jahresüberschuß aller Banken vor Steuern im Jahr 1994 auf 33 Milliarden DM. Das ist – um sich die Größenordnung klar zu machen – ein Viertel der staatlichen Neuverschuldung des Jahres 1994. Geld ist genug da: Das gilt auch und gerade für Banken und Versicherungen.

II.

In Banken und Versicherungen sammelt sich nicht nur Geld. Über Depotstimmrecht und Verschachtelungen sind vor allem die Großbanken Deutsche Bank, Dresdner Bank und Commerzbank und international tätige Versicherungen wie Allianz, Colonia oder Aachen-Münchener zu wirtschaftlichen Schaltzentren für die ganze Republik geworden. Jedes der Vorstandsmitglieder zumindestens der genannten Institute dürfte über mehr Macht und Einfluß verfügen als ein vom Volk gewählter Bundestags- oder Landtagsabgeordneter. Dieser große Einfluß ist selbst im Ansatz nicht demokratisch legitimiert.

III.

Bei der Versicherungsgruppe Hannover (VGH) hat sich unsere HBV-Betriebsgruppe anläßlich der Tarifrunde 1994 die (übrigens geringe) Mühe gemacht, aus den einzelnen Geschäftsberichten die Einkommen der Vorstandsmitglieder herauszurechnen. Ergebnis: Auch in den Banken und Versicherungen wächst die Kluft zwischen Arbeitern und Angestellten, die wirklich lohnabhängig sind, und »denen da oben«, für die das – wachsende – Gehalt eine Einnahme neben anderen (z. B. Zinseinnahmen) darstellt. 1987 betrug das Jahreseinkommen einer VGH-Mitarbeiterin der Tarifgruppe IV (Endstufe) 44 503 DM; bis 1992 war es um 26,5 Prozent auf 56 273 DM gestiegen. 1987 wies der Geschäftbericht sieben Vorstandsmitglieder aus, die pro Kopf durchschnittlich 365 196 DM Gehalt bezogen; 1992 waren es sechs Vorstandsherren mit einem Pro-Kopf-Gehalt von 547 115 DM, die Gehaltssteigerung betrug 49,8 Prozent.

Empirisch falsch ist also zumindest für den Bereich der Banken und Versicherungen die Ansicht, daß sich vor allem der Abstand zwischen dem angeblichen Reichtum der Arbeitsplatzbesitzer und der Armut der Arbeitslosen vergrößert habe, der Verdienstabstand innerhalb der Betriebe aber konstant sei. Dieser Gedanke ist ja Element der Forderung nach dem »Teilen in der Klasse«.

IV.

Im Zuge eines qualitativen Sprungs in den Fähigkeiten datenverarbeitender Systeme zeichnet sich für die nächsten Jahre die Möglichkeit ab, in den Massensparten der Banken und Versicherungen die klassische Sachbearbeiter-Ebene weitgehend wegzurationalisieren. Das für das kommende Jahrzehnt prognostizierte Einsparvolumen bewegt sich dabei im 30-Prozent-Bereich.

Dieser Rationalisierungsschub erfolgt nicht unter dem Druck immer engerer Profitmargen. Vor den Belegschaften der Banken und Versicherungen liegt eine Phase massiven Stellenabbaus trotz voller Kassen. Er erfolgt gegen den Willen der dort Beschäftigten und entspricht nicht den Hoffnungen der kommunalen und regionalen Parlamente, die noch vor kurzem darauf gesetzt hatten, daß die Finanzdienstleister die »Zukunftssektoren« seien, wo Arbeitsplätze neu entstehen könnten, die in klassischen Industrien verlorengehen.

V.

Damit werden zwei Widersprüche des modernen Imperialismus verdeutlicht:
- der Widerspruch zwischen weiter wachsendem Reichtum und drohender Verarmung und Arbeitslosigkeit derer, die ihn durch ihre Arbeit angehäuft haben;
- der Widerspruch zwischen weiter wachsendem Einfluß der Finanzkonzerne und der Einflußlosigkeit der Menschen auf das, was in diesen Konzernen geschieht.

VI.

Innerhalb der zersplitterten Linken gibt es angesichts dieser Prozesse Ratlosigkeit und eine Tendenz zu übertriebener Bescheidenheit. In den Betrieben wird die Notwendigkeit einer kämpferischen Interessenvertretung nicht oder nur unzureichend erkannt. In den Kommunen und Regionen sind die dort wirkenden Sparkassen und öffentlichen Versicherer oft heilige Kühe, deren Geschäftspolitik - obwohl über Satzungen und Gremien beeinflußbar - nicht unter das Primat der Politik, sondern unter das Primat der Rendite gestellt wird. Gleiches gilt für die nationale Politik: Die Herren der Banken und Versicherungen stehen jenseits (oder über) der Forderung nach einem demokratischen Ausweis für ihr Tun.

VII.

Im Interesse sowohl der Belegschaften in Banken und Versicherungen als auch der Menschen außerhalb dieser Unternehmen ist eine Demokratisierung der Banken und Versicherungen von innen und außen dringend geboten.

a) Aufgabe der Gewerkschaften ist der Bruch mit einer Sozialpartnerschafts-Ideologie, unter deren vereinnahmendem Anspruch in immer schnellerem Tempo Stellen gestrichen werden. Gewerkschaften brauchen eine Politik der kämpferischen Interessenvertretung. Beispiele zeigen, daß damit auch der Trend zur Abnahme von Mitgliedszahlen in Gewerkschaften umgekehrt werden kann.

b) Betriebs- und Personalräte müssen, um selbstbewußter auftreten zu können, sich darüber klar werden, daß sie die einzig demokratisch legitimierten Organe in den Betrieben sind. Heute entscheiden die kapitaldominierten Gremien der Unternehmen alles; sie werden von Personal- und Betriebsräten - wenn überhaupt - nur in sozialen Fragen korrigierend kontrolliert. In einer sozialistischen Perspektive sind die Betriebs- und Personalräte - weil demokratisch legitimiert - die eigentlichen Entscheidungsgremien in den Betrieben, die von der Kapitalträgerseite zur Gewährleistung von Renditegesichtspunkten ggf. korrigiert und kontrolliert werden. Wir haben Anspruch auf eine wirkliche Mitsprache bei der Geschäftspolitik unserer Institute, weil deren politische Praxis zeigt, daß sie ohne diese Mitsprache weder den Interessen der Beschäftigten noch den gesellschaftlichen Interessen, denen sie letztlich verantwortlich sind, gerecht werden können.

c) Wenn die Finanzwelt einen immer größeren Einfluß auf die realwirtschaftlichen Prozesse – national und international – erhält, sich andererseits aber der Kontrolle demokratisch gewählter Organe entzieht, dann muß fortschrittliche Politik umgekehrt darauf hinwirken, daß gerade Banken und Versicherungen nicht weniger, sondern mehr kontrolliert werden als beispielsweise eine städtische Museumsverwaltung. Demokratie muß in die eigentlichen Schaltzentralen wirtschaftlichen Lebens einziehen. In dem Maße, wie sie national und international der Politik unterstellt werden, wird auch das Geldwesen einsetzbar zur Linderung der Armut in Deutschland.

Udo Reifner

Finanzierung gegen Diskriminierung – Wie Banken Armut bekämpfen könnten[1]

Zentrum der Wirtschaft – Banken und Versicherungen stehen im Zentrum einer Vielzahl von Funktionsbereichen und bestimmen über ihre quantitativen Zwänge bei Investition, Gewinnrate und Kredit das Unternehmensverhalten wesentlich mit. Im Bereich Arbeit trägt ihre Politik zum Gelingen oder Mißlingen mittelständischer Wirtschaft bei, betrifft in der Verschuldensfrage Nachfrage und Arbeitsbereitschaft privater Haushalte und bestimmt das Investitionsverhalten von Großunternehmen. In der Region bestimmen Banken, wo investiert wird, und vermitteln die Möglichkeiten schnellen Kapitaltransfers in und aus der Region. Verarmung ebenso wie »Gentryfication« (Verdrängung der Armen durch die Reichen aus bestimmten Wohnbezirken) werden durch Banken vermittelt und manchmal auch verursacht. Für die Bereiche Risiko (Versicherungen, aber auch moderne Finanzdienstleistungen wie Swaps, Futures, Aktien) und Vorsorge haben sie ohnehin eine gesellschaftliche Schlüsselposition. Insgesamt

1 Auszug aus einem Thesenpapier zu solidarischer Wirtschaftspolitik.

sind sie zudem in allen Funktionen insoweit bestimmend, als sie die Allokation von Ressourcen über Gewinnerwartungen und Kreditkonditionen, Wertpapierabsatz und Beratung innerhalb der Funktionen steuern. Sie sind z. B. mitverantwortlich dafür, wenn Automobilkonzerne eher in Raum- und Luftfahrt als in andere Transportbereiche investieren.

Integration – Insbesondere Banken und Sparkassen sind potentiell die ersten und einzigen Wirtschaftsakteure, in denen und durch die sich das wirtschaftliche Verhalten aller Wirtschaftsakteure tendenziell umsetzt. Über den Zahlungsverkehr (wirtschaftliche Kommunikation) werden alle in den Geldverteilungsmechanismus einbezogenen Lebensbereiche (und dies sind aufgrund aktueller Privatisierung aller sozialen Funktionsbereiche tendenziell alle) vermittelt *(horizontale Integration)*, über die zeitlichen Verschiebungsfunktionen von Sparen und Kredit werden lebenszeitliche Räume (Zukunft und Vergangenheit) integriert *(vertikale Integration)* sowie über Versicherungsleistungen und andere Risikoinstrumente gemeinsame Risiken vergesellschaftet oder über die Verteilungs- und Allokationsfunktion von Anlage und Kredit durch Zins und Rendite arbeitsteilig getrennte Produktionen integriert *(gesellschaftliche Integration)*.

Aufgrund dieser Funktionen sowie ihrer nur noch dem Staat vergleichbaren Beziehung zur Gesamtheit der Bürgerinnen und Bürger sind Banken und Versicherungen und darüber hinaus das Geldsystem schlechthin tendenziell die Transporteure, Kommunikationsagenturen und Vermittler gesellschaftlicher Entwicklungsprozesse.

Bankenmacht – Damit ist nicht gemeint, daß Banken und Versicherungen die Subjekte gesellschaftlicher Entwicklungen sind. Dieses historische Mißverständnis ihrer Tätigkeit in der Arbeiterbewegung verkennt die Zwänge des marktwirtschaftlichen Systems, in denen Finanzinstitute agieren, die eben nur zu einem recht geringen Maß eigenes Geld einsetzen können bzw. aus der Vermittlertätigkeit Spielräume eigener, manchmal auch subjektiver Beeinflussungen der Gesellschaft ableiten können. Bankenmacht ist grundsätzlich ebenso begrenzt wie die Macht des Schiedsrichters in einem Fußballspiel oder der Hausverwaltung im Mietbereich. Banken transportieren jedoch notwendig die jeweils herrschende Macht im Geldsystem. Dies ist historisch mit ihrer politischen Korrumpierbarkeit und aktuell mit ihren Beziehungen zu legaler (Vermögen, Reichtum) und illegaler (Steuerhinterziehung und Geldwäsche) Wirtschaftsmacht deutlich geworden. Die im marktwirtschaftlichen Geldsystem mit unzureichenden Handlungschancen ausgestatteten Akteure müssen daher das Handeln von Banken und Versicherung als Machtausübung begreifen.

Sowenig die Banken selber die entscheidende Wirtschaftsmacht im Staate sind, so sehr sind sie jedoch Bedingung und unersetzliches Instrument wirtschaftlicher Machtentfaltung in der Marktwirtschaft. Von daher haben Banken und Versicherungen Einfluß auf die wirtschaftlich Mächtigen und damit auf wirtschaftliche Macht schlechthin. Zudem können sie, was weit wichtiger für die Zukunft unserer Gesellschaft ist, das Instrumentarium wirtschaftlicher Machtausübung verändern und für direkte soziale Steuerungselemente öffnen, so daß die technischen Voraussetzungen für soziale Mitbestimmungen im Marktmechanismus geschaffen werden.

Soziale Kartelle

Um diese Möglichkeiten zu befördern, müssen Akteure, die aufgrund ihrer eigenen Teilnahme am Wirtschaftsleben die Wahrscheinlichkeit erhöhen, daß sozialer und ökologischer Nutzen und kollektive Werte ins Geldsystem integriert werden, mit mehr Macht und Einfluß ausgestattet werden. Dies soll und darf (wegen der Korrumpierbarkeit administrativer Mechanismen) nicht von außen über den Staat simuliert werden (Angebotszwänge über Aufsicht und Recht), sondern muß über die Nachfragemacht erfolgen. Die traditionelle Vermittlung von Nachfragemacht an isolierte Akteure ist das *Kartell.*

Das *soziale* Nachfragekartell ist dabei zweifach entscheidend: Als Form kollektiver Bezugnahme bei individuellen Entscheidungen haben soziale und ökologische Einstellungen grundsätzlich erheblich mehr Chancen der Entfaltung als bei atomistischer Konkurrenz individueller Interessen. (Die Gewinnsucht des Besitzindividualisten ist grenzenlos. Grenzenlosigkeit schmälert jedoch die Gewinnchancen aller. Diese Einsicht vermittelt sich erst, wenn der einzelne sein Gewinninteresse rational oder emotional auf die Interessen aller überhaupt beziehen kann.)

Kartelle verhindern zugleich, daß die wichtigsten Elemente einer Sozialisierung des Marktgeschehens, das soziale und ökologische Interesse der nachfragenden Verbraucher, ohnmächtig gehalten werden. Ebenso wie die soziale Bewegung (»Gewerkschaftskartelle« vor 1900) über diese Wirtschaftsform ihre atomisierte, jedoch durchaus vorhandene Marktmacht zur Geltung bringen konnte, ebenso muß die Kartellbildung im sozialen Interessenbereich von der schädlichen und zu bekämpfenden wirtschaftlichen Kartellbildung im Gewinninteresse unterschieden und dann unterstützt und befördert werden. Soziale Nachfragekartelle bilden sich dabei im Gegensatz zur historischen Entwicklung sozialer Angebotskartelle (Gewerkschaften) nicht über organisatorische Verfestigungen wie Vereine und Verbände, sondern über die Entstehung einer öffentlichen Meinung, an der sich individuelles Verhalten über Moral und Ethik sowie Gruppenprozesse auf Mikroebene orientieren, wodurch im Ergebnis kartellartiges Verhalten entsteht. Verbände und Vereine sowie staatliche Agenturen in diesem Bereich sind daher ähnlich wie die Banken nicht die Akteure repräsentierter wirtschaftlicher *Macht,* sondern deren Vermittler. Staat und Recht müssen insoweit verändert werden, als ihre Diskriminierung wirtschaftlicher Macht blind gegenüber deren Funktionen ist und damit die Einflußlosigkeit sozialer Interessen im Geldsystem garantiert (Recht der Wirtschaftsinformation, Beteiligungsrechte, Gesellschaftsrecht).

Gleicher Zugang

Die Bedeutung sozialer Elemente in der Interessenartikulation wirtschaftlicher Akteure nimmt mit dem Grad der Beteiligung am wirtschaftlichen Reichtum dieser Gesellschaft ab. Durch die aktuellen Diskriminierungstendenzen besteht die Gefahr, daß der gleiche Zugang zu Finanzinstitutionen grundsätzlich abgebaut und erschwert wird. Damit wird der traditionell beherrschende Einfluß von Kapitalanlegern, bei denen die Konsum- und Nutzenfunktion nur Reflex ihrer Kapitalvermehrung ist, noch erweitert. Öffentlichkeit, Verbände, Individuen und der Staat müssen daher mobilisiert werden, um den gleichen Zugang zu allen Dienstleistungen der Finanzinstitute rechtlich wie wirtschaftlich zu gewährleisten. Gleich ist dieser Zugang in doppelter Hinsicht: *gleiche Chancen bei gleichen Instituten.* Die soziale Ausdifferenzierung des Bankgeschäfts zugunsten sogenannter lukrativer Kunden muß in ihrem Mechanismus selber betroffen und verhindert werden (Banken für Reiche, Luxemburg-Connection, sozial gestaffelte Preisgestaltung bei Krediten, Anlagen und sonstigen Dienstleistungen).

Dabei kann die *US-amerikanische Entwicklung,* in der viel zu spät die verheerenden Folgen solcher Differenzierungen für das Sozialgefüge (Trust, Commercial Bank, Community/Savings Bank, Finance

Company) erkannt wurden, wesentliche Warnungen, aber auch Anregungen zur Vermeidung und Bekämpfung solcher Tendenzen geben. Der gleiche Zugang wird dort inzwischen unter den Prinzipien der Anti-Diskriminierung (Equal-Opportunity-Gesetzgebung), der Transparenz des Kollektivverhaltens von Banken (Home Mortgage Disclosure Act) sowie der regionalen Verantwortung aller Banken (Community-Reinvestment Act) diskutiert und reguliert.

Mit dem *»Recht auf ein Girokonto«* und der auf öffentlichen und politischen Druck erfolgten Selbstverpflichtung aller Banken ist ein erster Schritt zur Antidiskriminierung gemacht worden. Das Regionalprinzip der Sparkassen und ihre öffentliche Einbindung ist ein wichtiges weiteres Element, das zu einem regionalen Verantwortungsprinzip umzugestalten wäre. Dabei muß jedoch entweder durch Gleichbelastung privater Banken oder durch kompensatorische Anreize die Attraktivität von Sparkassen und Genossenschaftsbanken für größere Wirtschaftspotentiale gesichert und ihre Wettbewerbsposition gestärkt werden.

Transparenz

Administrative und rechtliche Maßnahmen reichen nicht aus, um sozialen Angebotskomponenten gewinnträchtige Chancen auf dem Markt zu verleihen und sie damit zum integralen Bestandteil des Marktmechanismus zu machen. Letztlich sind die Nachfrager und Kunden ebenso wie die Anbieter hochqualifizierter und motivierter Arbeitskraft mit ihrem Machtpotential einzubeziehen. Dies läßt sich jedoch nur mit Transparenz und Verstehbarkeit auf der Seite der Anbieter und Kompetenz auf der Seite der Öffentlichkeit erreichen. Dieser Bereich der Wirtschaftspolitik ist vollkommen unterbelichtet. Finanzinstitute in Deutschland sind geheimnisumwittert. Das Recht der Unternehmenstransparenz ist exklusive Domäne von Insidern. Mutmaßungen, Übertreibungen und unqualifizierte Unterstellungen von seiten der Politik gegenüber den Finanzinstituten sind ebenso typisch wie Verschleierung, Unwahrhaftigkeit und Informationsblockade von seiten der Institute selber. Der staatliche Bildungs- und Forschungssektor weist im Bereich der Finanzen (einschließlich der Steuern) die geringste Unabhängigkeit gegenüber den Branchen auf, ist unkreativ und vor allem unkritisch. Die wirtschafts- und rechtswissenschaftliche Diskussion ist vor allem dort, wo sie materiell in der Lage ist, kompetent und recherchiert zu arbeiten, bestenfalls mit der Produktivitätsförderung der Wirtschaft, schlimmstenfalls mit der Abwehr sozialer und öffentlicher Ansprüche für kurzsichtige Wirtschaftsinteressen beschäftigt. Auch der öffentlich-rechtliche Finanzsektor macht hier (noch) keine prinzipielle Ausnahme.

Anwendungsfälle

Betrachtet man unter diesen Gesichtspunkten die gegenwärtige Wirtschaftspolitik, so ist bei ihr die Neigung zum kurzfristigen Krisenmanagement unverkennbar. Dabei gibt es erhebliche Widersprüche. Während bei Gesundheit, Transport und Wohnungsbau sektorale Politik erkennbar ist, bei der der Umbau des Sozialstaates Chancen auch für den staatlichen Sektor im Wettbewerb sozialer Funktionserfüllung eröffnet, zeigen Wirtschaftssteuerung, Arbeits- und Rentenpolitik sowie die Bereiche Post und Finanzen eine sozial inkompetente Marktintegrationspolitik, die sich im Abbau und nicht im Umbau von Gemeinwohlfunktionen erschöpft. Opposition kommt dabei häufig nicht über Widerspruch hinaus, der sich allein an der Gegnerposition orientiert.

Die europäische *Währungsunion* wäre ein Prüfstein solidarischer Wirtschaftspolitik. Es besteht im Augenblick kein Zweifel, daß sie 1999 aus reinen Kostenersparnisgründen eingeführt werden soll. Gleichwohl wäre es verheerend, sie deshalb mit grundsätzlichen Argumenten verhindern zu wollen. Sie bringt durch den Wegfall von Umtauschrisiken, durch mehr Freizügigkeit im Reisen für jedermann, Transferierbarkeit auch kleiner Beträge ohne Kosten und Öffnung der Märkte auch für kleine Produzenten ohne internationale Bankverbindungen erhebliche Vorteile. Solidarische Wirtschaftspolitik muß das Vertrauen in den Fortschritt glaubhaft machen. Erst dann erhält sie die Kompetenz, die solidarischen Elemente glaubwürdig vertreten zu können, ohne den Stempel der Ignoranz und Rückständigkeit zu erhalten. Dann aber geht es darum, etwa den Problemen importierter Inflation, der Schrankenlosigkeit von Kapitaltransfer sowie regionaler Diskriminierung wissenschaftlich fundiert nachzugehen und Vorschläge für deren Steuerung in einem großen Währungsmarkt zu machen. Auch hier könnte die USA mit ihrem Dollarmarkt wertvolle Hinweise zu Problemen (Kapitalflucht von Ost nach West nach Süd), aber auch zu Steuerungsmöglichkeiten (Community Reinvestment, staatlich gelenkter Hypothekenmarkt, Mapping etc.) geben. Es müßte darum gehen, mit solchen Überlegungen die Diskussion zu führen und den Prozeß nicht zu bremsen, sondern durch die Einfügung zusätzlicher Elemente gehaltvoller und damit auch wohl langsamer zu gestalten.

Das Schlagwort von der *Bankenmacht* führt in die Irre. Die FDP hat in offener Vertreterschaft für renditeorientierte Kleinanleger die Argumentation besetzt. Deren Umsetzung durch den bürokratisierenden Entwurf der SPD zur Bankenmacht, der zudem gerade die Großbanken bevorzugt, will vermutete Probleme wie das Übergewicht in den Aufsichtsräten mit nicht überprüften Instrumenten bekämpfen. Es fehlt ein Konzept der Integration von Geldmacht in öffentliche Verantwortlichkeit, bei dem Aufsichtsratshaftung statt Aufsichtsratsflucht, Offenlegung von Anteilen statt Anreize, sie durch unsinnige Verbote zu verstecken, entwickelt wäre. Die von der Opposition in den letzten fünf Jahren vorgelegten Vorschläge bankbezogener Rechtsetzung wie Kontoregelung, Zugang zum Girokonto, Vertragshilfe, Pfändungsschutz, Bankenmacht, Überschuldung passen nicht zusammen und sind zu kurzfristig entwickelt und entsprechend schon vergessen. Dabei wären durch eine Zusammenführung der Ansätze im Zusammenhang mit der Diskussion um die Privatisierung der Postbank sowie der Umgestaltung der Sparkassen und der Diskussion um die Bankenrichtlinien in Brüssel wichtige Positionen zu besetzen, bei denen erfahrungsgemäß sich ein breiter Konsens erzielen ließe. In diesem Zusammenhang würden eine EU-konforme Bilanzierungsregelung, EU-konforme Effektivzinsbestimmungen, EU-konforme Behandlung von nur in Deutschland typischen verschleiernden Spar-Kreditkombinationen sowie die Regelung der Kreditkartenschulden zudem deutlich machen, daß eine europafreundliche Politik auch in Deutschland erhebliche soziale Vorteile bringen kann. Hierzu wäre die Ideologie von der deutschen Vorreiterrolle etwa im Verbraucherschutz zumindest differenziert fortzuschreiben; zudem wären Kenntnisse der Verhältnisse in den Nachbarstaaten sinnvoll.

Die private *Altersvorsorge* nimmt erhebliche Dimensionen an. Die Probleme der Rentenversicherung ebenso wie der Pensionsrückstellungen werden sich ohne eine Verflechtung mit diesem System nicht lösen lassen. Deshalb wäre eine aktive Hinwendung zur steuerlichen und zivilrechtlichen Gestaltung dieses in Deutschland ungezügelten Angebots dringend erforderlich. Der soziale Zweck von Sparen und Krediten muß eine wichtigere Rolle im Wirtschaftsleben erhalten, weil Sparen produktive Vorsorge ebenso wie Entzug von Investition sein kann. Hier könnten sich Parteien mit sinnvollen Vorschlägen profilieren und das sich eher hinter dem Rücken zu Lasten der öffentlichen Rentenversicherung entwickelnde System mit seinen solidarischen Funktionen auch als Vorbild privater Versicherungen einführen und es damit auch ideologisch stabilisieren. Dabei geht es darum, die Tradition der öffentlichen Sozialversicherung als einen jeweils aktuell wirkenden Generationenvertrag ins private Vorsorgesystem zu transformieren, das an die Stelle des Prinzips, daß die Jungen für die jeweils lebenden Alten zu sorgen haben, die Illusion treten läßt, ein junger Mensch könne für sein eigenes Alter »ansparen« und im Alter »von diesem Geld leben«. Diese in den USA verbreitete Kollektivdummheit, die nicht in der Jugend, sondern im Altersvorsorgekonto bzw. der Kapitallebensversicherung die eigene Zukunft gesichert glaubt, macht die Vermittlung vernünftiger Gesellschaftspolitik tendenziell unmöglich. Die private Altersversorgung muß mit der aktuellen Investition in Ausbildung und Sicherung der Jugend gekoppelt und mit der solidarischen Funktion echter Versicherungen verbunden bleiben, soll nicht eines Tages der Überdruß überarbeiteter Jugend über den Reichtum der Alten die Politik bestimmen. Dieses Thema wird aller Voraussicht nach mit der wachsenden Kopflastigkeit der Alterspyramide die nächsten Jahre beherrschen.

Bei der *Wohnraumbeschaffung* wird der privat finanzierte Erwerb eine wichtige Kompensationsfunktion erhalten. Die Verteuerung des Wohnens auf ca. 30 Prozent des Einkommens hat inzwischen unberechtigterweise den Realwert gerade auch staatlicher Lohnersatzleistungen drastisch gesenkt und das Lohnniveau belastet. Die Ideologie vom Gegensatz zwischen sozialen Mietwohnungen und kapitalbildendem Wohneigentum ist angesichts des Trends, daß lebenswerter Wohnraum zunehmend nur noch in Eigentumsformen, dafür jedoch ohne nennenswerten Tilgungsanteil voll finanziert erreichbar erscheint, gefährlich. Auch voll finanziertes »Eigentum« bietet als Investitionspotential eigener Arbeitskraft in die Erhaltung und den Ausbau der eigenen Wohnung ebenso wie als renditeträchtige Altersanlage durch Bildung von Werthaltigkeit für viele gerade geringer Verdienende erhebliche Möglichkeiten, die es zu erschließen gilt. Hierzu muß die bestehende private Wohnraumfinanzierung sowohl von ihrer steuerlichen Bevorzugung von Fremdinvestoren (Finanzierungskosten sind 100 Prozent absetzbar, bei Eigennutzung überhaupt nicht absetzbar, dafür aber Baugeld) als auch in ihrer marktliberalen Gestaltungsmöglichkeit im Kreditrecht befreit werden. Wohnungsnutzer sind volkswirtschaftlich ebenbürtige Investoren, wenn sie neuen Wohnraum schaffen oder bestehenden ausbauen oder erweitern. Der wachsende Markt privater Wohnungsfinanzierung ist über Gruppenmodelle, Steueranreize, Verknüpfung mit Anlegermodellen sowie Mischformen um soziale Strukturen zu ergänzen, die neben dem Wohnraummietrecht auch im Wohnungseigentumsrecht die Funktion »Wohnen« sichert und schützt. Daß Mietervereine sich ebenso wie die Gewerkschaften bei der Lohnarbeit an juristischen Formen orientieren und nicht an sozialen Funktionsbereichen (Arbeit und Wohnen) und die »Mieter der Banken« nicht einbeziehen, darf nicht auch noch die staatliche Politik prägen. Das auf überholten Eigentumsvorstellungen basierende System des Wohneigentumsgesetzes, das weniger das Wohnen als das Eigentum als Kapitalanlage schützt (Vetorecht bei Geranienständern an der Hauswand), wäre in dieser Hinsicht in die Reform einzubeziehen, wobei Mieterschutz in Wohneigentumsanlagen auch über Kapitalbeteiligungsmodelle realisierbar wäre. Daneben geht es auch um Ermöglichung von Zwischenformen wie etwa Altershypotheken mit eigentumsähnlicher Miete auf Lebenszeit für Personen mit anlagefähigen, jedoch zum Erwerb nicht ausreichenden Vermögen, die wegen hohen Alters keinen Kredit mehr bekommen. Insbesondere sind dabei Wertzuwächse, Steuerersparnisse und Kostensenkung in der Erschließung den Miteigentümern zuzuordnen, damit Schwellenhaushalte die Gelegenheit erhalten, »vorproduktive« Arbeit als Kostensenkungselement des Konsums produktiv zu gestalten.

Die *Stadterneuerung* und die *Quartiersgestaltung* müssen über private Finanzierungen mit individueller Sicherheitsleistung neue ökonomische Modelle fördern und bereitstellen, die kollektiven Einfluß ermöglichen, Kapital für öffentliche Zwecke mobilisieren und die lokalen Interessenten in Projekte einbinden. Es führt tendenziell zu Egoismus und Gemeinwohlverdrossenheit, wenn einerseits der Staat das Monopol für Gemeinwohlinvestitionen behält, sie andererseits aus Geldmangel jedoch nicht mehr ausführt. Die individuellen Nutzenelemente (z.B. Bodenwertsteigerung, Kosteneinsparung etc.) gemeinwohlorientierter Investitionen (ruhiges Grundstück ohne Lärm, gutes soziales Wohnklima, Luftqualität, Naturzugang etc.) müssen auch finanziell mobilisiert und für die Entwicklung einer städtischen Umwelt nutzbar gemacht werden. Dabei sind öffentliche Kosten

(z. B. Straßenkosten pro Meter pro Anwohner) individueller zu gestalten, damit verdichtetes gemeinverträgliches Wohnen auch individuell erfahrbaren finanziellen oder zumindest Ausstattungsnutzen erhält. Soziales Verhalten muß sich im Stadtquartier lohnen, sonst wird es dies tendenziell nicht mehr geben.

Ein modernes *Bafög-System* sollte bedürfnisgerechte Auszahlungen mit marktgerechten Rückzahlungen verbinden, staatliche Subventionen über die Refinanzierung aus dem unmittelbaren Kontakt zum einzelnen Studenten nehmen und Banken und Sparkassen unter sozial verträglichen Auflagen mit der Abwicklung dieser Darlehen betreuen. Durch Kopplung der Refinanzierung an private Formen der Altersvorsorge ließen sich im übrigen erheblich zinsgünstigere Gestaltungen treffen, die staatliche Kosten einsparen und die Darlehen für die Betroffenen billiger machen könnten. In dieses System sollten die Hochschulen dezentral eigene Initiative und eigene Förderprogramme einbringen können.

Bafög-Darlehen sollten während der Phase der Ausbildung grundsätzlich außer einem Inflationsausgleich von 2,5 Prozent p. a. unverzinslich sein. Entsprechend flexibler sollten die Höhe der Darlehen sowie die Förderungsdauer gehandhabt werden. Durch Kontingentierung mit der Möglichkeit, über eigene Refinanzierungen bzw. »Ehemaligen-Sponsoring« das Volumen auszuweiten, könnte den Hochschulen Handlungsspielraum nach eigenen Kriterien eingeräumt werden. Banken und Sparkassen sollten Bafög-Darlehen verwalten. In der Auszahlungsphase wären ihnen Zinssubventionen zu gewähren. Der Staat hätte zu gewährleisten, daß jeder Anspruchsberechtigte eine Bafög-Darlehen-gewährende Bank oder Sparkasse findet. In der Abwicklungsphase wären Darlehen mit langfristig festgeschriebenen Zinssätzen bei allen Kreditinstituten gleich zu verzinsen. Der Staat sollte über eine geeignete Refinanzierungsagentur den Aufkauf und damit die Risikofreistellung der Kreditinstitute gewähren, so daß angemessene Zinssätze erreichbar sind. Zinslose Rückzahlungsfreistellungen bei Einkommensausfall wie nach bisherigem Recht sollten über die Zinszahlungen aller Bafög-Empfänger versichert sein. Eine zentrale staatlich geführte Refinanzierungsagentur (z. B. Deutsche Ausgleichsbank oder Kreditanstalt für Wiederaufbau) sollte Bafög-Darlehen aufkaufen, verbriefen und mit staatlicher Einlösegarantie versehen auf den Anlagemarkt zur steuerbegünstigten privaten Altersvorsorge bringen.

Das *Verkehrssystem* muß nicht nur, wie zur Zeit durchaus erfolgversprechend versucht wird, vom öffentlichen zum Individualverkehr hin entwickelt werden. Gleichzeitig müssen auch die Entwicklungselemente des Individualverkehrs begünstigt werden, die dessen Annäherung an die umweltschonenden und sozial verträglichen Elemente des öffentlichen Nah- und Fernverkehrs ermöglichen. Die unsinnige Bindung von bis zu 20 Prozent des Einkommens in Fortbewegungsmaschinen, die maximal mit drei Prozent Nutzungsgrad zudem als Parker noch den begrenzten öffentlichen Raum kostenfrei in Anspruch nehmen und belasten, muß abgebaut werden. Das in Pkws gebundene Kapital der Privathaushalte muß verfügbar und flexibel gemacht werden, damit der Übergang vom privaten zum öffentlichen Verkehrsmittel über das Geld vermittelt problemlos erfolgt. Wer heute die Bahn nutzt, zahlt die hohen Opportunity-Kosten des Pkw gleichwohl und erfährt die Nutzung des öffentlichen Systems als finanzielle Zusatzbelastung. Nur über eine höhere Auslastung bestehender Pkw kann hier eine relevante Einsparung erfolgen, wobei betriebswirtschaftlich das Leasing sowie kommerziell organisierte Car-Pools mit Bereitstellungsgarantie und Transportkompetenz die Konkurrenzfähigkeit solcher darüber hinaus steuerlich zu fördernder Modelle garantieren. Ebenso wie bei der gruppenorientierten Finanzierung im Wohnungsbau die ideologischen Überfrachtungen des Genossenschaftsgedankens zugunsten gemeinschaftsnutzenden Individualeigentums aufzugeben sind, ebenso sehr müssen Car-Pools vom Geruch des Alternativen oder gar Konsum- und Genußfeindlichen befreit werden. Eine intelligente Finanzierungspolitik mit Serviceangeboten (lokale Servicecenter mit Transportinformation, individuellen Optimierungsdienstleistungen für Private) kann hier die Auslastungsquote privater Pkw auf ca. 15 Prozent erhöhen, dabei deren Anzahl zur Entlastung des Parkraums auf ein Fünftel reduzieren und zugleich den sinnvollen Massenübergang zwischen Laufen, Fahrrad, privatem Pkw, Nah- und Fernverkehr über den sichtbar effektiven Einsatz liquider Mittel befördern. Die Einsparung von Arbeit im Produktionssektor wird über die Generierung von Arbeit im Bereich der Organisation von Transport sowie über die Einsparung bei Konsumausgaben, die damit Arbeitszeitverkürzungen ohne Lohnausgleich ermöglichen, mehr als kompensiert. Über die langfristig positiven Umweltwirkungen dieser Effektivierung des Personentransportes dürften kaum Zweifel bestehen, da die Erhöhung der Nutzungsintensität privater Pkw zugleich auch deren Qualität und Ausstattung und damit auch die Möglichkeiten umweltgerechter Gestaltung erhöht. Hier geht es darum, die geistige Beschränkung derer, die anstelle der Transportprobleme die Probleme des Produktes »Auto« lösen wollen, politisch über den Transportgedanken und wirtschaftlich über Finanzierungsmodelle im Konsumsektor zu überwinden.

III. Wie die Kapitalmacht auf die Köpfe wirkt

Herbert Schui

Neoliberalismus – Der Versuch, die Konzentration von Einkommen und Vermögen zu legitimieren

Die gegenwärtige Debatte ist gekennzeichnet durch die Vorherrschaft der Idee, daß die wirtschaftliche Lage nur zu bessern sei durch den »schlanken« Staat, durch Deregulierung, mehr Markt und weniger staatliche Gesetze, durch Flexibilität, Wettbewerb und Freihandel. Diese politischen Kampfparolen begleiten den gegenwärtigen Kampf gegen Parlamentarismus, Sozialstaat und gewerkschaftliche Interessenvertretung.

Das Konzept dieses Kampfes ist die Gesellschaftstheorie des Neoliberalismus. Sie ist die Theorie der Rechtfertigung für unbeschränkte Autonomie der Besitzer von Geld- und Produktivvermögen. Die Devise heißt, den Kapitalismus von den Fesseln der Demokratie zu befreien. Beflissene Helfer für diejenigen, deren Bewegungsfreiheit durch das allgemeine und gleiche Wahlrecht, den Sozialstaat, durch effiziente Gewerkschaften eingeengt ist, finden sich im akademischen Milieu.[1]

1 Bedeutend ist hier eine größere Anzahl von Gesellschaften, die in der Hauptsache Wissenschaftler und Publizisten vereinen und neoliberales Gedankengut mit Energie und Ausdauer verbreiten. Die wichtigste ist die von Friedrich von Hayek 1947 mit großer Unterstützung der Geschäftswelt gegründete Mont Pèlerin-Gesellschaft (vgl. Richard Cockett: Thinking the unthinkable. Think-Tanks and the Economic Counter-Revolution 1931–1983, London 1995, S. 100), des weiteren das »Institute of Economic Affairs« (London), das »Centre for Policy Studies« und das »Adam Smith Institute«. In Deutschland ist besonders der Kronberger Kreis/Frankfurter Institut

Die Praxis der Vergabe der Nobelpreise für Ökonomie zeigt, daß der Neoliberalismus seit Mitte der 70er Jahre zur vorherrschenden wirtschaftswissenschaftlichen Doktrin geworden ist. 1974 erhält Friedrich von Hayek, der bedeutendste Vertreter dieser Schule, zusammen mit Gunnar Myrdal den Preis. In der Folge wechseln sich zunächst Keynesianer, Neoklassiker und Neoliberale (darunter M. Friedman) ab, bis schließlich in den 90er Jahren dieser Preis ausschließlich neoliberalen Ökonomen vorbehalten ist, so G.S. Becker, J. Buchanan, R. Coase und R. Lucas, um die Prominentesten zu nennen.

I. Zweck und Effizienz der Wirtschaft

Die Geschichte der ökonomischen Theorie ist in ihren Etappen Klassik, Neoklassik, Neoliberalismus zugleich die Geschichte ihres intellektuellen Niedergangs: Das Ziel der Klassik, der Wohlstand der Nation, wandelt sich im Neoliberalismus zur Vorstellung, daß eine Volkswirtschaft in einer liberalen Gesellschaftsordnung zielfrei sein müsse. Ihr Zweck dürfe nicht in der Maximierung der Bedürfnisbefriedigung oder des Sozialproduktes bestehen, sondern nur in der Gewähr des Privateigentums bzw. darin, daß jeder seine individuellen Mittel und Kenntnisse für seine persönlichen Zwecke einsetzen könne. Die Legitimation des heraufkommenden Kapitalismus, nämlich die Mehrung des Wohlstands als Glücksversprechen der Moderne, wandelt sich im Neoliberalismus (der Postmoderne in der Wirtschaftstheorie): Das Versprechen besteht nun nur noch in der Form, so im Markt, im Wettbewerb, in den Eigentumsverhältnissen - nicht aber in einem vergrößerten materiellen Ergebnis für alle Teilnehmer am Wirtschaftsprozeß. Hervorzuheben ist in diesem Kontext, daß das klassische Glücksversprechen nur deswegen wenigstens ansatzweise auch für die Arbeitenden verwirklicht wurde, weil durch den Kapitalismus neben der Produktivkraft (Technik, Spezialisierung, Arbeitsteilung) gleichzeitig die Arbeiterbewegung entwickelt wurde, die erfolgreich um die Teilhabe der Arbeitenden an ihrem Arbeitsprodukt stritt. Während Produktion, Verteilung und Akkumulation die zentralen Themen der klassischen Wirtschaftstheorie sind und die gesell-

zu nennen, im Bereich der Wirtschaftsforschungsinstitute das Institut für Weltwirtschaft in Kiel.

schaftliche Klasse ihr methodischer Bezugspunkt, betont die Neoklassik in der Folge mehr die Anreiz- und Informationsfunktion des Marktes, d. h. seine Allokationseffizienz. Sie konzentriert sich damit auf den Aspekt, daß der Markt die überlegene gesellschaftliche Institution sei, um bei gegebener wirtschaftlicher Ausstattung eines Landes eine maximale Produktion und Bedürfnisbefriedigung zu erreichen.

Der von der Klassik betonte Zweck der Wirtschaft (Hebung des Wohlstands der Nation) impliziert ebenso wie der von der Neoklassik hervorgehobene Zweck des Marktes (Allokationseffizienz) ein Effizienzkriterium, nach dem sich die Zweckmäßigkeit der Wirtschaftsordnung beurteilen läßt. Dies eröffnet die Frage nach dem Marktversagen in bestimmten Versorgungsbereichen, ist Anlaß für die Entwicklung der Wohlfahrtsökonomik im Kontext der Neoklassik und begründet allgemein im Rahmen der Theorie der Staatsfinanzen den staatlichen Eingriff in die Privatwirtschaft.

II. Keynesianischer Reformismus: ein Projekt, das die Neoliberalen auf den Plan ruft

Entlang des Effizienzkriteriums argumentierend meldet der Keynesianismus weitreichende Zweifel an der Leistungsfähigkeit des kapitalistischen Systems an. (In der Tat ist es ja mit der Allokationseffizienz des Marktes nicht weit her, wenn wirtschaftliche Hilfsmittel wie Arbeit und Realkapital anhaltend ungenutzt sind.) Hieraus folgt: Was der Markt nicht lösen kann, muß die Politik besorgen. Für die keynesianische Theorie (nicht in jedem Fall für Keynes selbst) wird die von der Klassik (so namentlich Marx) bereits gestellte Realisierungsfrage – nämlich ob es Restriktionen für den Absatz und damit für die Umwandlung des Mehrwerts in Profit geben kann – zum zentralen Anliegen. Damit wird der Keynesianismus zu einer gehaltvollen sozialökonomischen Theorie. Seine politisch dezidierteste Ausprägung, der Linkskeynesianismus, belegt das. Diese Lesart des Keynesianismus kommt zu folgendem Ergebnis: Die Verteilung des Sozialproduktes auf Lohn und Gewinn bestimmt die Höhe der effektiven Nachfrage und damit die Produktion und Beschäftigung. Denn da aus einer Gewinnmark weniger Konsumausgaben folgen als aus einer Lohnmark, senkt eine steigende Gewinnquote die gesamtwirtschaftliche Konsumquote. Ein allgemeines Nachfragedefizit wird dann vermieden, wenn die Investitionsquote kompensierend ansteigt. Der hierzu erforderliche Investitionsbedarf kann nicht daraus resultieren, daß die Kapazitäten für die Herstellung von Konsumgütern vergrößert werden müßten. Folglich kommt alles darauf an, daß die Investitionsausgaben für reine Modernisierungen anwachsen.

Dem aber stehen zwei Argumente entgegen: (1) Der Modernisierungsbedarf ist bei einer hochentwickelten Volkswirtschaft relativ zum Nettosozialprodukt niedriger als in einer Wirtschaft, die bei niedrigem Sozialprodukt sich anschickt, eine vorkapitalistische Wirtschaft kapitalistisch zu modernisieren. (2) Die volkswirtschaftliche Verteilung und damit die Entwicklung des Konsums ist durch den gesellschaftlichen Konflikt bzw. das Kräfteverhältnis bestimmt oder allgemeiner: durch die gesellschaftlichen Verhältnisse, unter denen produziert wird (die Produktionsverhältnisse).

Die Menge des für die Investoren anwendungsfähigen technischen Fortschritts aber folgt aus Erfindungen, dem Stand der Technik selbst, aus der Menge an Kapital pro Arbeitenden, die die Modernisierung erfordert. Der Bedarf an Realkapital ist also eine Frage der Produktivkraft und ihrer Entwicklung. Folglich kann es keine Gewähr dafür geben, daß der Ausfall an Konsumgüternachfrage als Folge des gesellschaftlichen Konfliktes stets ausgeglichen würde durch vermehrte Investitionsgüternachfrage aus der Entwicklung der Technik. Oder anders: Es ist keineswegs sicher, daß diejenige Menge an wirtschaftlichen Ressourcen, die aufgrund der Produktionsverhältnisse für die Kapitalgüterproduktion bereitgestellt wird, bei der gegebenen Produktivkraftentwicklung auch tatsächlich für die Produktion von Kapitalgütern genutzt wird.

Staatliche Verteilungspolitik kann im Sinne eines politischen Keynesianismus das Problem des Nachfragedefizits lösen. Diese Politik ist in einem abstrakten Sinn Reformierung des Produktionsverhältnisses. Sie führt dem Konsum das zu, was für die Realkapitalbildung (die Investitionen) nicht benötigt wird. Dies ist die Grundlage für den modernen Wohlfahrtsstaat: Die Gewinnansprüche werden durch Steuern in Grenzen gehalten. Diese Begrenzung der Gewinnansprüche reduziert gleichzeitig die Menge der für die Kapitalgüterproduktion bereitstehenden wirtschaftlichen Ressourcen. Wird mit diesen Steuereinnahmen der Wohlfahrtsstaat finanziert, d.h. kollektiver Konsum, so werden die fraglichen Ressourcen nun für die Konsumgüterproduktion genutzt. Die Verteilungspolitik (die Reformierung des Produktionsverhältnisses) sorgt also dafür, daß sämtliche Ressourcen genutzt werden - und dies wohlfahrtsmehrend im Sinne einer umfassenden Daseinsvorsorge des Staates für seine Bürger.[2] Dies bedeutet gleichzeitig mehr Beschäftigung im öffentlichen Dienst, um bessere öffentliche Gratisleistungen zu erbringen. (In der Anleitung zu einer solchen Gesamtpolitik besteht der sozialökonomische Gehalt linkskeynesianischer Theorie.)

Das Besondere an Keynesianismus und Wohlfahrtsstaat (d. h. steigender Staatsquote) besteht in folgendem: Der Wohlfahrtsstaat wird nicht zu Lasten der Investitionen finanziert. Vielmehr wird durch die Verteilungspolitik eine Nachfragelücke vermieden und dadurch ein Absinken von Produktion und Einkommen. Die materielle Absicherung des Wohlfahrtsstaates besteht aus derjenigen Produktion bzw. aus demjenigen Einkommen, das nicht entstehen würde, wenn die Verteilungspolitik unfähig wäre, die Nachfragelücke zu verhindern: Besonders nach dem Zweiten Weltkrieg bis in die Mitte der 70er Jahre ist dieses Konzept von den Regierungen je nach Land widerstrebend und erzwungen oder vorsätzlich und programmatisch betrieben worden. Die Nachkriegsprosperität hat bestätigt, daß diese sozialstaatliche Strategie maßgeblich zu einer Erhöhung von Produktion und Einkommen beitragen kann.

Die Staatsintervention beschränkt sich allerdings nicht nur auf die Verteilung. Da die Absenkung der Gewinnquote (zur Vermeidung von Nachfragelücken) die individuellen Gewinnerwartungen senkt und damit die unternehmerischen Investitionen mindern kann, ist eine Politik niedriger Zinsen erforderlich, um auf diese Weise die Inve-

---

2 Der hier dargestellte Aufriß ist nicht in jedem Punkt die Position von Keynes. Für die Richtung des Keynesianismus insgesamt vgl. u. a. Joan Robinson, Nicholas Kaldor, Michal Kalecki, Joseph Steindl, Amit Bhaduri. Trotz aller Differenzierungen ist das 24. Kapitel in Keynes Allgemeiner Theorie der Beschäftigung, des Zinses des Geldes »Schlußbetrachtungen über die Sozialphilosophie, zu der die Allgemeine Theorie führen könnte« eine gute Darstellung der erkenntnisleitenden Grundlagen keynesianischen Denkens. Vgl. zu diesem Komplex auch H. P. Minsky: John Maynard Keynes, Finanzierungsprozesse, Investition und Instabilität des Kapitalismus, Marburg 1990, Kapitel 8, Sozialphilosophie und Wirtschaftspolitik, S. 187–204, und Kapitel 9, Wirtschaftspolitische Implikationen der alternativen Interpretation, S. 205–214.

stitionsbereitschaft zu stabilisieren. Dies wiederum senkt die Gewinnausschüttungen und Zinszahlungen an die privaten Haushalte und fördert »den sanften Tod des Rentiers« (so Keynes). Betroffen sind hiervon zumeist private Haushalte mit hohem Einkommen bzw. mit hohem Vermögen. Soweit die verminderte Kapitalrentabilität trotz niedriger Zinsen die privaten Investitionsausgaben beeinträchtigt, kann die Verstaatlichung ganzer Industriezweige erforderlich werden – besonders dort, wo besonders viel Kapital je Output-Einheit benötigt wird. Die Investitionen können nun durch politische Planung auch bei niedriger Profitrate auf einem hohen Niveau gehalten werden. Hierbei wird ebenfalls das Risiko der Produktion nicht mehr stillschweigend, sondern erklärtermaßen von der Gesellschaft insgesamt getragen.

Aber nicht nur höhere Steuern und Verstaatlichungen schränken die Unternehmensautonomie ein. Da Gewinnsteuern für die Unternehmen Kosten sind, erlangen sozial weniger entwickelte Staaten Konkurrenzvorteile im internationalen Handel, die durch Schutzzölle (Schutz des Sozialstaates) zu neutralisieren sind. Und da überdies Motive für das Kapital bestehen, in sozial unterentwickelte Länder abzuwandern, sind Kapitalverkehrskontrollen nicht auszuschließen.

Es ist klar, daß dieses keynesianische Reformprojekt mit all seinen Weiterungen die Unternehmerschaft bzw. die Bezieher von Gewinn und Vermögenseinkommen zu heftigem Widerstand herausfordert. Es geht nun nicht mehr in erster Linie gegen den Kommunismus; sozialdemokratischer Reformismus wird vielfach als die größere Bedrohung wahrgenommen. Dies erklärt politisch das Heraufkommen des Neoliberalismus als einer Gesellschaftstheorie, die gegen den Reformismus ideologisch aufrüstet. Auf dieser Basis ist die scharfe Debatte zwischen dem keynesianischen und dem Hayek-Lager seit Ende der 20er Jahre zu verstehen.

III. Die neoliberale Gegenthese: Sich aus Gründen der Bewahrung der Freiheit der marktbestimmten gesellschaftlichen Evolution anvertrauen

Im Grundsatz geht es um folgende Frage: uneingeschränkte Autonomie für die Besitzer von Geld- und Realkapital mit der Folge ungenutzter wirtschaftlicher Ressourcen (einschließlich ungenutzter Arbeitskraft) - oder eingeschränkte Autonomie durch Verteilungspolitik und ihre Implikationen, dafür aber vollständiger Gebrauch der Ressourcen und Sozialstaat. Die Forderung nach uneingeschränkter Autonomie für die Vermögensbesitzer wird vom Neoliberalismus als Forderung nach allgemeiner Freiheit vertreten. Diese abstrakte allgemeine wirtschaftliche Freiheit bedeutet jedoch konkret recht unterschiedlich verteilte Freiheit, besonders, wenn - im Gegensatz zum Neoliberalismus - Freiheit auch als Freiheit von materieller Not, von Lebensrisiken wie Erwerbslosigkeit oder Armut im Alter verstanden wird.

Der Neoliberalismus muß demnach zwei Ziele verfolgen. Zum einen sind Staatsinterventionen als schädlich darzustellen. Da aber angesichts der fatalen marktwirtschaftlichen Ergebnisse in der Weltwirtschaftskrise (ab 1929) die Behauptung wenig glaubhaft gemacht werden konnte, daß Interventionen die Lage weiter verschlechtern würden, wurden im Grundsatz materielle Ergebnisse (so Freiheit von Not) nicht in Aussicht gestellt, sondern die große, die offene, die freie Gesellschaft, die allein das Überleben der Menschheit sicherstellen könne. (In der gegenwärtigen Lage stellt sich die neoliberale Argumentation etwas einfacher: Nun wird behauptet, daß die schlechte wirtschaftliche Lage die Folge der vorangegangenen Periode der Staatsintervention sei und daß bei »Befreiung der Märkte« jeder Tatkräftige seine materielle Lage verbessern könne.) Wenn Staatsintervention als schädlich dargestellt wird, dann ergibt sich daraus das zweite Ziel: diejenigen gesellschaftlichen Einrichtungen zu diskreditieren, die für Staatsintervention stehen, nämlich das Parlament und die Gewerkschaftsbewegung als kollektive Interessenvertretung.

Unter reformerisch-keynesianischen Bedingungen ist der Staat im Rahmen seiner Haushaltspolitik, bei der Ordnung des Geldwesens und in allen anderen Bereichen der Wirtschaftspolitik (bei besonderer Betonung der Verteilungspolitik) dem Ziel des Wohlfahrtstaates verpflichtet. Zugrunde liegt diesem Verständnis vom Zweck des Staates ein in diesem Sinne vernunftgeleiteter gesellschaftlicher Entwurf, den die moderne, partizipative Massendemokratie politisch zu verwirklichen hat.

Friedrich von Hayek formuliert die theoretischen Grundlagen gegen dieses reformerische Projekt seit den 30er Jahren; seine zweite österreichische Schule ist bestimmend für die weiteren Ausformungen des Neoliberalismus besonders in der Theorie der kollektiven Entscheidungen, der Theorie der Eigentumsrechte und der institutionellen Ökonomie. Für Hayek stellt das genannte reformerische Projekt einen »Mißbrauch der Vernunft« dar; die partizipative, moderne Massendemokratie ist »totale Demokratie«, die Verknüpfung beider ist der »Weg zur Knechtschaft«.

1. Grundpositionen des Neoliberalimus

Positiv formuliert läßt sich das Anliegen des Neoliberalismus unter folgenden Punkten zusammenfassen:

a) Maximierung der Bedürfnisbefriedigung oder Maximierung des Sozialprodukts ist nicht das Ziel einer freien Marktwirtschaft. – Eine kapitalistische Marktwirtschaft ist eine, wie Hayek dies nennt, »spontane Ordnung« oder »Katallaxie«, die nicht auf eine bestimmte Zielhierarchie ausgerichtet ist. Die spontane Ordnung ist keine zweckgerichtete Organisation: Die »Grundidee der Maximierung der Bedürfnisbefriedigung (oder Maximierung des Sozialprodukts) [ist] nur einer Einzelwirtschaft angemessen [...], nicht jedoch der spontanen Ordnung einer Katallaxie, die keine gemeinsamen konkreten Ziele hat.«[3]

b) Soziale Gerechtigkeit ist nicht definierbar. – »Es ist sinnlos, die Art und Weise, in der der Markt die Güter dieser Welt auf bestimmte Personen verteilt, gerecht oder ungerecht zu nennen. Begriffe wie gerechte Verteilung oder gerechter Lohn [...] haben keinerlei Sinn in einer Katallaxie oder spontanen Ordnung, die solch ein gemeinsames Zielsystem ihrem Wesen nach nicht haben kann [...] Alle Bestrebun-

3 F. Hayek: Grundsätze einer liberalen Gesellschaftsordnung, Ordo 1967, S. 11–33, hier zitiert nach F. Hayek: Freiburger Studien, Gesammelte Aufsätze von F. A. von Hayek, Tübingen 1969, S. 121. In den Grundsätzen ist die neoliberale Position sehr klar und knapp zusammengefaßt. Bei den Grundsätzen handelt es sich um ein Referat, das Hayek im September 1966 auf einer Sondertagung der Mont Pèlerin-Gesellschaft in Tokyo vorgetragen hat.

gen, eine ›gerechte‹ Verteilung sicherzustellen, müssen darum darauf gerichtet sein, die spontane Ordnung des Marktes in ›eine totalitäre Ordnung‹ umzuwandeln.«[4]

c) Sozialstaatlichkeit wird durch institutionalisierte Armenpflege abgelöst. – »Es gibt natürlich keinen Grund, warum eine Gesellschaft, die so reich ist wie die moderne, nicht außerhalb des Marktes für diejenigen, die am Markt unter einen gewissen Standard fallen, ein Minimum an Sicherheit vorsehen sollte [...]. Gerechtigkeitsüberlegungen [geben] keine Rechtfertigung für eine ›Korrektur‹ des Marktergebnisses«[5] ab.

d) Wettbewerbsbeschränkungen durch Unternehmensmonopole sind weitgehend durch die Regierungen verursacht und vergleichsweise unschädlich. – Zur Gewährleistung des Wettbewerbs soll »hinsichtlich der Unternehmer [...] zunächst betont werden, daß es wichtiger ist, daß die Regierung sich jeglicher Unterstützung von Monopolen enthält, als daß sie sie bekämpft. Daß die Marktordnung heute nur für einen Teil der wirtschaftlichen Aktivität der Menschen gilt, ist weitgehend das Ergebnis bewußter Wettbewerbsbeschränkungen seitens der Regierung.«[6]

e) Die gravierendsten Wettbewerbsbeschränkungen gehen von den Gewerkschaften aus. – »Monopolistische Praktiken, die heute das Funktionieren des Marktes bedrohen, sind seitens der Arbeiter viel gravierender als seitens der Unternehmer, und ob es uns gelingt, diese wieder zu beschränken, wird für die Erhaltung der Marktordnung entscheidender sein als irgend etwas sonst.«[7]

f) Die Verfolgung individueller Ziele ist der einzige gesellschaftliche Zweck der Wirtschaft. – Der Zweck der spontanen Ordnung für den einzelnen ist eine Form von individueller Selbstverwirklichung unter den in a) bis e) genannten Bedingungen. Den Mitgliedern einer in dieser Weise freien Gesellschaft ist erlaubt, »ihre Mittel und Kenntnisse für ihre persönlichen Zwecke einzusetzen«.[8] Der gesellschaftliche Zweck der spontanen Ordnung ist eine »abstrakte Ordnung, die als Ganzes nicht an irgendwelchen – konkreten – Zielen orientiert ist, sondern lediglich jedem zufällig herausgegriffenen Individuum die be-

4 F. Hayek: Grundsätze einer liberalen Gesellschaftsordnung, a. a. O., S. 119.
5 Ebenda, S. 123.
6 Ebenda.
7 Ebenda, S. 125.
8 Ebenda, S. 123.

ste Chance bietet, seine Kenntnisse erfolgreich für seine persönlichen Zwecke zu nutzen. [...] Gemeinwohl oder öffentliches Interesse in einer freien Gesellschaft sind [in dieser Weise, H. S.] definiert.«

g) Die Kohäsion der Gesellschaft folgt aus der Gewährleistung der Eigentumsverhältnisse. – Die spontane Ordnung bezieht ihre gesellschaftliche Festigkeit als »abstrakte Ordnung« aus der allgemeinen Befolgung bestimmter allgemeingültiger Verhaltensregeln. Diese Verhaltensregeln sind negativ im Sinne von Verboten. Sie untersagen den Eingriff in die geschützte Sphäre anderer Menschen, die als Eigentum des Menschen verstanden wird. Dies schließt den Anspruch auf Unversehrtheit der Person ein, das uneingeschränkte Verfügungsrecht über das Eigentum (Vertragsfreiheit) und die Gewährleistung von Ansprüchen und Erwartungen, die mit diesem Eigentum verknüpft sind. Hierunter ist der Anspruch zu verstehen, das Eigentum durch wirtschaftliche Aktivität zu vergrößern, oder die Erwartung, daß der Staat die Erfüllung privater Verträge erzwingt. »Die Zwangsmaßnahmen der Regierung [sollen] auf die Durchsetzung dieser allgemeingültigen Verhaltensregeln beschränkt werden.«[9]

h) Die Kompetenzen des Parlamentes sind zu beschneiden. – Eine partizipative Massendemokratie zielt ab auf die Schaffung eines Wohlfahrtsstaates, d. h. auf die Herstellung gleicher Lebenschancen für alle Bürger. Ein solcher »Egalitarismus«, wie Hayek dies nennt, ist »freilich nicht die Ansicht der Mehrheit, sondern das Ergebnis davon, daß es in einer unbeschränkten Demokratie notwendig ist, die Unterstützung auch der Schlechtesten zu gewinnen.«[10] Folglich sind die Kompetenzen des Parlaments so einzuschränken, daß der von den Schlechtesten angestrebte Egalitarismus als institutioneller Zugriff auf das Privateigentum unterbunden, ihre Position als Mehrheitsbeschaffer unbedeutend wird. Demokratische Institutionen müssen durch den Rechtsstaat im Zaum gehalten werden, damit sie nicht in eine »totalitäre Demokratie« oder sogar in eine »plebiszitäre Diktatur«[11] ausarten. »Liberalismus ist also unvereinbar mit unbeschränkter Demokratie.« Der Regierung sind »fest abgegrenzte Mittel« zuzuteilen,

---

9 Ebenda, S. 110.

10 F. Hayek: Recht, Gesetzgebung und Freiheit, Bd. 3, Landsberg am Lech 1981, S. 231.

11 F. Hayek: Liberalismus, Walter-Eucken-Institut. Vorträge und Aufsätze, Tübingen 1979, S. 35.

mit denen die unumgänglichen öffentlichen Aufgaben erfüllt werden. Das Parlament entscheidet dann nicht mehr über die Höhe des Budgets und die Art der öffentlichen Aufgaben, sondern nur noch über die Einzelmaßnahmen bei der Durchführung zugewiesener Aufgaben. Die Gesetze dagegen, d. h. die Ausformulierung der allgemeinen Verhaltensregeln (Eigentumsrechte im einzelnen), und in diesem Kontext die Höhe des Budgets und die konkreten staatlichen Aufgaben sind von einer vom Parlament getrennten Einrichtung zu beschließen, die von den »schwankenden Moden und Leidenschaften einer wandelbaren Masse«[12] unabhängig ist.

2. Hayeks Evolutionstheorie: die Garantie der Zivilisation, die Rolle des Staates, die Gefahren der »totalen Demokratie«

Der wesentliche *politische* Gehalt des Neoliberalismus ist in diesen acht Punkten zusammengefaßt. Damit ist allerdings zur theoretischen Begründung noch nichts ausgesagt. Warum darf im Verständnis des Neoliberalismus - dies ist die Frage - die kapitalistische Marktwirtschaft kein konkretes Ziel haben? Warum darf sie weder soziale Gerechtigkeit noch Maximierung der Produktion oder der Beschäftigung wollen und warum keine effizienten Gewerkschaften und kein Parlament haben, das befugt ist, in den Wirtschaftsprozeß einzugreifen?

Ausgangspunkt für diese Einschränkungen ist Hayeks Evolutionstheorie, die für die gesamte weitere neoliberale Theoriebildung grundlegend ist.

Eine vorzeitliche Horde war, so Hayek, eine zweckgerichtete Organisation, die bestimmten angeborenen Regeln folgte. In dieser »face-to-face society« wurden konkrete Ziele verfolgt, so die Maximierung der Jagdbeute oder die Versorgung der nicht mehr Arbeitsfähigen. Die Gesellschaft konnte allerdings nicht auf dieser Entwicklungsstufe stehen bleiben. Die kulturelle Evolution hat in der Vorstellung Hayeks diesen Stillstand verhindert. »Die meisten Schritte in der kulturellen Evolution wurden nur dadurch möglich, daß einige Individuen einige der traditionellen Regeln durchbrachen und neue Verhaltensformen praktizierten, nicht weil sie erkannten, daß diese besser

12 F. Hayek: Wohin zieht die Demokratie?, in: Drei Vorlesungen über Demokratie, Gerechtigkeit und Sozialismus, Walter-Eucken-Institut, Vorträge und Aufsätze, Tübingen 1977, S. 18 f.

waren, sondern weil es den Gruppen, die danach handelten, besser als den anderen erging, und sie deshalb wuchsen.«[13]

Bei dieser Selektion werden diejenigen Gruppen begünstigt, die solche Regeln adaptieren (durch Versuch, Irrtum und unreflektierte Nachahmung der Erfolgreichen), mit deren Hilfe das auf eine große Anzahl von Gesellschaftsmitgliedern verstreute Wissen und deren Aktivitäten so koordiniert werden, daß die Gesellschaft ihre Überlebenswahrscheinlichkeit maximiert. In diesem Evolutionsprozeß ändert sich die Natur der Regeln: Sie werden abstrakter. »Die bedeutendste Veränderung, die der Mensch immer noch nur zum Teil verdaut hat, kam mit dem Übergang von einer ›face-to-face society‹ zu dem, was Sir Karl Popper zutreffend die abstrakte Gesellschaft genannt hat: eine Gesellschaft, in der nicht länger die bekannten Bedürfnisse bekannter Menschen, sondern nur abstrakte Regeln und unpersönliche Signale das Handeln gegenüber Fremden bestimmen.«[14]

Das Ergebnis dieser Evolution ist Kapitalismus (Marktwirtschaft mit den dazugehörigen Eigentumsverhältnissen und Wettbewerb), d. h. die spontane Ordnung. Entscheidend für ihr Funktionieren ist freier, uneingeschränkter Wettbewerb. Dieser ist der in der Evolution historisch entstandene, am meisten entwickelte Weg zur Lösung des großen Problems, wie alle von den vereinzelten Kenntnissen profitieren können, die auf eine sehr große Anzahl von Personen verstreut sind. Wettbewerb ist der Entdeckungsprozeß dieser Kenntnisse, der Markt mit der Aussicht auf Gewinn das gesellschaftliche Koordinationsinstrument. Markt und Wettbewerb werden demnach für Selektion und folglich Evolution entscheidend, denn hier wird das mit Einkommen prämiert, was wertvoll und brauchbar ist. (Von bestimmten unglücklichen Zufällen ist zu abstrahieren.) Folglich ist in der Regel sichergestellt, daß das Einkommen der Leistung entspricht, die für die Gesellschaft – besonders in einem dynamischen Entwicklungssinn – erbracht wird.

Die Behinderung des Wettbewerbs durch Monopole muß sich demnach ungünstig auf den ganzen Evolutionsprozeß auswirken. Deswegen sind die Gewerkschaften als Mittel der Monopolisierung des Arbeitsangebots abzulehnen – und ebenfalls jede Forderung nach sozialer Gerechtigkeit. Denn die Sitten der Marktwirtschaft, der

13 F. Hayek: Recht, Gesetzgebung und Freiheit, Bd.3, Landsberg am Lech 1981, S. 218.
14 Ebenda, S. 219.

spontanen Ordnung »brachten es mit sich, [... den] bekannten bedürftigen Nachbarn das vorzuenthalten, wessen sie u. U. bedurften, um statt dessen den unbekannten Bedürfnissen vieler Tausender unbekannter Menschen zu dienen. Finanzieller Gewinn statt Verfolgung eines allgemeinen bekannten Zieles wurde nicht nur die Grundlage für die Anerkennung durch andere, sondern auch der Grund für die Zunahme allgemeinen Wohlstands«.[15] Ein gesellschaftliches Vorhaben, das wieder darauf abzielt, die Not »bekannter bedürftiger Nachbarn« konkret zielgerichtet zu beheben, ist nach Hayek »das Wiederauftauchen unterdrückter ursprünglicher Instinkte«[16] und deswegen der Versuch der evolutorischen Rückwärtsentwicklung. Unter diesem Aspekt ist die Vorstellung von Solidarität, die Gewerkschaften hervorbringen könnte, die Forderung nach sozialer Gerechtigkeit oder gerechter Entlohnung, zu beurteilen. Die Unterdrückung dieser Instinkte und die disziplinierte Unterwerfung unter die abstrakten Regeln der Marktwirtschaft können allein das erreichte Niveau aufrechterhalten bzw. die Fortentwicklung der Gesellschaft sichern. Der so jeweils erreichte neue Stand bringt immer auch eine neue Disziplin mit sich. »Der Mensch wurde gegen seinen Willen zivilisiert. Die Zivilisation war der Preis, den er für die Fähigkeit zahlen mußte, eine größere Kinderschar aufzuziehen.«[17]

Der Kapitalismus hat sich laut Hayek nicht herausgebildet, damit er den Wohlstand mehrt; vielmehr ist er Ergebnis der Evolution, weil er Wohlstand mit sich brachte, und er konnte das Ergebnis der Evolution sein, weil die Mitglieder der Gesellschaft sich an die abstrakten Regeln hielten. Bei den abstrakten Regeln handelt es sich um allgemeine Verhaltensregeln, die sämtlich ausdrücklich die uneingeschränkte Garantie des Privateigentums bezwecken und damit ein uneingeschränktes Eigentumsrecht. Würde man dem Kapitalismus konkrete Ziele vorschreiben, was ja in der politischen Praxis darauf hinauslaufen müßte, das persönliche freie Verfügungsrecht über das individuelle private Eigentum einzuschränken (Produktionsgebote oder Verteilungspolitik wären solche Eingriffe), dann würden diese konkreten Zielvorgaben das Befolgen der abstrakten Verhaltensregeln unmöglich machen und den Kapitalismus selber gefährden.

15 Ebenda, S. 223.
16 Ebenda.
17 Ebenda, S. 227.

Wohlstandsvermehrung ist im Kapitalismus also nicht Zweck, sondern eine Art Dreingabe. Dies in Analogie zu Hayeks Vorstellung, daß »aus purem Mißtrauen gegen die Herrscher« sich die Beschränkung der Staatsgewalt in England historisch ergeben und man im nachhinein beobachtet habe, daß die größeren politischen Freiheiten eine »vorher nicht dagewesene materielle Blüte«[18] hervorgebracht hätten. Dieses Konstrukt einer nicht zweckorientierten Ordnung, die zwar nicht allgemeinen Wohlstand vorsätzlich anzielt, ihn aber dennoch realisiert und sich deswegen in der Evolution durchsetzt, ist künstlich. Denn schließlich entscheidet in diesem Sinne wirtschaftliche Effizienz ja doch darüber, ob die Ordnung allgemein angenommen wird bzw. ob sie sich durchsetzt. Für den Neoliberalismus allerdings ist diese Differenzierung sehr wichtig: Der Kapitalismus ist von vornherein entschuldigt, wenn er keinen allgemeinen Wohlstand realisiert, denn das, was die Evolution hervorgebracht hat, besitzt keine reale Alternative. Das materielle Ergebnis dieser Ordnung ist das bestmögliche, weil sich diese Ordnung entwickelt hat, nicht aber, weil sie im Test gegenüber anderen Ordnungen überlegen wäre. Überlegen ist sie nur deswegen, weil sie die weitere Entwicklung gewährleistet. Daher ist auch jeder politische Entwurf, der bei Verfehlen des Wohlstandszieles diesen Wohlstand realisieren möchte, nicht zulässig. Hayek wendet sich sehr entschieden gegen solchen Konstruktivismus, wie er dies nennt, und denunziert Bemühungen dieser Art als »Mißbrauch der Vernunft«.[19] Auf der Basis dieser Überlegungen können Ziele wie »soziale Gerechtigkeit« oder »Sozialstaat« als unvereinbar mit dem Ergebnis der Evolution und als Hindernis für weitere Evolution abgelehnt werden.

Im Kontext dieser kulturellen Evolution ist ebenfalls die Funktion des Staates und des Parlamentes bestimmt. Die spontane Ordnung kann – wie dargestellt – nicht auf ein konkretes Ziel ausgerichtet sein; dies ist der Organisation (d.h. der Wirtschaft im engeren Sinne) vorbehalten. Bei einer Organisation handelt es sich beispielsweise um ein Wirtschaftsunternehmen, dessen konkretes Ziel das Erwirtschaften von Gewinn ist. Der Staat muß eine doppelte Aufgabe wahrnehmen: Er muß zum einen die allgemeinen Verhaltensregeln erzwingen und

18 F. Hayek: Grundsätze ... a.a.O., S. 109.

19 F. Hayek: Mißbrauch und Verfall der Vernunft. Ein Fragment, Frankfurt a.M. 1959.

damit die spontane Ordnung gewährleisten. In dieser Funktion des Garanten ist der Staat Element der spontanen Ordnung. Zum anderen besteht die Aufgabe des Staates darin, Leistungen zu erbringen, »die aus verschiedenen Gründen von den spontanen Ordnungskräften des Marktes entweder gar nicht oder nur unvollkommen geboten werden«. Deshalb hält es der Neoliberalismus für wünschenswert, »der Regierung fest abgegrenzte Mittel zu übertragen, mit deren Hilfe sie derartige Leistungen für die Gesamtheit der Bürger erstellen kann.«[20] Bei diesen letztgenannten Leistungen soll die Regierung weder die völlige Durchsetzungsgewalt noch ein Monopol haben, »jedoch über einen breiten Ermessensspielraum bei der Verwendung der materiellen Mittel«[21] verfügen.

Die Aufgabe des Parlamentes in diesem Kontext kann die von Hayek skizzierte Verfassungsreform verdeutlichen: Eine gesetzgebende Versammlung – das aktive und passive Wahlrecht steht nur Personen zu, die älter als 45 Jahre sind, es handelt sich in dieser Versammlung um »Männer und Frauen, die die Probleme in längerer Sicht betrachten und nicht von den schwankenden Moden und Leidenschaften einer wandelbaren Masse abhängig sind«,[22] die betreffenden Personen werden auf 15 Jahre gewählt, und pro Jahr wird ein Fünftel von ihnen neu gewählt – befaßt sich in letzter Instanz mit der Ausformulierung der allgemeinen Verhaltensregeln. Die Gesetze dieser Versammlung haben Verfassungscharakter. Das Recht (d.h. die allgemeinen Verhaltensregeln im Sinne der Gewährleistung des Privateigentums und der privaten Vertragsfreiheit) ist in dieser Weise dem Zugriff einer wandelbaren Masse entzogen. Das Ergebnis ist eine doppelte Disziplinierung der Massen durch Markt und Meinungsführerschaft mit dem Ziel, sie zur Akzeptanz ihrer benachteiligten Position in Wirtschaft und Gesellschaft zu bewegen oder zu zwingen.[23]

---

20 F. Hayek: Grundsätze ..., a.a.O., S. 113 (Infrastrukturinvestitionen sind für diese Leistungen ein Beispiel; ebenfalls Sozialausgaben).

21 Ebenda.

22 F. Hayek: Wohin zieht die Demokratie?, a.a.O., S. 18f.

23 S. Blankenburg: Neoliberalismus oder »Neue politische Ökonomie«. Theoretische Grundlagen des Rechtsextremismus, Arbeitspapier, Hamburg 1994. – W. Röpke charakterisiert das anzustrebende Ziel in ähnlicher Weise, nachdem er zunächst die Vermassung und Verklumpung, die Zentralisierung und Bürokratisierung beklagt hat: »Dies aber weist in manchen Ländern auf den gefahrenreichen, aber auf die Dauer kaum zu umgehenden Weg von Verfasungsreformen, die den ehrlicherweise nicht zu leugnenden Gefahren des allgemeinen Wahlrechtes entgegenwirken und ei-

Die Kompetenz des Parlamentes erstreckt sich nur noch auf das, was ihm die Gesetzgebende Versammlung auf der Grundlage der von ihr erkannten allgemeinen Regeln an Aufgaben zuweist.

So wird der Souverän Volk gebändigt. Unter der weisen Führung gewählter moralischer Autoritäten kann sich nun das freie Spiel des Marktes ohne jede Gefahr der Verzerrung und Korrektur des Spielausgangs durch die Intervention des Parlamentes (und der organisierten Interessen, die es durchdringen) ungestört entfalten.[24]

3. Autoritärer Staat und autoritäre Gesellschaft: die Implikationen des neoliberalen Systems

Der Neoliberalismus ersetzt die Sozialstaatlichkeit und damit den Anspruch einer umfassenden Daseinsvorsorge des Staates für seine Bürger durch institutionalisierte Armenpflege, denn soziale Gerechtigkeit oder Maximierung der Bedürfnisbefriedigung sind keine mit der spontanen Ordnung kompatiblen Zwecke. Der Zugang zu beruflicher Qualifikation und Bildung, das Recht auf Erwerbsarbeit, die Garantie von angemessenem Wohnraum, der umfassende Schutz vor Lebensrisiken allgemein entfällt. Es gibt weder eine Korrektur der volkswirtschaftlichen Verteilung durch die Gesetzgebung des Parlamentes noch parlamentarische Eingriffe in den Marktablauf allgemein. Kollektive Interessenvertretung durch die Gewerkschaften findet nicht mehr statt. Eine zwangsläufige Folge ist die beschleunigte Konzentration von Einkommen und Vermögen.

Die Konzentration von Einkommen und Vermögen, die Reduzierung der Kompetenzen des Parlamentes, das Fehlen einer kollektiven Interessenvertretung und damit die Beseitigung jeder sozialstaatlichen Daseinsvorsorge wird die Gesellschaft verstärkt polarisieren. Folglich ergibt sich die Gefahr, daß die allgemeinen Verhaltensregeln insgesamt von den Benachteiligten in Frage gestellt werden, daß sie soziale Gerechtigkeit, Gleichheit (Egalitarismus, wie Hayek dies nennt) fordern. Dies aber kann im Sinne des Neoliberalismus nicht zugelassen werden. Zunächst, weil die geschützte Sphäre anderer Menschen (genauer: der Vermögenden) hierdurch gefährdet würde, grundsätzlich

ne wirkliche Regierung der Verantwortlichen ermöglichen« (W. Röpke: Civitas Humana, Erlenbach/Zürich 1946, S. 188). An anderer Stelle spricht Röpke von einer »Nobilitas Naturalis« , die die Staatsgeschäfte im wesentlichen lenken soll.

24 S. Blankenburg: Neoliberalismus ..., a. a. O., S. 89.

aber im Verständnis des Neoliberalismus besonders deswegen, weil diese Regeln sich in einem »Siebungsvorgang«,[25] einer Selektion, als die überlegenen Regeln bei der Organisation der Gesellschaft erwiesen haben. Das Aufgeben dieser erfolggarantierenden Regeln ist die Auflösung der Gesellschaft. Hayek schreibt hierzu:

»Die große Veränderung, aus der eine Gesellschaftsordnung hervorging, die in zunehmendem Maße für den Menschen unverständlich wurde und für deren Erhaltung er sich erlernten Regeln unterwerfen mußte, die häufig seinen angeborenen Instinkten zuwiderliefen, war der Übergang von der face-to-face society oder zumindest von Gruppen, deren Mitglieder einander bekannt waren, zur offenen abstrakten Gesellschaft, die nicht länger durch gemeinsame konkrete Ziele, sondern nur durch den Gehorsam gegenüber denselben abstrakten Regeln zusammengehalten wurde«.[26] »Der Mensch wurde gegen seinen Willen zivilisiert.«[27] »Gerade dadurch, daß die Menschen sich früher den unpersönlichen Kräften des Marktes unterworfen haben, ist die Entwicklung der Kultur möglich gewesen [...] Der springende Punkt ist, daß es unendlich viel schwerer ist, logisch zu erfassen, warum wir uns Kräften, deren Wirkungen wir nicht im einzelnen verfolgen können, unterwerfen müssen, als dies zu tun aus demütiger Ehrfurcht, die die Religion oder auch nur die Achtung vor den Lehren der Nationalökonomie einflößte.«[28]

Unterwerfung, Disziplin und Gehorsam hinsichtlich der abstrakten Regeln (der allgemeinen Verhaltensregeln, d.h. der Eigentumsverhältnisse) sind daher Bejahung der Zivilisation. Sie sind das moralische Korsett dieser offenen, abstrakten Gesellschaft.

Da – so Hayek – nur diese Gesellschaft in der Lage ist, eine Wirtschaft zu organisieren, die das Überleben der Menschen sichern kann, ist Unterwerfung unter die allgemeinen Verhaltensregeln letztlich die Bedingung für die biologische Existenz der Menschen. Dies rechtfertigt Zwangsmaßnahmen der Regierung zur Durchsetzung dieser Regeln. Auch wenn diese Zwangsmaßnahmen des Staates hierauf beschränkt sein sollen, was vordergründig auf sehr eingeschränkte Kompetenzen des Staates und auf viel Freiheit schließen ließe, so ist

25 F. Hayek: Recht, Gesetzgebung und Freiheit, Bd. 3, a.a.O., S. 212.
26 Ebenda, S. 221 f.
27 Ebenda, S. 227.
28 F. Hayek: Der Weg zur Knechtschaft, München 1991, S. 254; 1. Auflage: The Road to Serfdom, Chicago 1944.

dieser schlanke Staat tatsächlich ein zutiefst autoritärer Staat. Es überrascht deswegen nicht, wenn die von Hayek so benannte liberale Gesellschaftsordnung das Leitbild der gegenwärtig führenden rechtsextremen Parteien darstellt.

Wenn die Verhaltensregeln allgemein akzeptiert sind oder durch staatlichen Zwang durchgesetzt werden, dann ist auch Tocquevilles Befürchtungen die Grundlage entzogen, daß in einem parlamentarischen System die Armen (und wirtschaftlich Unfähigen) sich durch Mehrheiten und Gesetzgebung das aneignen könnten, was ihnen in der Wettbewerbsordnung wegen ihrer Ineffektivität nicht zusteht. Gleichheit in einer parlamentarischen Demokratie hat Hayek zufolge weitreichende Folgen: »In einer Kultur, die sich durch Gruppenselektion gebildet hat, muß die Auferlegung des Egalitarismus jede weitere Evolution zum Stillstand bringen. Egalitarismus ist freilich nicht die Ansicht einer Mehrheit, sondern das Ergebnis davon, daß es in einer unbeschränkten Demokratie notwendig ist, die Unterstützung auch der Schlechtesten zu gewinnen«.[29] Die Demokratie und damit der Staat wird zum Gefangenen der Schlechtesten, besonders, wenn diese als wohlorganisierte Interessenvertretung ihre Möglichkeiten wahrnehmen.

Das grundlegend Falsche im Hayekschen Ansatz zur Verteilungsfrage besteht darin, daß im Verteilungskonflikt nicht die wirtschaftlich Unfähigen den Fähigen etwas abjagen; der Konflikt besteht vielmehr darin, daß sich die Besitzer der Produktionsmittel aufgrund ihrer gesellschaftlichen Position etwas aneignen, was sie nicht erzeugt haben, und mehr noch, daß sie sich einen Teil der Produktion aneignen, ohne ihn für Investitionen verwenden zu wollen, so daß schließlich als Folge unzureichender Nachfrage wirtschaftliche Hilfsmittel ungenutzt bleiben, Produktion und Einkommen nicht entstehen. Es geht beim Verteilungskonflikt also um die Disfunktionalität eines rein marktlichen Aneignungsschemas. Die Verteilung durch den Markt führt zu allgemeinen Wohlstandsverlusten. Indem der Keynesianismus eben dies behauptet, muß er von den Neoliberalen denunziert werden.

Es soll nicht unerwähnt bleiben, daß Hayeks Evolutionstheorie einen subtilen Rassismus einschließt. Hayek führt aus: »Für die Wissenschaft der Anthropologie mögen alle Kulturen [...] gleich gut sein,

29 F. Hayek: Grundsätze ..., a. a. O., S. 131.

aber zur Aufrechterhaltung unserer Gesellschaftsordnung müssen wir die anderen als weniger gut ansehen«.[30] Die kulturelle Evolution als (so Hayek) zureichende Bedingung für Fortschritt könnte aufgehalten werden, wenn sich Kulturen mit anderen Entwicklungswegen zu stark einmischen. Diese von Hayek ausdrücklich angestellte Überlegung wird von den Rechtsextremen aufgegriffen, um ihre Position zur Zuwanderung von Ausländern kulturrassistisch zu rechtfertigen. Hilfe bietet dabei Hayeks Bemerkung in einem Interview mit der Wirtschaftswoche (1991): »Gegen die Überbevölkerung gibt es nur eine Bremse, nämlich daß sich nur die Völker erhalten und vermehren, die sich auch selbst ernähren können.« Geeignete Anknüpfungspunkte für die Haltung der rechtsextremen Parteien ergeben sich ebenfalls aus der Theorie der Eigentumsverhältnisse (Demsetz, Alchian). Überlebt haben nur die Kulturen und Völkerschaften, die - so das Argument - die überlegenen, d. h. privaten Eigentumsverhältnisse haben.

4. Zusammenfassung

Der Grundgedanke der neoliberalen Theorie läßt sich sehr einfach zusammenfassen: Die kapitalistische Zivilisation sichert das Überleben der Menschheit. Diese Zivilisation ist nur durch Beachtung bestimmter abstrakter, allgemeiner Verhaltensregeln aufrechtzuerhalten, d. h. durch Anerkennung des Privateigentums und der uneingeschränkten Verfügungsautonomie für die Eigentümer. Der »finanzielle Gewinn«, der Reichtum, ist nicht nur zu tolerieren: Weil er »die Grundlage für die Anerkennung durch andere« ist, spornt er als sichtbarer Erfolg, »als unpersönliches Signal« zum Nacheifern an und hält damit den Prozeß der Evolution überhaupt in Gang. Zivilisation läßt sich nicht aufrechterhalten, wenn diejenigen Anerkennung finden, die zur Nachahmung nicht bereit sind (»den Kodex durchbrechen«), oder wenn denjenigen die Anerkennung verweigert wird, die das unpersönliche Signal des finanziellen Gewinns aussenden.

Gruppen, die im Sinne des Egalitarismus soziale Gerechtigkeit fordern und hierfür das Parlament einsetzen oder sich in Gewerkschaften zusammenschließen, Gruppen also, die sich letztlich »nicht der Disziplin unterwerfen, der wir den (zivilisationsbedingten) Reichtum

30 F. Hayek: Recht, Gesetzgebung und Freiheit, a. a. O., S. 232.

verdanken«, verbiegen oder hindern die Evolution oder machen sie rückgängig. Dies kann im allgemeinen Interesse der Zivilisation (und damit im Interesse des Überlebens der Menschheit) nicht zugelassen werden. Deswegen ist der Staat legitimiert, hier Zwangsmaßnahmen zu gebrauchen. (Im einzelnen regelt dies die Gesetzgebende Versammlung.)

Da der herkömmliche Parlamentarismus auf die Unterstützung der Schlechtesten angewiesen ist - das sind die wirtschaftlich Erfolglosen und/oder diejenigen, die sich der genannten Disziplin nicht unterwerfen -, ist das Parlament weitgehend zu entmachten. Wer demnach unter dem Vorwand, soziale Gerechtigkeit, Chancengleichheit, Sozialstaat allgemein verwirklichen zu wollen, die Autonomie der Eigentümer in Frage stellt, handelt zivilisationswidrig und muß notwendigerweise das Objekt staatlicher Zwangsmaßnahmen sein. Der Neoliberalismus verspricht zwar Freiheit und Nicht-Einmischung des Staates. Tatsächlich aber handelt es sich um ein Konzept, das den autoritären Staat legitimiert. Neoliberalismus bedeutet das Ende von Volkssouveränität, von gleichem und allgemeinem Wahlrecht, von wirklicher Demokratie. Neoliberalismus, das stellt Hayek in vielen seiner Arbeiten klar, ist der erklärte Gegner der europäischen Aufklärung, wie sie etwa von Spinoza, Descartes, Voltaire oder Rousseau begründet wurde.[31]

Der Rationalismus und Konstruktivismus der europäischen Aufklärung - so Hayek - zielt im Rahmen eines gesellschaftlichen Entwurfes darauf ab, »die Kräfte der Gesellschaft in derselben Weise zu beherrschen, wie dies bei der Beherrschung der Kräfte der Natur gelungen ist [...] Dieser Weg führt nicht nur zum Totalitarismus, sondern auch zur Vernichtung unserer Kultur und mit Sicherheit zur Verhinderung des Fortschritts in der Zukunft«.[32]

Intellektuelle Beschränkung, Unterwerfung unter die Marktergeb-

31 Diese Richtung ist für Hayek eine »rationalistische oder konstruktivistische Sicht, die eine bewußte Konstruktion der gesamten Gesellschaft auf der Grundlage der Vernunft fordert. Diese Richtung kam aus der neuen Philosophie des Rationalismus, die hauptsächlich René Descartes (aber auch Thomas Hobbes in England) entwickelte und die ihre größte Bedeutung im 18. Jahrhundert durch die Philosophen der französischen Aufkärung erlangte. Voltaire und J. J. Rousseau waren die beiden einflußreichsten Vertreter dieser Richtung, die in der französischen Revolution gipfelte und von der sich die kontinentale oder konstruktivistische Art des Liberalismus herleitet« (F. Hayek: Liberalismus, a. a. O., S. 6).

32 F. Hayek: Der Weg zur Knechtschaft, a. a. O., S. 254.

nisse und eine Lebensführung in Demut, dies ist das neoliberale Ziel. Es läßt nichts Gutes hoffen, daß der Neoliberalismus mit seiner Feindseligkeit gegenüber einem effizienten, allgemeinen und gleichen Wahlrecht, gegenüber einem kompetenten Parlament, gegenüber den Gewerkschaften als kollektiver Interessenvertretung mehrheitlich an den wirtschaftswissenschaftlichen Fakultäten gelehrt wird - und wenn überdies im politischen Bereich (die Sozialdemokratie eingeschlossen) sich zunehmend die Vorstellungen der Neoliberalen durchsetzen.

Raimund Hethey

Denkfabriken der Reichen - Wo imperialistische Politik legitimiert wird

Denkfabriken? Wir wollen sie so nennen - wenngleich die »Carl Friedrich von Siemens-Stiftung«, das »Studienzentrum Weikersheim« und ähnliche Einrichtungen in Villen oder Schlössern sitzen, die keine Ähnlichkeit mit einer Fabrik haben. Auch stellt man sich unter einer Fabrik vor, daß dort viel Nützliches produziert wird. Das wollen wir diesen Einrichtungen keinesfalls nachsagen. Und doch hat der Begriff »Denkfabriken« etwas für sich. Sie stoßen aus, was bei ihnen entworfen, diskutiert und für die politische Praxis bearbeitet wurde. Dafür suchen und finden sie Absatz. Typische Erzeugnisse sind Konzepte für die »Innere Sicherheit«, für eine »Geschichtsrevision« oder für ein »Großdeutschland«. Nicht hergestellt werden dort hingegen Konzepte gegen die zunehmende Zahl von Langzeitarbeitslosen, SozialhilfeempfängerInnen, Wohnungslosen, gegen den stetigen Prozeß der Verarmung, gegen das materielle Elend, in dem vor allem immer mehr Kinder aufwachsen müssen. An dieser Entwicklung interessiert sie nur eins: wie mit pseudo-wissenschaftlichen Elite-Theorien die Herrschaft gegen die Armen gesichert werden kann. Dafür sind sie zuständig.

Auf den ersten Blick können die Angebote solcher Denkfabriken fast ausgewogen erscheinen, wie beispielsweise Anfang 1995 das Angebot der CSU-nahen »Hanns-Seidel-Stiftung«, die zwei Seminare zum Thema Extremismus veranstaltete. Beim ersten über »Rechtsextremismus« lautete der Grundtenor, daß »alles halb so schlimm« sei. Was sich da tummele, seien alles nur Einzeltäter, Idioten, Spinner. Die Demokratie könne eine Schar von 3 000 Neonazis locker aushalten. Für Erregtheit sorgte wenige Wochen später im selben Seminarraum das Thema »Linksextremismus«. Da spürte man eine Bedrohung, auf die mit dem zügigen Ausbau der Herrschaftsinstrumente zu reagieren sei.

Die Denkfabriken sind in der Regel »Stiftungen« oder »gemeinnützige Vereine«, die auf Millionenbeträge von Staat und Wirtschaft zurückgreifen. Medienkonzerne unterstützen sie bei der Verbreitung von Ideologie und Propaganda. Auf sicherer ökonomischer Basis entfalten sie kulturelle Hegemonie.

Betrachten wir die beiden genannten Einrichtungen etwas genauer, zunächst die »Carl Friedrich von Siemens-Stiftung«. Seit 1961 fördert sie hauptsächlich konservatives und faschistoides Gedankengut. Sie pflegt das Erbe solcher Vordenker des deutschen Faschismus wie Carl Schmitt oder Ernst Jünger. Als Geschäftsführer wirkte jahrelang Jüngers früherer Assistent Armin Mohler. Sein Nachfolger wurde Heinrich Meier, der in seiner Jugend das Neonazi-Blatt »Im Brennpunkt« ediert hatte.

Bei Durchsicht der von Mohler herausgegebenen Dokumentation »25 Jahre Carl Friedrich von Siemens-Stiftung«, fand Peter Kratz[1] heraus, daß »die Siemens-Stiftung seit dem Beginn der 60er Jahre alle Komponenten des ›faustischen Menschen‹ darstellen und behandeln ließ, daß immer die neuesten wissenschaftlichen Ergebnisse und Anschauungen auf ihre Brauchbarkeit für eine Reform der altrechten Ideologie abgeklopft wurden [...] Von den jeweils konkreten Anknüpfungspunkten abstrahiert und auf die Ebene des Wesentlichen gebracht, erscheint Mohlers Auflistung wie ein moderner Querschnitt durch die Themen von Chamberlains ›Grundlagen des 19. Jahrhunderts‹. Es findet sich in der Siemens-Stiftung die Diskussion von Elite-Konzeptionen, die Darstellung neuheidnischer ›Heils‹-Wege wie Ok-

1 R. Hethey/P. Kratz (Hg.): In bester Gesellschaft. Antifa-Recherche zwischen Konservatismus und Neo-Faschismus, Göttingen 1991, S. 83–118.

kultismus, ›Parapsychologie‹, europäische Urmythen, Goethe-Exegesen oder Anthroposophie. Es finden sich Darstellungen ›konservativer Revolutionäre‹ wie Oswald Spengler. Als wollte Mohler keinen Zweifel aufkommen lassen, machte er eine Veranstaltung zur historischen ›Thule-Gesellschaft‹. Biologistische Veranstaltungsreihen (z.B. ›Natur und Geschichte‹) sollen die gesellschaftliche Ungleichbehandlung der Menschen wissenschaftlich absichern. Vortragstitel wie ›Die biologische Grundlage unseres sozialen Verhaltens‹, ›Die Illusion der sozialen Gerechtigkeit‹ oder ›Herrschen und Dienen – Gleichheit und Ungleichheit‹ zeigen, was beabsichtigt ist. Betrachtungen zu einer ganzheitlich-kosmischen ›ökologischen Ethik‹, die aus der Natur abgeleitet wird, wo der Kampf ums Dasein herrscht, eine Vortragsreihe zum ›Schicksal‹ finden sich ebenso wie die für einen Elektrokonzern interessanten neuesten naturwissenschaftlichen Ergebnisse, Astronomie und Hightech-Weltraumforschung, die naturwissenschaftlichen Grundlagen ›kosmischen Bewußtseins‹ eben, eine Reihe zur Gentechnik, völkische Betrachtungen und Stammesgeschichte, die Konzeption des ›Europa der Vaterländer‹, der europäisch-amerikanische Konflikt, ›abendländische‹ Kunst (durchaus auch im Sinne Chamberlains) oder Überlegungen zum ›Ernstfall‹, dem diktatorischen Ausnahmezustand im Sinne des Nazi-Kronjuristen Carl Schmitt, als dessen Anhänger sich Mohler gern präsentiert. Auch populistische Übersetzungen faschistisch-intellektueller Theorie wie das Thema des angeblichen Aussterbens der Deutschen fehlen nicht.«

Alles in allem ein Katalog altbackener Konzepte zur Legitimation von Sozialdarwinismus und imperialistischer Herrschaft, zugeschnitten auf die Zielgruppe der Besitzenden.

Das »Studienzentrum Weikersheim« mit Sitz im schwäbischen Schloß Weikersheim soll nach den Worten seines Mitbegründers Peter Berglar »ein Reanimationszentrum für das gesamte deutsche Volk« sein. Über Aufgaben und Ziele heißt es in einem Ende der 80er Jahre herausgegebenen Grundsatzpapier des Trägervereins: »Das 1979 gegründete Studienzentrum Weikersheim e.V. will Ort und Träger einer geistig-politischen Initiative sein, die unseren Staat befähigen soll, den großen Herausforderungen unserer Zeit zu begegnen. Die Erfahrung zeigt, daß ein gestaltender Einfluß auf die politische Entwicklung nur durch Kräfte möglich sein kann, die in der Lage sind, ihre Positionen auch geistig-offensiv zu vertreten.« Im Präsidium des Studienzentrums saßen damals Repräsentanten von Kapital, Staat und

Militär: Ex-Ministerpräsident Hans Filbinger (CDU), der Ehrenpräsident des Bundesverbandes der Deutschen Arbeitgeberverbände, Otto Esser, Brigadegeneral a.D. Heinz Karst u.a.

Die »Stuttgarter Zeitung« lobte schon 1983: »Das Studienzentrum Weikersheim e.V. hat heute an Attraktivität wahrscheinlich alle anderen Akademien überrundet, sowohl für die aktiven Teilnehmer als auch für die Zuhörer.« Springers »Die Welt« schloß sich 1984 an: »Das 1979 gegründete Studienzentrum Weikersheim hat sich in kurzer Zeit eine Spitzenstellung unter den privaten deutschen Akademien errungen.« Die liberale Wochenzeitung »Die Zeit« befand 1987: »Kein Zweifel, Weikersheim ist zum institutionalisierten Zentrum konservativen Denkens geworden, und wenn es eine Art Copyright für die vielberufene Forderung nach einer ›Wende‹ gibt, dann liegt es dort.«

Das »Studienzentrum« wird mit öffentlichen Geldern, Mitgliedsbeiträgen und Spenden aus der Industrie getragen. In der Zeit von 1988 bis 1993 bekam es 400000 DM aus Bundesmitteln. Das Geld für Kongresse und Tagungen floß aus Töpfen der Bundeszentrale für politische Bildung, des Bundesministeriums für innerdeutsche Beziehungen und des Presse- und Informationsamts der Bundesregierung. 1994 waren im Bundeshaushalt z.B. 32000 DM für die Weikersheimer Hochschulwoche eingeplant. Ein Großsponsor aus der Industrie ist der Daimler-Benz-Konzern, der nach eigenen Angaben seit Anfang der 80er Jahre jährlich mit ca. 50000 DM dabei ist. Direkte Zusammenarbeit gibt es mit Firmen wie der Waffenschmiede Krauss-Maffei.

Für eine sichere Zukunft des »Studienzentrums« sorgt die »Hans-Filbinger-Stiftung«, die anläßlich einer Feier zum 80. Geburtstag Filbingers im Stuttgarter Schloß (Sitz der Landesregierung) ins Leben gerufen wurde. Willi Dempf, Schatzmeister des »Studienzentrums«, umschreibt die Zielsetzung der Stiftung: »im wissenschaftlichen, wirtschaftlichen, künstlerischen und politischen Bereich Aktivitäten entfalten zur Erhaltung, Förderung und Durchsetzung christlicher Ziele und patriotischer Positionen in Deutschland.« Zu den StiftungsträgerInnen zählen der baden-württembergische Finanzminister Gerhard Mayer-Vorfelder, Träger der vom »Bund der Vertriebenen« verliehenen Plakette für Verdienste um den deutschen Osten, Christa Meves, Redaktionsmitglied des ultrarechten »Deutschlandmagazins«, Brigadegeneral a.D. Heinz Karst und ein Mann, der die vielbeschworenen alten Traditionen und Werte verkörpert: Paul Schmidt-Carell. Unter dem Namen Paul K. Schmidt leitete er im Zweiten Weltkrieg die Presse- und Nachrichtenabteilung des Auswärtigen Amtes – einer der führenden Propagandisten des Nazi-Regimes.

Die Richtung, in die man bei der Filbinger-, der Siemens-, der Deutschland- und anderen derartigen Stiftungen denkt, ist immer dieselbe: gen Osten. Das zeigt sich in unzähligen personellen Kreuz- und Querverbindungen, an denen viele Gruppen des alt- und neonazistischen Lagers beteiligt sind.

Ideologisch, politisch und materiell wird z. B. die Brückenkopffunktion der Rußland-Deutschen gefördert. Seit der Osten seine Grenzen nach Westen geöffnet hat, streben viele von ihnen westwärts. Ein Teil soll aber dort bleiben. Dafür sorgt u. a. der jährlich mit 34 Millionen DM aus dem Bundeshaushalt finanzierte Verein für das Deutschtum im Ausland (VDA), der seine Ursprünge in den Anfangsjahren des deutschen Imperialismus im 19. Jahrhundert hat und in der Nazi-Zeit besonders aktiv war.

Dem Kapital geht es im Osten um Eroberung der Absatzmärkte, Zugang zu Rohstoffen und Errichtung bzw. Aneignung von Billiglohn-Standorten. Karl Heinz Kaske, ehemaliges Siemens-Vorstandsmitglied, brachte es auf den Begriff: »Mit den Kooperationen im Osten verfolgen wir vor allem zwei strategische Ziele: Erstens sollen sie den Zutritt zu neuen Märkten insbesondere in Osteuropa verschaffen. Zweitens brauchen wir Niedriglohnstandorte, in denen wir so kostengünstig produzieren können, daß sich die Produkte auf den kaufkraftschwachen Ostmärkten absetzen lassen.«[2] Nationalistisch-rassistische Ideologie erleichtert es, »Minderwertigkeit« von Arbeitskraft im Osten akzeptabel zu machen.

Brückenköpfe werden vor allem in den ehemals deutsch verwalteten Gebieten Polens geschaffen, wo deutsche Firmen wie der Möbel-Konzern Steinhoff direkt als Sponsoren auftreten.[3] Mit einer Steinhoff-Spende wurde, wie die NPD-Zeitung »Deutsche Stimme« berichtete, »das Haus des Deutschen Freundschaftskreises in Mikulczyce (Klausberg) ausgestattet. Dort haben die Wiking-Jugend, die Niederschlesische Volkstumsjugend, die Deutsche Volksversammlung oder

2 Zitiert nach Ch. Pauli: EG-Osteuropa, in: W. Wolf/J. Klaß (Hg.): Festung Europa. Von den Freiheiten des Kapitals im EU-Supermarkt und weltweit, Köln 1994, S. 110.

3 F. Hundseder: Rechte machen Kasse. Gelder und Finanziers der braunen Szene, München 1995.

eben auch NPD-Funktionär und Hilfswerk-Vorsitzender Klaus Hoffmann Quartier bei ihren Schlesien-Fahrten bezogen.« Für solches Engagement ist Geld da. Für Entschädigungszahlungen an ehemalige Zwangsarbeiter nicht.

Otto Köhler

Die Macht der Reichen – dargestellt am System Metro/Kirch

In der guten alten Zeit, 1955, sagte Paul Sethe, nachdem er als Mitherausgeber der »Frankfurter Allgemeinen Zeitung« wegen abweichender Meinung davongejagt worden war: »Pressefreiheit ist die Freiheit von zweihundert reichen Leuten, ihre Meinung zu verbreiten. Journalisten, die diese Meinung teilen, finden sich immer.«

Das hört sich heute nach vollzogener Konzentration nahezu idyllisch an. Aus den 200 Reichen, deren Meinung man teilen darf, sind allenfalls 20 geworden. Von einem der Einflußreichsten soll hier die Rede sein. Er ist der Mann, der hinter dem Filmhändler Leo Kirch steckt. Er rettete den Kohl-Freund vor dem Ruin, als der sich mit seinen Filmaufkäufen in den USA übernommen hatte. Otto Beisheim, der Gründer der Großhandelskette Metro, ist einer der mächtigsten und reichsten Männer Deutschlands und lebt vorwiegend in der Schweiz, wo er auch sein riesiges Privatvermögen geparkt hat.

Nach dem »Cash-and-carry«-Prinzip, das ihn groß gemacht hat, kauft der vielfache Milliardär seit seinem 70. Lebensjahr alljährlich akademische Würden an. 1993 versorgte die von westdeutschen Professoren gestürmte Technische Universität Dresden Beisheim mit dem Ehrendoktor »für das Lebenswerk eines Weltbürgers, der wie wenige am Aufbau der Bundesrepublik Deutschland mitgewirkt und zugleich die Wirtschaftsordnung mitgestaltet« habe. Der von Bamberg nach Dresden einmarschierte Dekan der wirtschaftswissenschaftlichen Fakultät, Ulrich Blum, würdigte in seiner Laudatio Beisheim als Revolutionär und Ideen-Stifter. Die »Metro-Idee« , nämlich das »in der Metro verwirklichte Konzept der Übertragung der Selbstbedienung auf den Großhandel«, sei »ein revolutionärer ›schumpetrischer‹ Akt«. Otto Beisheim – diese »herausragende paradigmatische Unternehmerpersönlichkeit der Nachkriegszeit« – habe die Bedingungen dafür geschaffen, daß »sich heute unter dem METRO-Dach so klangvolle Namen wie Kaufhof, Kaufhalle, Media-Markt, Saturn-Hansa, Asko, BLV, Meister, Massa oder Praktiker finden«.

1993 also der Ehrendoktor für Wirtschaftskonzentration. Die Ehrung für 1994 bekam Beisheim von der privaten »Wissenschaftlichen Hochschule« für Unternehmensführung (WHU) Koblenz. Sie trägt seither den Namen Otto-Beisheim-Hochschule. Der Metro-Mann hat sich diese Ehre für 50 Millionen gekauft.

Und 1995 wollte der Metro-Milliardär die Ehrung des Jahres von der Universität Mannheim beziehen. Die Betriebswissenschaftliche Fakultät hatte einstimmig den Antrag gestellt, Beisheim zum Ehrensenator der Universität zu ernennen.

Warum? »Die Metro ist das zweitgrößte Handelsunternehmen der Welt. Die Leute sind erfolgreich«, sagt einer der Initiatoren der Beisheim-Ehrung, der Betriebswissenschaftler Erwin Dichtl. Der Professor sah kein Problem: »Ich habe Kontakte dorthin, und er hat uns auch schon mehrfach gefördert.«

Doch die Mannheimer Studenten haben sich quergelegt. Der AStA verlangte vom Senat der Universität, auf die Verleihung der Ehrensenatorenwürde an Beisheim zu verzichten. Um Rufschaden von der Universität zu wenden, taten die Studenten das, was die Professoren zuvor versäumt hatten. Sie gingen ins Wirtschaftsarchiv der Universität und forschten, welchen Ruf der vorgesehene Ehrensenator der Universität in der Öffentlichkeit genießt.

Die angehenden Betriebswissenschaftler zweifeln nun an der Steuerehrlichkeit Beisheims und zitieren »Capital«, das dem Geschäftsmann vorwarf, daß er seine »rosige Gewinnsituation« mit »allen Mitteln zu verschleiern« suchte. Sie fanden viele Berichte, daß sich Beisheims Metro wegen »unlauteren Wettbewerbs« vor Gericht verantworten mußte. Und der »Spiegel« schrieb 1991, daß »einer der vielleicht wichtigsten Männer der deutschen Medienzunft« sich gebärde

»wie ein mafioser Dunkelmann«, selbst Springer habe gegen Beisheim eingewandt, daß er in jungen Jahren der Waffen-SS angehörte. Der Mannheimer Ehrensenator wurde dank der studentischen Recherchen nicht an Otto Beisheim vergeben.

Axel Springer, der mit Beisheim nichts zu tun haben wollte, starb vor zehn Jahren. Was er als sein Werk verstand, ist vernichtet, als wäre er schon vor hundert Jahren verschieden. Zerstört haben es nicht die 68er Studenten, die gegen sein Verlagshaus Sturm liefen. Enteignet hat es der Mann, den Springer, als er sich noch wehren konnte, einen »Kriminellen« nannte, der ihn »betrogen«, »hintergangen« und »über den Tisch gezogen« habe. Leo Kirch, der Filmhändler, ist heute mit Billigung von Springers Witwe Großaktionär der Springer AG.

Kirchs Finanzier Otto Beisheim von der gigantischen Handelsorganisation Metro und ihren Supermarkt- und Kaufhofablegern war tatsächlich – wie man bei Springer geargwöhnt hatte – in jungen Jahren Mitglied einer terroristischen Organisation, der Leibstandarte Adolf Hitler. Und Beisheims und Kirchs italienischer Freund und Geschäftspartner Berlusconi von der Mafia-Loge P2 koalierte gerade erst als Regierungschef offen mit den Faschisten. In diesem Dreierbund Kirch, Beisheim, Berlusconi haben sich Medien, Markt und Macht zu einem kaum überwindbaren, länderübergreifenden Bündnis zusammengefunden. Ein Bündnis, das weltweit besser als jede staatliche Ordnungsmacht reagieren kann.

Michael Radtke hat in seinem Report »Außer Kontrolle – Die Medienmacht des Leo Kirch« die Geschichte von dem Metro-Finanzexperten Günter Schotte-Natscheff erzählt, der sich mit 36 Millionen Mark Firmengeldern nach Südamerika abgesetzt hatte. Innerhalb von zwei Wochen hatte eine private Fahndungsgruppe der Metro den Betrüger in Paraguay aufgespürt. Metro-Erfolgsmeldung:

»Bei unserem Einsatz kam es uns zustatten, daß ein großes multinationales Unternehmen Mittel, Verbindungen und Möglichkeiten hat, die denen der Polizei vor allem dann überlegen sind, wenn rasche Maßnahmen außerhalb der Bundesrepublik erforderlich sind.«

Autor Radtke schließt aber auch nicht aus, daß es sich dabei um die Fortsetzung einer geheimen Organisation der Leibstandarte in Südamerika handele, an der der SS-Mann Beisheim Anteil gehabt habe – er sei jedenfalls nach dem Krieg bis Ende 1949 »wie vom Erdboden verschluckt« gewesen.

Der Gründer und Hauptgesellschafter von Deutschlands größtem Handelsimperium, dem zweitgrößten der Welt, hat 1989 mit seiner Medien-Handels AG den Filmhändler Leo Kirch, der in einer Liquiditätskrise steckte, gerettet. Seither hat Beisheim auch ein Wort bei den Kommerzstationen, die Leo Kirch mit seiner Familie beherrscht, mitzusagen, bei SAT 1, Pro Sieben, Kabel 1, Premiere und dem Deutschen Sportfernsehen, in dem auch Berlusconi mit 33,5 Prozent sitzt. Bei Kabel 1, dem früheren Kabelkanal, hat Beisheim sogar einen direkten Anteil von 45 Prozent.

Solche Anteile sind für ein Handelsimperium wichtig. Die FAZ im Mai 1993:

»Wie sich der Streit über die Konzentration verschärft, wurde in Saarbrücken auch durch die Spannungen zwischen den Konkurrenten deutlich. RTL-Kommunikationschef Peter Hoenisch sprach wie alle anderen Kritiker der Konzentration von einem Versagen der Kontrolle. Das gehe darauf zurück, daß der Bundeskanzler ein Freund Kirchs sei. Den Hauptbeteiligten an der Metro-Handelsgruppe, Otto Beisheim, verdächtigte Hoenisch als ›Hintermann‹ Kirchs. Lieferanten der Metro müßten fürchten, aus den Regalen hinausgeworfen zu werden, wenn sie nicht im ›Kabelkanal‹ – an dem Beisheim beteiligt sei – Werbespots schalteten.«

Das ist die eine Seite – der vordergründige Profit. Aber es geht für Beisheims mächtiges Handelsimperium um Grundsätzliches.

Der Mensch ist nämlich, wie der Soziologe Helmut Schelsky schon 1965 feststellte, ein konsumpflichtiges Wesen: »Die Produktionshöhe der modernen Massenindustrien stellt an den Menschen einen hohen Konsumanspruch, ja legt ihm geradezu eine Konsumpflicht auf.« So trete der Mensch, lehrte Schelsky, geradezu unter eine der industriellen Arbeitsdisziplin durchaus verwandte industriegesellschaftliche Zwangsgesetzlichkeit: die des gesteigerten Konsums an materieller und geistiger Massenproduktion und sonstigen offerierten Dienstleistungen. Dieser Konsum hat sich nicht nach individuellen Wünschen zu richten, er liegt, wie Schelsky betonte, »nicht im freien Belieben des einzelnen«. Und darum sprechen wir unter den ehernen Gesetzen der modernen Industriegesellschaft mit Schelsky von einer »Konsumpflicht«.

Sie zu vermitteln bedarf es letztlich eines neuen Menschen, dessen Produktion bereits angelaufen ist. Dem Auslaufmodell des homo sapiens ist seine Konsumpflicht nicht immer mit hinreichendem Erfolg klar zu machen. Doch Bruno Bettelheim hat bereits 1960 den neuen homo consumiens gesichtet: »Kinder, die man gelehrt hat oder die konditioniert wurden, den größten Teil des Tages passiv dem verbalen Kommunikationsstrom zu lauschen, der vom Bildschirm ausgeht, und sich der starken emotionalen Wirkung der sogenannten Fernsehpersönlichkeiten zu überlassen, sind oft unfähig, auf wirkliche Personen zu reagieren, weil diese weit weniger Gefühle freisetzen als ein guter Schauspieler.« Was - wie Bettelheim meinte - noch schlimmer sei: Diese so konditionierten Kinder »verlieren die Fähigkeit, von der Realität zu lernen, denn die eigenen Lebenserfahrungen sind viel komplizierter als die Ereignisse, die sie auf dem Bildschirm sehen«.

Aber genau darauf kommt es für den neuen Menschen an: Er muß im Sinne seiner Konsumpflicht den Werbebotschaften vom Bildschirm mehr glauben als irgendwelchen eigenen Erfahrungen, die den geordneten Ablauf stören.

Um auch das nicht zu vergessen: Gerade für die Übergangsperiode, in der den öffentlich-rechtlichen Medien noch eine begrenzte Fortexistenz erlaubt ist, bleibt es wichtig, daß auch deren herausragende Fernsehpersönlichkeiten käuflich sind und sich nicht auf eine sogenannte journalistische Unabhängigkeit berufen können. In diesem Sinne ist es ein beachtenswerter Fortschritt, wenn Nachrichtenmenschen wie der ZDF-Moderator Alexander Niemetz Reklameaufträge von Aktiengesellschaften ausführen. Und wenn Ulrich Wickert, der als Tagesthemen-Moderator den Deutschen im Ersten die Welt erklärt und in seinen Büchern ethische Werte - beinahe glaubwürdig - vermittelt, wenn dieser Wickert sich nunmehr von einer Bank für ein Werbevideo ankaufen ließ, dann ist das eigentlich unbezahlbar. Und doch ließ sich das für vergleichsweise bescheidene 50000 Mark bewerkstelligen.

Werbefernsehen ist wichtig, ja entscheidend für das eigentliche Ziel, einen neuen Menschen zu schaffen. Und ohne den neuen Menschen kann sich das Werbefernsehen nicht ungehindert entfalten. Der alte Mensch muß verschwinden, muß aussterben. »Jeder Tag arbeitet für uns ..., da die Jüngeren älter werden und die Älteren die Bühne verlassen« , hieß es kürzlich bei der Vorstellung der neuesten SAT1-Werbestudie, die im Auftrag des Verbandes Privater Rundfunk und Telekommunikation herausgegeben wird. Die Studie setzt sich vehement dafür ein, die noch bestehenden Einschränkungen der TV-Werbung aufzuheben. Werbeverbot für Alkohol und Nikotindrogen,

Schutz von Kindern passen nicht mehr in die blühenden Landschaften des Kommerzfernsehens. Von Kindesbeinen an muß der neue Mensch mit Werbebotschaften konditioniert werden. Er hat darauf ein unveräußerliches Menschenrecht. Die SAT 1-Studie: »Kinder sind Marktteilnehmer der Wohlstandsgesellschaft.«

Das System Metro/Kirch, diese Symbiose von gigantischen Handelsunternehmen mit kommerziellen Fernsehstationen, ist das System der Zukunft. Das Werbefernsehen einschließlich seines redaktionellen Umfeldes weckt die richtigen Konsumwünsche. Das Handelsunternehmen Metro erfüllt sie und zwingt seine Lieferanten zugleich, mit Werbeaufträgen die Kirch- und Metrosender zu finanzieren.

Wobei in Beisheims Metro-Reich die Rolle des langjährigen Kaufhofchefs Jens Odewald nicht unterschätzt werden darf, der als CDU-Mitglied ein Freund und Berater des Bundeskanzlers ist und als ehemaliger Verwaltungsratsvorsitzender der Treuhand mit dafür sorgte, daß das ostdeutsche Volksvermögen in die Hände der richtigen westdeutschen Konzerne und Banken kam und der Rest vernichtet wurde – Konkurrenz tut nicht not. Odewald ist übrigens Mitinitiator der alljährlichen Berliner Siegesparade der westdeutschen Konzerne zum Nationalen Einheitstag des 3. Oktober, die unter dem treffenden Motto steht »Das Land sind wir«.

Der Kanzler – dazu ist er da – hilft dem Freund, ob er nun Jens Odewald heißt oder Leo Kirch. Und die in den Ländern regierenden Sozialdemokraten, die der Ausweitung der Macht von Kirch und Metro Widerstand entgegensetzen könnten, haben in Nordrhein-Westfalen und Rheinland-Pfalz – dazu sind sie nicht da – zur eiligen Kapitulation angesetzt vor den Forderungen nach Aufhebung der Konzentrationsverbote für das Kommerzfernsehen.

Lafontaines schönes Wort von gestern, das Wort von der Linkspartei SPD, steht schon morgen vor der Bewährungsprobe.

Heinrich Bleicher-Nagelsmann

Medien, Macht und Geld

»Erschwerend hinzu kommt, daß die allermeisten keine Ahnung von den Hintergründen haben, die für den Aufstieg eines Politikers, beispielsweise des jetzigen Bundeskanzlers Helmut Kohl, entscheidend waren, weil ihnen die Massenmedien jede Information darüber vorenthalten; weil allenfalls einmal in Zusammenhang mit einer ›Panne‹, wie sie zur Aufdeckung, wenn auch nur eines Zipfels, der sogenannten ›Parteispendenaffäre Flick‹ geführt hat, in den Medien über das berichtet wird, was in Wahrheit in Bonn ›die Richtlinien der Politik bestimmt‹: das große Geld.« *Bernt Engelmann*

Über Geld redet man nicht. Man hat es. Wenn man kein Geld hat, hat man sowieso nicht mitzureden. Diese Logik dominiert die Medien. Geld ist für sie kein Thema – auch nicht für die Regenbogenpresse, die dem Massenpublikum Blicke durchs Schlüsselloch auf die glänzende Seite des Reichtums gestattet. Nur wenige Autoren in der Bundesrepublik haben sich wie Bernt Engelmann oder gelegentlich Günter Wallraff mit denen beschäftigt, die mit ihrem Geld die große Politik bestimmen und deren Geschäfte durch Politiker gestützt oder geschützt werden. Die Wechselbeziehungen zwischen wirtschaftlicher und politischer Macht sind die Seite der Medaille, die dem Publikum unsichtbar bleibt.

Zwar wird in der veröffentlichten Meinung immer wieder vom Mangel an Geld gesprochen. Die Staatsfinanzen und ihr desolater Zustand sind – zu Recht – ein häufiges Thema. Schon weniger thematisiert wird die Lage der Arbeitslosen und Sozialhilfeempfänger. Eher ist da vom »Mißbrauch des sozialen Netzes« zu lesen.

Der Schaden durch Wirtschaftskriminalität, der der Frankfurter Politikwissenschaftler Hans See mit seinem Verein »Business Crime Control« auf der Spur ist, beläuft sich auf -zig Milliarden Mark jährlich. Über den kriminellen Profit wird geschwiegen.[1] Das hat Gründe.

Jeder, der »Geld und Macht, die Geschwister der Korruption« (Jürgen Roth) thematisiert, kann sicher sein, daß die damit gemeinten Unternehmer, Banker, Beamte oder Politiker zurückschlagen - offen oder verdeckt. Schon die Recherche gestaltet sich im Umkreis von Geld und Macht in der Regel schwierig. Und wenn Millionenskandale, wie beispielsweise im Steuerfall Graf, aufgedeckt werden, ist es nicht selten die Politik, die entgegen ihrem Auftrag, demokratische Öffentlichkeit herzustellen, diese gezielt behindert.

Aufgabe der Medien wäre es, nicht nur als Aufdeckung von Skandalen, die Zerstörung demokratischer Strukturen durch unheilige Allianzen von Kapital und Politik offenzulegen. Nicht von ungefähr war deshalb der Rundfunk nach dem Ende des Zweiten Weltkrieges in der Bundesrepublik staats- und kapitalfern als öffentlich-rechtlicher Gesellschaftsrundfunk konstruiert worden. Auch die Lizenzträger der Presse in ihren Gründerjahren nach 1945 traten mit einem anderen Bewußtsein und Verständnis an als ihre Nachfolger oder deren Geschäftsführungen, die heute vor allem die optimale Kapitalverwertung im Blick haben und denen deshalb das Marketingkonzept für ihre Zeitung oder ihren Rundfunksender allemal vor deren publizistischem Auftrag rangiert. Das schließt ein, daß Redaktionen so knapp besetzt werden, daß sie zu umfassenden Recherchen gar nicht in der Lage sind. Hinzu kommt die immense Verflachung der Programminhalte der elektronischen Medien im Gefolge des seit den 80er Jahren durchgesetzten Kommerzfunks[2] in der Bundesrepublik.

Mit der Anpassung des öffentlich-rechtlichen Rundfunks an seine private Konkurrenz wurden kritische Sendungen, insbesondere auch über die Medien selbst, vielfach aus dem Programm gekippt oder auf

1 Zu den wenigen Ausnahmen gehört das Buch von Jürgen Roth: Der Sumpf - Korruption in Deutschland, München 1995.

2 Am Beispiel des »Pilotprojektes« und der Anstalt für Kabelkommunikation (AKK) in Ludwigshafen kann man den Zusammenhang von Medienkapital, Politik und öffentlicher Geldverschwendung studieren. Der »medienpolitische Urknall« des damaligen rheinland-pfälzischen Ministerpräsidenten Vogel hat im Ergebnis für die meisten der damals am Run auf das Privatfernsehen beteiligten Zeitungsverlage Fehlinvestitionen in Millionenhöhe gebracht. Doch auch die Landesregierung von Rheinland-Pfalz hat in den vergangenen Jahren erhebliche Steuergelder investiert. Die »Krönung« bildete der Verkauf der AKK an ein Privatunternehmen - garantiert mit einer mehrjährigen Subvention von insgesamt 30 Millionen Mark.

ungünstige Sendeplätze geschoben. Öffentliche Berichte aus dem Inneren der Medienmacht sind selten. Man erhält sie eher am journalistischen Stammtisch oder aus der Lektüre einschlägiger Prozeßunterlagen. Die Kolumne »Zensur - und kein Ende« in der medienpolitischen Zeitschrift »M« der IG Medien weist höchstens auf einige Spitzen der Eisberge hin.[3] Die Kehrseite der Medaille sind finanzielle oder andere Wohltaten für willfährigen Journalismus, der nicht aneckt, sondern den Mächtigen gefällig ist.

Ein wesentlicher Grund für den Mangel an notwendiger Aufklärung über den funktionellen Zusammenhang von Geld und politischer Macht liegt darin, daß die Medien selbst von wirtschaftlicher und politischer Macht okkupiert und instrumentalisiert werden. Eine Ahnung, wie eng diese Verbindung werden kann, gab der Aufstieg Berlusconis in Italien. In Deutschland müßte z.B. die Verbindung Kirch/Kohl gründlicher ausgeleuchtet werden.[4] Wie der CDU-Vorsitzende in Wahlkampfzeiten davon profitierte, wie Kirchs »SAT 1« ihm geradezu als Haussender diente, ist gelegentlich kritisch vermerkt worden. Weniger Aufmerksamkeit fand, daß sich der Kanzler selbst zugunsten des Kommerzfunks an der medienpolitischen Debatte beteiligte und die Umstrukturierung der Rundfunklandschaft zur Chefsache erklärte. Auch in Sachen Multimedia läßt Kohl seine Wahlhelfer nicht im Stich. So intervenierte er bei der Telekom, nachdem das Bundesunternehmen sich mit Bertelsmann, CLT und anderen ohne Kirch an die Gründung der »Multi Media Beteiligungsgesellschaft« gemacht hatte und von Kirchs Decoder-Box nichts wissen wollte.

Eine personifizierende Darstellung reicht aber nicht aus. Sie allein kann den funktionalen ökonomischen Zusammenhang zwischen wirtschaftlicher Macht, publizistischer Macht und Medienmacht kaum erhellen; sie kann vielmehr sogar den Blick darauf verstellen.

Die Geschichte der Konzentrationskontrolle in der Bundesrepublik Deutschland ist - nicht zuletzt seit Einführung des privatkommerziellen Rundfunks - die ihres Scheiterns. Die Tatsache, daß außer Schleswig-Holstein kaum noch ein Bundesland ernsthaft über Konzentrationskontrolle nachdenkt, läßt für die Neufassung des Rundfunkstaatsvertrages in dieser Sicht wenig hoffen. Die sogenannte

---

3 Das ist keine Kritik an der Kolumne und ihrem Autor, sondern der Hinweis darauf, wie schwer sich Beschäftigte in Medienbetrieben tun, auch geschützt über die Schattenseiten ihres Metiers zu berichten.

4 Siehe Beitrag von Otto Köhler in diesem Buch - d. Hg.

Standortpolitik beherrscht das Denken auch der nicht-konservativen Medienpolitiker. Was den einen ihr Kirch, ist den anderen ihr Bertelsmann. Der dadurch bedingte politisch gewollte Verzicht auf eine bundesweit einheitliche, wirksame Medienkontrolle wird sich zum Nachteil der demokratischen Öffentlichkeit auswirken, sowohl in Hinsicht auf die Kontrolle der Wirtschaft als auch der Politik.

Zunehmend sind Medienbetreiber keine reinen Medienkapitale mehr. Die Kirch-Connection mit dem Metro-Chef Beisheim ist ein Beispiel. Hatte sie schon in der Vergangenheit ihren polit-ökonomischen Sinn, wird er unter dem Vorzeichen von Multi-Media[5] offensichtlich: Wofür im Kirch-Programm offen oder verdeckt geworben wird, kann per Tele-Shopping bald im Beisheim-Kaufhaus geordert werden. Die Privatisierung und Deregulierung des Telekommunikationsmarktes bringt weitere kapitalkräftige Industrieunternehmen ins Rennen.

Neue Allianzen von politischer und Medien-Macht entwickeln sich, die demokratische Strukturen und Kontrolle tendenziell außer Kraft setzen. Publizistische Unternehmensziele werden immer stärker durch rein ökonomische Unternehmensziele bestimmt. Es stellt sich die Frage nach dem Ende der Vierten Gewalt. Wo Medien und ihre Produzenten nur noch nach dem Verwertungsprinzip funktionieren, wo Politik und Moral käuflich sind, hat die demokratische Öffentlichkeit keinen Raum mehr.

5 Eine Fülle von Informationen und Problemaufrissen enthält das von Detlef Hensche und Kurt van Haaren im VSA-Verlag herausgegebene Buch: Multimedia – Die schöne neue Welt auf dem Prüfstand; siehe auch Heft 23 der Zeitschrift »Z« zum Themenschwerpunkt »Multimedia und Kapitalismus«. Dort habe ich unter Betrachtung der »klassischen Medien in der multimedialen Informationsgesellschaft« die Frage nach dem Ende der 4. Gewalt gestellt.

Horst Bethge

Reichtum – kein Thema im Unterricht

Der Reichtum wird verschleiert. Politiker beteiligen sich daran, die Medien und auch das Bildungswesen. Soziale Probleme werden unzureichend thematisiert, soziale Konflikte eher geleugnet. Soziale Polarisierung paßt schon gar nicht in das überwiegend vermittelte harmonische Gesellschaftsbild. Aufklärung über Reichtum findet nicht statt – und wird nicht stattfinden, wenn nicht linke Bildungspolitiker, Pädagogen, Lehrplangestalter und Schulbuchautoren die Initiative ergreifen.

Ausgangspunkt kann das Bürgerrecht auf Bildung für alle sein. Wie ist es in Deutschland realisiert? Dazu einige Stichworte: Trennung der Kinder nach Klasse 4 in Hauptschule, Realschule und Gymnasium; Kürzung der Bildungsausgaben und tendenzielle Abkehr vom Prinzip der Unentgeltlichkeit der Bildung; Auswirkungen der unterschiedlichen sozialen Lebenslagen in einzelnen Siedlungsgebieten (z.B. Villen-Vororte, Großsiedlungen des sozialen Wohnungsbaus, Altstadtviertel) auf die jeweiligen Schulen; Bestrebungen der vorherrschenden Bildungspolitik, das Bildungswesen marktanalog umzugestalten, Teile zu privatisieren und Sponsoring einzuführen.

Wenn es eine gemeinsame Schule für alle Kinder gäbe, z.B. bis Klasse 9 wie in Dänemark, dann käme es eher vor, daß Kinder von Reichen und Kinder von Armen in einer Klasse säßen. Soziale Unterschiede würden spürbar und erkennbar; zugleich könnte dort im konkreten Verhalten sozialer Ausgleich versucht werden. Unter den gegebenen Umständen aber fällt es gar nicht auf, wenn z.B. eine neunte Gymnasialklasse in Hamburg die Klassenreise für 700 Mark pro Person nach Prag unternimmt, während die Klasse 9 der Hauptschule nebenan für 300 Mark in die Lüneburger Heide fährt und nur drei Schüler dieser Klasse in der Lage sind, den vollen Betrag selber zu zahlen. Wenn mehr und mehr Eltern, die es sich leisten können, ihre Kinder auf Privatschulen schicken, verstärkt sich diese Polarisierung und entzieht sich zugleich noch weiter der Wahrnehmbarkeit.

Reichtum wird in den Lehrplänen und Schulbüchern allenfalls historisch behandelt: Ludwig XIV. und die Zarenfamilie waren reich. Die soziale Frage wird im 19. Jahrhundert angesiedelt, bisweilen noch als Problem der 20er Jahre des 20. Jahrhunderts erwähnt. Von Armut ist die Rede, wenn es um die sogenannte Dritte Welt geht.

Trotzdem finden Lehrerinnen und Lehrer, die z. B. »Reichtum in unserer Stadt« thematisieren wollen (etwa in einer Projektwoche), in Lehrplänen und Schulbüchern Anknüpfungspunkte. Dafür einige Vorschläge:

- Beim *Betriebspraktikum* sollen die Schülerinnen und Schüler Löhne und Gehälter erfragen und untersuchen. Was spricht dagegen, die Gewinne des Unternehmens, das Einkommen des Besitzers, die Bilanz der Aktiengesellschaft einzubeziehen? Es kann Ärger geben - den man aber aushalten muß.
- Es ist nicht einzusehen, warum die *Prozentrechnung* immer nur an Sparkassenzinsen und der Mischkalkulation des Gemüsehändlers geübt werden soll - und nicht am Spitzeneinkommen, Preisen von Luxusartikeln oder Geschäften der Deutschen Bank. Allerdings steht davon nichts in den Schulbüchern. Überlastete Lehrer finden schwerlich Zeit, sich das Unterrichtsmaterial zu erarbeiten.
- Thema *Familie:* In dem neuen Arbeitsbuch »Politik I« (Cornelsen/ Schwann Verlag) heißt es dazu: »Die Berufstätigkeit von Vater und Mutter hat einen großen Einfluß auf die Familie.« Zur Veranschaulichung dient eine Bildergeschichte über einen angestellten Lastkraftwagenfahrer. Wie wäre es, daneben eine Bildergeschichte über einen Versandhaus-Unternehmer und seine Familie zu stellen?
- Pflichtthema in vielen Lehrplänen ist *»Taschengeld – Geldausgeben«.* Das genannte Arbeitsbuch formuliert das Thema so: »Das Geld reicht nie für alle Wünsche.« In der Umgebung gibt es aber Menschen, die genug Geld haben, sich all die Wünsche zu erfüllen, die für andere unerfüllbar sind. Statt Verbreitung von Verzichtsideologie wäre hier Aufklärung angesagt, schon in der Grundschule.
- Wenn doch einmal (wie im Lehrplan für Hamburger Gesamtschulen von 1991) das Thema *»soziale Differenzierung von Einkommen, Lebenslagen und Lebensrisiken«* gestellt wird, sollen statistische Durchschnittswerte genügen. Haben Milliardäre keinen Namen und kein Gesicht? Warum sollen wir einen Hamburger Versandhausunternehmer nicht nennen, wie er heißt: Otto?
- Im Fach *Arbeitslehre* kommt bisweilen die Jugendarbeitslosigkeit

vor; von der Massenarbeitslosigkeit ist fast nie die Rede. Hier müßte u.a. thematisiert werden, wer über Einstellungen und Entlassungen entscheidet, über die Schaffung oder den Abbau von Arbeitsplätzen - und welches Interesse diese Entscheidungen diktiert. Hier wäre auch zu sprechen über die Verwendung nicht-investierter Gewinne, über Casino-Kapitalismus, Spekulation und Steuerflucht.

- *»Community Education«* ist ein modernes Stichwort für Bestrebungen, den Schulunterricht aufs reale Leben zu beziehen. Hier ist darauf zu achten, daß der Gedanke »Schule in der Stadt, im gesellschaftlichen Umfeld« nicht modisch verkommt zu »Schule im Stadtteil«, beschränkt auf die Situation in der Hochhaussiedlung oder im Villenviertel. »Wir besuchen andere Stadteile - Wie lebt man da?« und dazu der Vergleich - das wäre reizvoll und aufschlußreich.

Solche pädagogischen Ideen und Initiativen können dem subtilen, indirekt ausgeübten, verschleierten Einfluß der Unternehmerverbände auf die Bildungspolitik entgegenwirken, über den sich bisher fast niemand im klaren ist. Gewerkschaften, kritische Journalisten, Bürgerinitiativen müssen dringend das Wirken der Arbeitskreise »Schule-Wirtschaft« und »Hochschule-Wirtschaft« sowie der Walter-Raymond-Stiftung durchleuchten und bekanntmachen. Wer weiß denn, daß beispielsweise in Hamburg und Rheinland-Pfalz alle Lehrpläne vor Veröffentlichung den Unternehmerverbänden zur Stellungnahme und Korrektur vorgelegt werden? Mitautoren haben sich schon gewundert, warum ganze Themenbereiche gestrichen oder umformuliert wurden.

Andrea Weinert

Das Geschlecht des Reichtums

Das Geschlecht des Reichtums ist männlich, was sonst!

Reichtum hat etwas mit Geld und Vermögen zu tun, mit gesellschaftlichem Ansehen und Erfolg - Kategorien, zu denen »Frausein« in Spannung steht. Sollte eine Frau dennoch reich sein, ist sie es durch einen Mann geworden oder hat es sich erkämpft, hat sich durchgeboxt und ist insofern eigentlich »ein Mann«. (Das sagt schon die deutsche Grammatik: »*Der* Reichtum - *die* Armut«.)

Über weibliche Armut ist viel gesagt und geschrieben worden. Weibliche Lebensentwürfe beißen sich mit Karriereläufen, die eventuell zu Reichtum, wenigstens aber zu einer materiell gesicherten Existenz führen. Die Gründe für weibliche Armut sind als Konstruktionsfehler unseres Wirtschaftssystems - wenn auch nicht hinreichend - benannt. So wundert es niemand, wenn von weiblicher Armut die Rede ist.

»Weiblicher Reichtum« jedoch - das ist wie ein »schwarzer Schimmel«. Wenn überhaupt, sind Frauen reich an inneren Werten, aber nicht an materiellen. Und manchmal gibt es Männer, die sich diesen inneren Reichtum »etwas kosten« lassen, sich als sogenannte »Märchenprinzen« ein Aschenputtel oder eine arme Müllerstochter zur Ehefrau nehmen.

Die Reihe der Vorurteile und Klischees ließe sich wohl unendlich fortsetzen. Frauen und Geld, Frauen und Reichtum - zwei Welten treffen aufeinander!

1. Frauen und Reichtum: Tabus, Paradoxien und Ideologien

Wenn es an sich schon schwierig ist, Reichtum mit seriösem Zahlenmaterial zu erfassen, so gelingt dies für den Reichtum der Geschlechter noch weniger.

Grundsätzlich hat sich die geschlechtsspezifische Datenlage in den letzten Jahren zwar verbessert, aber eine Selbstverständlichkeit ist sie noch längst nicht. Ähnlich verborgen wie in den Anfängen der Frauenforschung die geschlechtsspezifischen Daten liegt heute Zahlenmaterial über hohe und superhohe Einkommen und Vermögen. Ein mißlicher Umstand, der die Frage nach weiblichem Reichtum nicht gerade einfacher macht, aber auf einen möglichen Zusammenhang von Geschlechtertrennung und Reichtum verweist.

Entschleierungsversuche finden sich in einigen veröffentlichten Hitlisten der Reichsten der Reichen, die allerdings dem Stil der Regenbogenpresse nahe kommen. Unter den 400 reichsten Deutschen sind immerhin sechs Frauen gegenüber 165 Männern, der Rest sind Familien, zu denen üblicherweise auch Frauen zählen.[1] In diesen Familienimperien finden sich auch immer mal wieder Frauen (Schickedanz, Quandt), die offensichtlich das Zepter in der Hand halten. Grundsätzlich ist es wohl nicht falsch zu unterstellen, daß Familienimperien eher von Großvätern, Vätern und Söhnen denn von Großmüttern, Müttern und Töchtern geführt werden. Ausnahmen bestätigen die Regel.

Neben den wenigen harten Daten (s. unten, 4.1) finden wir Bilder in der Literatur, die etwas über »Frauen und Reichtum«, über »Frauen und Geld« gerade in der Zeit des aufstrebenden Bürgertums sagen. Reiche Frauen (»vom Geld besessen«) werden dort sehr unterschiedlich bedacht: Bei D. Defoe etwa kann die Moll Flanders einen Lebensabend in Glück und Wohlstand beschließen, Zolas Nana, die große Verschwenderin dagegen, wird von der Syphilis dahingerafft.[2]

Für Hinweise auf die Geschlechtsspezifität von Reichtum können auch Grimms Märchen bemüht werden, in denen Frauen eigentlich nur dann eine Chance haben, reich zu werden, wenn sie arme Waisen oder sonstwie schwer benachteiligt sind. Wer mit inneren Werten wie Schüchternheit, Bescheidenheit und Liebreiz erfüllt ist, kann zur Prinzessin aufsteigen, wer reich und dazu gar hochmütig und selbstbewußt ist, wird sicher kein gutes Ende finden.

Es ist dies das Paradox, daß weiblicher Reichtum nicht aufgrund ökonomischer Rationalität zustande kommen darf.

In unserer Zeit vermitteln amerikanische Unterhaltungsliteratur und entsprechende Fernsehserien ähnliche Klischees. Zwar dürfen Damen reich sein (sie sind es einfach, woher und warum ist selten

1 O. V.: »Die 400 reichsten Deutschen«, 240–370 Millionen«, in: !Forbes, 5/1990; »Die 400 reichsten Deutschen, 370–990 Millionen«, in: !Forbes, 6/1990; »Die 400 reichsten Deutschen. Deutschlands 82 Milliadäre«, in: !Forbes 7/1990.

2 M.-F. Hans: Frauen und Geld, Hamburg 1990, S. 14f.

Thema), aber nur wer die »typisch weiblichen Tugenden« in sich birgt, wer mit den richtigen inneren Werten ausgestattet ist, wird die äußeren genießen können. Letztlich sind wir, die ZuschauerInnen, gar nicht darauf aus, uns mit diesen »Wesen zu identifizieren, die das Geld nicht zählen und deren Vorfahren es auch schon nicht gezählt haben. Reiche Frauen kommen mit den Ansprüchen des Alltagslebens nicht in Berührung.«[3]

Hieran wird die paradoxe männliche Sichtweise deutlich, die die Frauen ins bürgerliche Zeitalter begleitet hat: Frauen, die von Männern als reich bezeichnet und gerühmt werden, sind tatsächlich eher arm, auf jeden Fall materiell abhängig vom Mann und unterdrückt. Frauen, die tatsächlich über viel Geld verfügen und dies auch nach außen tragen, sind verschwenderisch und frivol. Auf redliche Weise können sie ihren materiellen Status nicht erlangt haben

Diese Paradoxien verweisen auf den Zusammenhang von Reichtum und Macht. Frauen werden vom »großen Geld« ferngehalten, damit sie keine Macht erlangen, die das Patriarchat für sich beansprucht. Eine reiche Frau ist akzeptabel, wenn die sich »trotzdem« bescheiden unterwirft, und verwerflich, wenn durch materielle Selbständigkeit Selbstbewußtsein und Unabhängigkeit entstehen. Die Familie dient als Substitut, in dem Frauen »regieren« dürfen und »Macht« besitzen, was gleichzeitig immer wieder als viel erstrebenswerter dargestellt wird als gesellschaftspolitische Macht und Einfluß über materielle Besitzstände.

Seit dem Übergang von der Familienökonomie zur industriellen Produktionsweise finden sich hierfür Hinweise in den unterschiedlichsten Epochen und politischen Systemen.

»Ihr Glück besteht darin, das zu ignorieren, was die große Welt (le monde) die Vergnügungen nennt; ihr Ruhm besteht darin, im Verborgenen zu leben. Sie beschränkt sich auf die Pflichten der Frau und Mutter und opfert ihre Tage der Praktizierung ruhmloser Tugenden: sie beschäftigt sich mit der Regierung ihrer Familie, regiert über ihren Ehemann durch Gefälligkeit, über ihre Kinder durch Gefühle kindlicher Frömmigkeit, ehelicher Liebe, mütterlicher Zärtlichkeit, der Ordnung, des inneren Friedens, des sanften Schlafs und der Gesundheit; sparsam und häuslich, hält sie die Begierden daraus fern.«[4]

3 Ebenda, S. 15.

4 Zit. nach L. Steinbrügge: »Wer kann die Frauen definieren? Die Debatte über die

Etwa 150 Jahre nachdem Desmahis 1780 diese Definition der »femme ideale« gibt, wird das Idealbild der bürgerlichen Hausfrau in dem »Heft für deutsche Mädchen, die Hausfrau und Mutter werden wollen«[5] so beschrieben, daß einerseits Geldknappheit und Hausarbeit für die anderen Familienmitglieder niemals spürbar werden dürfen und andererseits ihr Wirken entscheidend für die Entwicklung des Volkswohlstandes ist:

»So wirkt sie im Sinne des Führers. Selbst schlicht und einfach lebend, denkt er immer nur an das Wohl der andern, an das Wohl seiner großen Familie, an sein deutsches Volk. Und darum, du junges deutsches Mädchen, übe auch du in deinem Pflichtenkreis Treue im Kleinen, sei dir der großen Verantwortung bewußt, die du dem deutschen Volke gegenüber hast! Die deutschen Frauen und Mütter sind es, die letzten Endes die Gestaltung der Zukunft des deutschen Volkes entscheidend beinflussen.«[6]

1981 wird in der 19. Bundestagung der Sozialausschüsse der Christlich-Demokratischen Arbeitnehmerschaft unter dem Leitsatz »Die sanfte Macht der Familie« die Mütterlichkeit gepriesen: »Mütterlichkeit als ›Leben entwickeln‹ und ›Zuwendung geben‹ ist daher auch mehr als Erziehungsarbeit und erst recht mehr als Erwerbsarbeit.«[7]

2. Geschlechtshierarchische Arbeitsteilung und Reichtum

Der Volksmund hat sicher nicht ganz unrecht, wenn er behauptet, vom Arbeiten sei noch keiner reich geworden, wobei er nicht nach Geschlecht unterscheidet. Trotzdem: Die Bilder und der gesellschaftliche Umgang mit »reichen Frauen« verweisen auf die geschlechtshierarchische Arbeitsteilung.

Hier soll nicht vorrangig ihre Ausprägung im Bereich der Er-

weibliche Natur in der französischen Aufklärung«, in: U. Gerhard/M. Jansen/A. Maihofer/P. Schmid/I. Schultz (Hg.): Differenz und Gleichheit, Frankfurt a.M. 1990, S. 238.

5 H. Kaiser/K. Pietzker: Die deutsche Frau. Hefte für deutsche Mädchen, die Hausfrau und Mutter werden wollen, Halle/Saale [o.J. – ca. 1940].

6 Ebenda, S. 10.

7 L. Esser: »Nachwort«, in: CDA-Verlagsgesellschaft (Hg.): Die sanfte Macht der Familie, Königswinter 1982, S. 190.

werbsarbeit im Sinne der Segmentationstheorien[8] interessieren, d. h. nicht die Konzentration und Abschottung von Frauen in Branchen und auf Arbeitsplätzen mit vorwiegend schlechten Arbeitsbedingungen, wo sie eher arm als reich werden. Vielmehr soll deren Hintergrund, d. h. die Entwicklung und Durchsetzung bestimmter Familienstrukturen und Rollenzuweisungen in der bürgerlichen Gesellschaft ins Blickfeld rücken.

Mit dem aufsteigenden Kapitalismus verweist das Patriarchat die Frauen in den nunmehr »wertlosen«, nicht unmittelbar produktiv am Prozeß der Kapitalakkumulation beteiligten Bereich des Hauses und der Familie. Die Idee vom »richtigen Platz der Frau« ist keine tradierte, aus vorindustriellen Zeiten herübergerettete, sondern eine neue Wertvorstellung, die erst im 19. Jahrhundert entstand und entstehen konnte. Honegger/Heintz[9] beschreiben diesen Wertewandel als »exklusiven Wandel«: Nur Frauen aus wohlhabenden Schichten konnten sich diese Veränderung überhaupt leisten und das neue Leitbild transportieren.

»Jedenfalls war der ›exklusive‹ Wandel von der Hauswirtschaft zum Haushalt gerade in unteren Schichten ein langwieriger Prozeß. Obgleich verheiratete Frauen außer in der Landwirtschaft selten einer formalen Beschäftigung nachgingen, waren sie doch noch lange Zeit gezwungen, andere – der Statistik meist verborgene – Pfade zu suchen und Beschäftigungsnischen zu nutzen, um ihre zunehmende Abkoppelung vom Bargeld-Nexus zu hintertreiben und damit oft ihre Familien vor dem nackten Elend zu bewahren. Neben der Heimarbeit waren viele im Einzelhandel tätig, eröffneten Schänken, betrieben kleine Nebengeschäfte, nahmen Kostgänger auf oder bevölkerten jene Grauzone der Gelegenheitsprostitution, von der anonyme Viktorianer profitierten.«[10]

Entscheidend ist, daß sich die Alleinzuständigkeit für Haus und Familie im weiblichen Lebenszusammenhang etabliert, und zwar unabhängig von der Notwendigkeit und dem Zwang oder Bedürfnis,

8 L. Lappe: »Frauen im Ghetto. Der frauenspezifische Arbeitsmarkt und seine Folgen«, in: Prokla, 49/1982, S. 64.

9 C. Honegger/B. Heintz: »Zum Strukturwandel weiblicher Widerstandsformen«, in: dies. (Hg.): Listen der Ohnmacht. Zur Sozialgeschichte weiblicher Widerstandsformen, Frankfurt a. M. 1981, S. 7 –68.

10 Ebenda, S. 22.

»zusätzlich« einer Berufstätigkeit nachzugehen.[11] Während sich die Erwerbsarbeit als vom Kapital abhängige Arbeit außerhalb des Hauses etabliert, wird die häusliche Arbeit zur Arbeit der Frauen in der Abhängigkeit der Familienstrukturen, sprich des Patriarchats.

Dies ist der Schlüssel für das Verständnis der Geschlechtertrennung in allen gesellschaftlichen Bereichen. Hier findet sich auch der Erklärungsansatz für die Tabus und Paradoxien in den Bildern weiblichen Reichtums. Das Idealbild der fürsorgenden Frau, die in der harten männlichen Berufswelt nichts zu suchen hat, geht zusammen mit einer sich immer weiter ausdifferenzierenden Enteignung des weiblichen Körpers. Die Frau darf nicht mehr selber über ihren Körper entscheiden, sprich: ob sie Kinder gebiert oder nicht. Die Ablösung weiblichen Erfahrungswissens über ihren Körper und ihre Gesundheit durch männliches Expertenwissen und die Verschärfung der Abtreibungsgesetze bewirken eine gegenläufige Entwicklung zur Privatisierung des weiblichen Lebensraums. Während die Frau aus bis dato ökonomisch bedeutsamen Feldern verdrängt wird,[12] wird speziell ihre Gebärfähigkeit zur öffentlichen Angelegenheit.

Das aufstrebende Bürgertum hat somit nichts unversucht gelassen (eine Entwicklung, die nach wie vor anhält), den Frauen die Bereiche zu entziehen, die gesellschaftlich produktiv sind, und zugleich die Reproduktion unter die Kontrolle von Staat und Patriarchat gestellt.

Diese Entwicklung ist nicht überall gleich und ungebrochen verlaufen. Aber durchgängig haben die Frauen in der bürgerlichen Gesellschaft Machtressourcen verloren und eine neue Sicht von »Weiblichkeit« aufoktroyiert bekommen.

»›Gezähmte Haustiere‹ waren sie nun, verstrickt in die verstümmelnden Deutungen des Mannes, gebunden an die Familie, zu der es kaum Alternativen gab, gefangen in einem Alltag, der sich wohl allmählich verändern, nicht aber plötzlich aufbrechen ließ.«[13]

Somit sieht sich »weiblicher Reichtum« zwei Entwicklungshemmnissen gegenüber:

1. Materiell kann er sich nicht entwickeln, weil den Frauen der Zugang zur Welt, in der das Geld verdient wird, über die Rollenideologie versperrt wird. Zwar waren Frauen immer in großer Zahl auch

11 U. Prokop: Weiblicher Lebenszusammenhang. Von der Beschränktheit der Strategien und der Unangemessenheit der Wünsche, Frankfurt a. M. 1980, S. 44 ff.

12 A. Wolf-Graf: Frauenarbeit im Abseits, München 1981, S. 373.

13 Honegger/Heintz, a. a. O., S. 24.

erwerbstätig, jedoch eher da, wo die Armut, die Notwendigkeit, den Lebensunterhalt zu verdienen, sie dazu zwang. Die Bereiche mit hohem gesellschaftlichem Ansehen und entsprechender materieller Anerkennung waren den Frauen verwehrt bzw. wurden ihnen entzogen.

2. Der »natürliche« Reichtum der Frau, die Fähigkeit, die Gesellschaft zu reproduzieren oder auch nicht, wird den männlichen Herrschaftstrukturen in der Art unterstellt, daß es den Frauen unmöglich wird, hieraus »Kapital« zu schlagen.

In diesem Dschungel von Ideologie und realen Ausschlußprozessen entwickelt sich vor allem »weibliche Armut«. Lebensbiographien von Frauen stehen der männlichen »Normalbiographie« diametral entgegen. Die rechtliche, ökonomische und soziale Orientierung verläuft entlang der »männlichen Normalbiographie«, während der »weibliche Reichtum«, Kinder gebären zu können, zur Unnormalität verkommt und Frauen keine eigenständige Teilhabe an der Entwicklung des gesellschaftlichen Wohlstandes erreichen können. Ihre gesellschaftliche, d. h. ökonomische und soziale Stellung definiert sich über Väter und Ehemänner, während sie im Haus wiederum dafür Sorge tragen, eben diesen Status nach innen zu installieren und nach außen zu transportieren.

3. Luxusgeschöpf oder Hausengel – die konsumtive Seite des Reichtums

Ausdruck des beschriebenen Prozesses ist auch, daß immer, wenn es um geschlechtsspezifische Analysen geht, auf die besondere Bedeutung des Reproduktionsbereiches, des Häuslichen und Privaten erst aufmerksam gemacht werden muß. Weder die marxistische noch die bürgerliche Ökonomie beziehen diesen Bereich ein, und auch die inzwischen zumindest in der Frauenforschung verbreitete Betrachtungsweise der Privatarbeit als gesellschaftlich notwendiger Arbeit vernachlässigt oft genug die Bedeutung der Frau auf der Seite der Einkommensverwendung. In geschlechtsspezifischer oder deutlicher in geschlechtshierarchischer Perspektive sind Produktion und Konsumtion gerade nicht die zwei Seiten einer Medaille:

Während weltweit etwa nur ein Drittel aller Frauen über Erwerbsarbeit in die Produktion eintritt, d. h. Geld verdient, während weltweit die Frauen zwei Drittel der gesellschaftlich notwendigen Arbeit tun, durch die sie keinen Sou verdienen, treten so gut wie alle Frauen - ob arm, ob reich - über den Konsum in den Wirtschaftskreislauf ein, und zwar völlig anders als Männer.

Die Alleinzuständigkeit für die konsumtive Seite des Einkommens nimmt allerdings ab, je höher das Familieneinkommen steigt.[14] Eine plausible Erscheinung, die in der geschlechtshierarchischen Arbeitsteilung ihre Erklärung findet: Wenn das Geld gerade reicht, den Haushalt zu finanzieren, ist es eben Sache der Frau, es auszugeben, und je größer das Einkommen, desto kleiner sein relativer Anteil für Haushalt, Kinder und Repräsentation.

Es ist ein interessanter Aspekt des »weiblichen Konsums«, der eher untere und mittlere Einkommensschichten betrifft, daß den Frauen hier eine ökonomische Rationalität zugetraut und übertragen wird, die ihnen im produktiven Bereich, auf der Seite der Einkommensentstehung, abgesprochen wird.

Als Lockvögel für die Werbewirtschaft längst entdeckt, sollen Frauen einerseits in der Rolle des Luxusgeschöpfs mit der persönlichen und häuslichen Ausstattung nicht nur ihre eigene, sondern vor allem die gesellschaftliche Stellung des (Ehe-)Mannes für die Außenwelt darstellen. Andererseits sollen sie in der Rolle des »Hausengels« sparsam und aufopfernd, zurückhaltend und bescheiden für das »traute Heim« und seine Mitglieder sorgen. Der Schwierigkeitsgrad dieses Parcours zwischen Skylla und Charybdis richtet sich danach, wieviel vom Familieneinkommen für die Lebenshaltung in Konsum umgewandelt werden kann und welchen Lebensstandard die soziale Stellung der Familie (meistens des Ehemannes) oder die Eitelkeit gebieten.

Mit der Umwandlung von Geld in Waren werden soziale Grenzen abgesteckt. Dabei scheint es so zu sein, daß, je mehr das Luxusgeschöpf in den Vordergrund tritt, der Hausengel aus dem Blick gerät - Küchenschürze und Dior-Kleider vertragen sich eben nicht so gut. Umgekehrt machen weniger wohlhabende Frauen anscheinend aus der Not eine Tugend, indem sie Heim und Herd idealisieren.[15]

Diese allfälligen Erscheinungen von »Frauen und Geld« scheinen

14 V. Felton-Collins: Paare und Geld. Hört beim Geld die Liebe auf?, Hamburg 1990, S. 39ff.

15 Hans, a. a. O., S. 64.

sich zu relativieren, wenn Einkommens- und Vermögenssituationen betrachtet werden, die fast menschliche Vorstellungskraft übersteigen. So ist in den Fallstudien über die »Ultra-Reichen« der USA von V. Packard (1990) zu entdecken, daß Statussymbole nachrangig werden, daß sich die Frauen als »Ornamente des Mannes« nicht genügen. Sie suchen sich eigene Entfaltungsbereiche – oft genug im Bereich des Sozialen (d. h. die geschlechtsspezifische Arbeitsteilung wird nicht aufgebrochen) oder in einem eigenen Aufgabenbereich innerhalb des Unternehmens des Ehemannes. Es fragt sich, inwieweit es sich hier um trügerische Selbständigkeiten handelt, denn im Reichtum-Macht-Spiel ist soziales, künstlerisches, kulturelles und unternehmerisches Engagement der Ehefrau für den Mann eine größere »Zier« als die neueste Kreation der Haute Couture.

Die üblichen ökonomischen Kategorien für die Verwendung von Einkommen bzw. Gewinnen sind Konsum und Sparen bzw. Investitionen. Für die Verwendung von Vermögen gibt es einen besonderen, in den genannten Kategorien nicht ohne weiteres sichtbaren Zweck: das Vererben. Es verleiht dem Reichtum die Faszination, unsterblich zu sein. In der reichen Gesellschaft kommt den Frauen daher eine besondere Bedeutung zu: Sie gebären die Erben, ziehen sie auf und machen so Reichtum erst zu dem, was er ist.

Zugleich ist das Erben für die Frauen selbst ein Weg zum eigenen Reichtum, in Form der Witwenschaft oder als Tochter eines reichen Mannes.

4. Die kleine weibliche Bourgeoisie

4.1 Die Einkommensmillionärinnen

Bevor wir uns den Erbinnen zuwenden, deren Reichtum üblicherweise am Vermögen gemessen wird, werfen wir einen Blick auf die personelle Verteilung hoher Einkommen. Immerhin weist die Einkommensstatistik 1986 auch geschlechtspezifisches Datenmaterial aus und lehrt uns, daß es sie gibt: die Bezieherinnen hoher Einkommen.

Das Durchschnittseinkommen liest sich erwartungsgemäß: Die Männer beziehen im Durchschnitt mehr als doppelt so viel wie die Frauen. Die Erklärung dafür liegt sowohl in der realen Rollenverteilung der Geschlechter (Teilzeitarbeit von Frauen) als auch in der schlechteren Stellung von Frauen am Arbeitsmarkt.

Die Verteilung der Einkommen nach Größenklassen weist in die gleiche Richtung: Während die Frauen in den unteren Einkommensklassen (bis 20000 DM) dominieren, wendet sich das Blatt ab 25000 DM Jahreseinkünften. Ab 50000 DM sinkt der Frauenanteil unter 20 Prozent. In der Größenklasse von 100000 bis 200000 DM, die mit dem Attribut »reich« versehen werden kann, sind Frauen nur noch mit 8,4 Prozent vertreten. So beklagenswert dieser Zustand auch sein mag, so wenig löst er Verwunderung aus.

Erstaunlicher ist dann schon der Befund über die »EinkommensmillionärInnen«: Ab einer Viertelmillion Jahreseinkünfte steigt der Frauenanteil wieder an! Und zwar auf 11,6 Prozent in der Klasse zwischen einer und zwei Millionen DM bis 16,7 Prozent bei den Superreichen, die im Jahr steuerpflichtige Einkünfte von mehr als zehn Millionen DM veranlagen. Damit entspricht die geschlechtsspezifische Verteilung der Mehrfachmillionäre der in der Einkommensklasse von 50000 bis 60000 DM.

Insgesamt sind 14,4 Prozent aller EinkommensmillionärInnen Frauen, davon ist etwa ein Drittel alleinstehend. Die anderen zwei Drittel (ihre absolute Zahl beträgt 1244) sind verheiratet, und davon wiederum sind nur 1,1 Prozent (absolut 18) alleinige Einkommensbezieherinnen (bei den Männern sind es 17,7 Prozent). Die Daten bestätigen, daß Reichtum eine Männerdomäne ist. Daneben aber zeigt sich: Auch wenn Reichtum männlich ist, gibt es tatsächlich eine »kleine weibliche Bourgoisie« (Bernard/Schlaffer).[16] Die Autorinnen ziehen hier die Parallele zu einem Phänomen der Schwarzen in Amerika: Trotz der sozialen Diskriminierung gab und gibt es eine kleine Zahl von Schwarzen, die wirtschaftlich außerordentlich erfolgreich waren und sind. Die unterpriviligierte Situation zwang die Schwarzen zu ganz besonderen, überdurchschnittlichen Leistungen, zur Übererfüllung der gesellschaftlicher Normen. »Ihre Kleidung, die Manieren und Schulleistungen ihrer Kinder, ihre eigene Lebensweise, mit allem mußten sie ›beweisen‹, daß ein Neger unter den richtigen Bedingungen genauso zivilisiert sein kann wie ein Weißer. Am Arbeitsplatz mußten ihre Leistungen über jeden Zweifel erhaben sein. Sie mußten

16 C. Bernard/E. Schlaffer: Rückwärts und auf Stöckelschuhen ... können Frauen so viel wie Männer, Köln 1989, S. 90.

etwas Besonderes leisten, um ihre Existenz neben einem ganz durchschnittlichen Weißen zu rechtfertigen. Der Verdacht, sie seien nur infolge irgendwelcher Quotenbestimmungen oder liberalen Anwandlungen der Firma überhaupt in diese Position geraten, die sie einem viel fähigeren Weißen weggenommen hätten, lag nie sehr fern.«[17] Diese Beschreibung läßt sich ohne Umschweife auf die Situation vieler Frauen, die ökonomisch erfolgreich sind, übertragen.

4.2 Die Erbinnen

Vance Packards Beispiele von Ultra-Reichen lesen sich so, als gäbe es innerhalb mehrerer Generationen immer nur eine Frau (Großmutter, Mutter oder Tochter), die den Vorstellungen der Öffentlichkeit vom Leben einer Superreichen entspricht. Extravagant, mit Faibles für schöne Dinge (Kleider, Kunstgegenstände, Häuser bzw. Anwesen) bewegen sie sich wie selbstverständlich im internationalen Jet Set, ja prägen ihn. So z.B. Terry Allen Kramer, die es 1986 zusammen mit ihrer Familie auf ein Reinvermögen von mindestens 700 Millionen Dollar brachte. Ihre zwei Töchter gehen »ganz normalen« Beschäftigungen nach (Restaurantbesitzerin, Modeschmuckhandel), was Frau Kramer so kommentiert: »Es ist doch heute ganz anders geworden. Es macht einfach keinen Spaß, wenn man sich nicht irgendwo engagiert.«[18]

Elektra Waggoner Biggs (1982 150 Millionen Dollar Reinvermögen) hatte eine extravagante Mutter, deren verschwenderische Art durch ihre Einkaufsbummel in Dallas, die nicht unter je 20 000 Dollar ausgingen, bekannt wurde. Die Tochter dagegen freut sich über einen Jahresverdienst von 7 000 Dollar, den ihr die Bildhauerei eingebracht hat.

Zwei weitere extrem reiche Erbinnen werden zur Filmemacherin und zur Managerin eines Unternehmens, das ihren eigenen Interessen entspricht.

»Vielleicht hat die Frauenbewegung etwas damit zu tun gehabt. Jedenfalls sind eine ganze Reihe außerordentlich reicher Erbinnen nicht mehr damit zufrieden, sich ausschließlich dem Bade im Wohlstand zu

17 Ebenda, S. 91.

18 Zit. nach V. Packard: Die Ultra-Reichen. Anatomie eines amerikanischen Phänomens, Düsseldorf/Wien/New York 1990, S. 214.

widmen, Stippvisiten in den internationalen Badeorten zu machen, mögliche Ehemänner zu sichten, auf den besten Bällen zu erscheinen, sich in Kutschen herumfahren zu lassen und sich gelegentlich für gute Werke zu engagieren. Es mag durchaus sein, daß ihnen alle diese Dinge Spaß machen, aber sie wollen auch beweisen, daß sie aus sich selbst heraus etwas schaffen können, und zwar in einem Bereich, der mit der Quelle ihres Reichtums nichts zu tun hat.«[19]

Ein etwas anders gelagertes Beispiel ist Gloria von Thurn und Taxis, die nicht als Tochter, sondern als Witwe zu ihrem jetzigen Milliardenvermögen kam. Ehedem ein im wahrsten Sinne des Wortes glänzendes Beispiel für das Ornament des reichen Mannes, avancierte sie nunmehr zur aktiven Unternehmerin und Vermögensverwalterin, von einer, die das Geld wohl niemals zählte, wenn es um ihre Ausstaffierung ging, zu einer betriebswirtschaftlich handelnden Frau.

Inwieweit diese Erscheinungen der Frauenbewegung geschuldet sind, läßt sich wohl nur im Bereich der Spekulation beantworten. Aber daß Frauen (ob arm, ob reich) es ebenso wie Männer brauchen, durch eigenständiges Handeln Bestätigung und Anerkennung zu erheischen, durch Arbeit und Engagement sich selbst zu verwirklichen, das hat uns die Frauenbewegung wohl gelehrt.

5. Eine »reichere« weibliche Zukunft?

Sehr langsam, aber stetig erreichen immer mehr Frauen auch sogenannte Spitzenpostionen in Wirtschaft und Gesellschaft. Von Gleichstellung kann noch längst keine Rede sein, aber sie werden mehr, die Ministerinnen, die Konzernchefinnen und Institutsdirektorinnen. Diese Entwicklung wird von der feministischen Zunft ganz unterschiedlich bewertet. Verbreitet ist vor allem die These vom trügerischen Sieg, der hier errungen wird, da das Patriachat einer Handvoll den Eintritt in die »Belle Etage« gewährt, während der Rest im »Keller« verbleiben muß und sich dort auch unaufhaltsam vermehrt.

Diese Position stützt sich in erster Linie auf die Empirie, die neben einer geringen Zunahme von Frauen in Führungspositionen einen viel stärkeren Zuwachs von Frauenarmut und Frauenbeschäftigung in

19 Ebenda, S. 200.

sozial ausgehöhlten und nicht existenzsichernden Beschäftigungsverhältnissen ausweist. Andererseits vollziehen sich in der Arbeitswelt ökonomisch-technische Veränderungen, die neue Anforderungen an Führungspersönlichkeiten und -strukturen stellen. Diese Erfordernisse stehen durchaus in Konflikt zu traditionellen männlichen Verhaltensmustern. Es ist die Frage, ob sich von daher auch neue Chancen für Frauen bieten.

Eine so verursachte Veränderung bedeutet auf keinen Fall per se eine Nivellierung bestehender Herrschaftsverhältnisse, sondern zunächst nicht mehr und nicht weniger als ein Mehr an rechtmäßiger Teilhabe der Frauen am Bestehenden – konkret an Managergehältern von einer halben Million per anno oder Entscheidungsgewalt in den Machtzentralen der Wirtschaft.

Letztlich ist es das Wesen des vom Kapitalismus hervorgebrachten Reichtums, daß er sich auf einige wenige konzentriert, die ihn besitzen. Es gibt keine Argumente dafür, daß mehr Frauen in dieser Welt der Superreichen die Verteilungsstrukturen verändern. Vielleicht können mehr Frauen in der Welt der Superreichen das Bewußtsein in der Gesellschaft verstärken, daß ökonomische Cleverness, Effizienzdenken oder ganz einfach der Umgang mit Geld und Gütern für Frauen nichts Wesensfremdes ist.

Vor allem gilt: Die Geschichte des Kampfes um Gleichberechtigung und Gleichstellung in Wirtschaft und Gesellschaft schreiben nicht die Frauen, die in eine bedeutende Position hineingeboren werden, sondern diejenigen, die ihr Leben in die Hand nehmen und ihre Füße in die Welt stellen.

Harald Werner

Reichtum als Ersatz

Gegen Reichtum läßt sich unter zwei Voraussetzungen nichts einwenden. Erstens darf er nicht die Armut anderer zur Voraussetzung haben, und zweitens sollte er sich nicht als private Insel in einem Meer öffentlicher Armut erheben.

Reichtum ist ebenso doppelgesichtig wie Freiheit, die sich als Freiheit von oder als Freiheit zu etwas darstellen kann. Ist es Reichtum, der mir reichhaltige Beziehung zur Natur und zu anderen Menschen erschließt, oder ist es Reichtum, der den allgemeinen Mangel an menschlichen und natürlichen Beziehungen kompensiert?

Neoliberale und neokonservative Sozialtheorien nähren sich gleichermaßen aus alten Theoriebeständen, wie sie auf neue Entwicklungen reagieren. In ihrem Kern drehen sie sich um das Individuum in seiner zunehmenden Abhängigkeit von sozial vermittelten Prägeformen. Das ist so neu nicht, daß es die Vorsilbe »neo« rechtfertigte. Auch ihre Kennzeichnung als postmodern ist insoweit unzutreffend, als die Entdeckung des Individuums zum Projekt der Moderne gehört. Und doch stehen die den alten Theoriebeständen vorangestellten Vorsilben »neo« und »post« für eine Trendwende. Sie kennzeichnen die Suche nach einer ideologischen Überhöhung real ablaufender Umbruchprozesse bei der Konstituierung des Sozialen.

Das Scheitern des sozialstaatlichen Kompromisses, auf den sich auch konservative und liberale Kräfte eingelassen hatten, vernichtet einerseits die Hoffnung auf soziale Verheißungen der Moderne und weckt andererseits das Bedürfnis nach einem neuen Modernisierungsweg. Die Moderne wird endgültig halbiert, das heißt, sie reduziert sich auf die Weiterentwicklung des Individuums zu Lasten gesellschaftlicher Emanzipation.

Die theoretischen Nebelbildungen haben einen realen ökonomischen und sozialen Hintergrund, der durch drei Tendenzen strukturiert wird: erstens durch die zunehmende Dominanz der Marktregulation und die Globalisierung der Märkte, zweitens durch die Tendenz zur zunehmenden Individualisierung der Arbeits- und Lebensbeziehungen und drittens durch die Tendenz zur Enteignung der Alltagskulturen. Diese Tendenzen sind selbst wiederum nur eine Folgeerscheinung der durch die neuen Informationstechnologien verursachten Umbrüche in Produktion, Ökonomie und sozialer Vergesellschaftungsweise.

– Das hervorstechendste Merkmal der neuen ökonomischen Tendenz ist die beschleunigte Vertiefung von immer schon bestehenden Widersprüchen. Die globale Vernetzung der Märkte führt einerseits zu einer beschleunigten Angleichung und andererseits zu beschleunigter Marginalisierung. Und dies sowohl im Weltmaßstab als auch innerhalb der einzelnen Länder. Die Utopie der gemeinsamen Entwicklung und der sozialen Bürgerrechte hat keine Basis mehr.

– Individualisierung ist in erster Linie eine Form der Herauslösung aus sozial gewachsenen Lebensformen, Arbeitsbeziehungen und kollektiven Schutzsystemen, aber keine Emanzipation aus Herrschaftsverhältnissen. Das hindert neoliberale Sozialtheoretiker allerdings nicht, eben diesen nicht stattfindenden Prozeß zum Wesen der Sache zu erklären.

– Mit der Zerstörung der sozial tradierten Beziehungen werden gleichzeitig Sinn- und Wertgebungen aufgehoben, die den Individuen bei der gedanklichen Vermittlung zwischen persönlichem Sinn und gesellschaftlicher Bedeutung ihrer Tätigkeit halfen. An die Stelle der tradierten Sinn- und Wertgebung tritt zunehmend die medial gesteuerte Selbstinszenierung der Vereinzelten.

Die neokonservativen oder -liberalen Gesellschaftstheorien reagieren also auf objektiv stattfindende Prozesse und geben ihnen nachträglich eine ideologische Rechtfertigung, die die Not zur Tugend macht. Ungleichheit wird zum Recht auf Differenz, Auflösung sozialer Bindungen zur Tugend der Distanz erklärt. Dabei genießt dieser ästhetisch über die Medien vermittelte Lebensstil durchaus eine vordergründige Plausibilität und öffentliche Akzeptanz, weil er einerseits mit den realen Alltagserfahrungen korrespondiert und andererseits auf wirkliche Bedürfnisse der Individuen eingeht, die freilich nicht befriedigt werden.

Entscheidend ist nicht so sehr, daß die Verheißungen des neuen Lebensstils im Widerspruch zu der Tatsache stehen, daß nur ein Teil der Gesellschaft die ökonomischen Möglichkeiten zu seiner Realisierung hat. Die Gruppe der sogenannten Modernisierungsgewinner ist in den kapitalistischen Metropolen immerhin so groß, daß sie mehrheitsfähig ist. Im Gegensatz zu früheren Entwicklungsetappen des

Kapitalismus ist der zu dieser Lebensweise notwendige Reichtum in den Metropolen eine Massenerscheinung geworden. Entscheidend ist, daß dieser sich im Konsum erfüllende Lebensstil die Gesellschaft in eine negative Dynamik von Desintegration und Selbstentfremdung treibt.

Um dies nicht als kulturpessimistische Behauptung im Raum stehen zu lassen, muß man die stattfindenden Umbrüche in der Vergesellschaftungsweise der Individuen mit ihren objektiven Lebensnotwendigkeiten vergleichen. Der Mensch bedarf zu seiner individuellen Integration in eine Gemeinschaft oder Gesellschaft eines Ensembles von gedanklicher Orientierung, die er sich im Umgang mit anderen aus dem kulturellen Erbe aneignet. Je weiter die historische Entwicklung von der naturgegebenen Gemeinschaft zur sich immer wieder selbstschöpfenden Gesellschaft voranschreitet, desto umfangreicher ist dieses Ensemble und desto komplizierter der Integrationsprozeß. Entscheidend ist, daß sich das Individuum in diesem widerspruchsvollen Prozeß nur an anderen Menschen orientieren kann. Durch ihre Anerkennung oder Ablehnung gewinnt seine Selbstintegration Richtung und Stabilität. Je komplizierter die Gesellschaft, desto wichtiger sind reichhaltige Beziehungen zu anderen Menschen und die Beteiligung am kulturellen Erbe. Die Zerstörung des sozialen Kommunikationsraumes und die Vereinzelung im Konsum von Waren schränkt diese Möglichkeiten außerordentlich ein.

Die kapitalistisch fundierte Herausbildung der modernen Gesellschaft war immer schon davon bedroht, daß das Geld beziehungsweise der sich in der Ware verkörpernde Tauschwert die gesellschaftliche Integration bewerkstelligte und nicht der gesellschaftliche Diskurs. Doch die Alltagskultur der sozialen Gruppen oder vielmehr ihre praktischen Lebensäußerungen tradierten eigene Wert- und Sinngebungen mit mehr oder weniger starker Bindungskraft. Die Arbeiterbewegung hat dem eine eigene, wissenschaftlich angereicherte Kultur hinzugefügt, die sich durch gemeinsame Kämpfe und Alltagspraxen fortsetzt. Ihr größter Erfolg innerhalb des Kapitalismus war schließlich die Erringung eines sozialen Status quo mit sozialen Bürgerrechten. Indem sich die verbindenden Alltagspraxen erst differenzierten und dann allmählich aufzulösen begannen, trat die Vergesellschaftung durch Geld und Tauschwert ihren eigentlichen Siegeszug an. Diese Entwicklung wird einerseits durch zunehmenden Überschuß von Geld und Waren begünstigt und führt andererseits zu einem wachsenden Bedürfnis nach ihnen. Die Armut an Sinn- und Wertorientierung steigert den Hunger nach dinglichem Reichtum um so stärker, je weniger Befriedigung er schafft. Dabei ist es nicht die Reichhaltigkeit der konsumierten Ware, die den Verfall von Wert- und Sinngebung produziert, sondern die Armut an interpersoneller Kommunikation und Anerkennung des Individuums durch Individuen.

Die Menschen behalten ihr Bedürfnis nach Identität, was nichts anderes heißt, als daß sie eine Übereinstimmung zwischen ihrem persönlichen Tun und den gesellschaftlich formulierten Vorgaben feststellen wollen. Doch Identität wird immer weniger durch personelle Kommunikation erfahrbar, sondern durch die Übernahme der in der Warenwelt aufgehobenen Symbolik, durch Aneignung von Waren und die Nachinszenierung der von Werbung und Massenkommunikation vorgegebenen Rollen.

Die Dynamik und Kommunikationsabhängigkeit des menschlichen Bedürfnissystems bringt es mit sich, daß die Suche nach gesellschaftlich vermitteltem Sinn und intersubjektiv bestätigter Gewißheit um so heftigere Suchbewegungen auslöst, je unbefriedigter diese Bedürfnisse bleiben. Die sozialen Bedürfnisse des Menschen wirken dabei nicht anders als die materiellen. Es findet eine ungeheure Steigerung der Intensität statt, bis sich das Individuum in der Auszehrung seiner Kräfte erschöpft und in Apathie verfällt. Wobei die Kompensation sozialer Bedürfnisse durch materielle, also die Kompensation des Seins durch das Haben, zum Motor des Luxuskonsums wird. Wo die persönliche Anerkennung ausbleibt, muß bare Bezahlung sie kompensieren, und wo die Identifikation mit dem gesellschaftlichen Sinn versagt bleibt, liefert der identitätsstiftende Besitz oder die Nachinszenierung zumindest zeitweise das Gefühl, den gesellschaftlichen Anforderungen gerecht zu werden.

IV. Wie der Sozialstaat ausgebeutet wird

Christoph Butterwegge

Weltmarktkonkurrenz, Wohlstandssicherung und Sozialstaatsentwicklung

Die soziale Lage der Bundesrepublik hat sich nicht erst seit der DDR-»Wende« und der Vereinigung am 3. Oktober 1990 grundlegend verändert. Vielmehr wurden Dauerarbeitslosigkeit und Armut schon während der 80er Jahre zu Massenerscheinungen, denen die CDU/CSU/FDP-Regierung nur zögerlich und halbherzig entgegentrat. Sie ergriff keine Maßnahmen zur Stärkung der Nachfrage, zur Ankurbelung der Konjunktur und zur Abfederung des Rationalisierungsprozesses, sondern setzte auf eine neoliberale austeritäts- und angebotsorientierte Wirtschaftspolitik. Die gezielte Deregulierung, Flexibilisierung der Arbeitsverhältnisse und Reprivatisierung sozialer Risiken waren jedoch denkbar ungeeignet, die gesellschaftliche Strukturkrise zu bewältigen und damit wieder für Vollbeschäftigung zu sorgen.

Ende der 70er/Anfang der 80er Jahre vornehmlich gegen die sozialdemokratische Staatsbürokratie gerichtet,[1] traf die liberal-konservative Sozialstaatskritik seit der »Wende« im Oktober 1982 (Regierungswechsel Kohl/Schmidt) verstärkt Bürger/innen, die den Wohlfahrtsstaat (angeblich) mißbräuchlich in Anspruch nehmen. Nun galten die öffentlichen Auslassungen über Sozialpolitik kaum mehr deren Leistungen und Defiziten für die Betroffenen, vielmehr hauptsächlich »Auswüchsen des Wohlfahrtsstaates« und Mißbrauchsmög-

1 Vgl. R. Merklein: Griff in die eigene Tasche. Hintergeht der Bonner Sozialstaat seine Bürger?, Reinbek bei Hamburg 1980.

lichkeiten.[2] Nach der Wiedervereinigung zog Werner Bruns[3] eine direkte Linie von den Schwarzmarktgeschäften mit Staatseigentum in der DDR-Gesellschaft zur »Sozialkriminalität« in den neuen Bundesländern. Gleichzeitig wachse das »Anspruchsdenken gegenüber dem Staat« bei den Westdeutschen, die durch den krisenhaften Vereinigungsprozeß zusätzlich belastet würden, weil die moralische Autorität des Staates verfalle.

Die Unternehmer(verbände) nutzten die Wirtschaftskrise und die Massenarbeitslosigkeit, um die öffentliche Debatte über einen grundlegenden »Umbau« des Sozialleistungssystems in ihrem Sinne zu beeinflussen. Zusätzlich desavouiert war das Soziale durch den Bankrott der ostmitteleuropäischen Staaten, konnte man es doch für die Funktionsdefizite und die Überforderung der kommunistischen Volkswirtschaften verantwortlich erklären.[4] Suggeriert wurde, daß der Wohlfahrtsstaat auch im Westen nicht mehr finanzierbar sei, und mit Erfolg wurde eine (Re-)Privatisierung vieler sozialer Risiken propagiert. Die staatlichen Sicherungssysteme sollen zukünftig nur noch eine Grundversorgung gewährleisten und die Betroffenen selbst für einen höheren Lebensstandard sorgen.

Bislang wurde der Sozialstaat jedoch weniger demontiert als systematisch diskreditiert. Sowohl die Kosten als auch die Leistungen des Sozialstaates gerieten ins Kreuzfeuer der Kritik, wobei die Demographie als Mittel der politischen Demagogie herhalten mußte: Die angebliche »Vergreisung« Deutschlands macht vielen Menschen genug Angst, um ihnen den Um- bzw. Abbau des Sozialstaates als einzige Möglichkeit zur Lösung seiner Finanz- und Strukturkrise plausibel erscheinen zu lassen. Mittelfristig dürften diesen *mentalen* Veränderungen *materielle* Einschnitte bislang unbekannten Ausmaßes folgen. Sozialabbau fängt nämlich in den Köpfen an und hat sich dort bereits festgesetzt.[5]

---

2 Vgl. V. Hentschel: Geschichte der deutschen Sozialpolitik (1880–1980). Soziale Sicherung und kollektives Arbeitsrecht, Frankfurt a. M. 1983, S. 262.

3 W. Bruns: Sozialkriminalität in Deutschland, Frankfurt a. M./Berlin 1993, S. 123 f.

4 Vgl. D. Bamberg: Sozialstaat und soziale Gerechtigkeit, in: P. Krahulec u. a. (Hg.): Der große Frieden und die kleinen Kriege. Jahrbuch des »Arbeitskreises Frieden in Forschung und Lehre an Fachhochschulen«, Münster 1993, S. 216.

5 Vgl. Arbeitsgruppe Alternative Wirtschaftspolitik: Memorandum '95. Stärkung des Sozialstaates – Wirtschaftspolitik für Arbeit und ökologischen Umbau, Köln 1995, S. 24.

Entwickelt sich der Wohlfahrts- zum nationalen Wettbewerbsstaat? – Die Ablösung sozialer Sicherung durch Standortsicherung als Konsequenz der »Triadenkonkurrenz«

An die Stelle des jahrzehntelangen Rüstungswettlaufs zwischen den beiden Militärbündnissen NATO und Warschauer Pakt ist ein ökonomisch-technologischer Wettbewerb zwischen drei kontinentalen Wirtschaftsblöcken getreten: Nunmehr führen Nordamerika (USA, in der Freihandelszone NAFTA mit Kanada und Mexiko zusammengeschlossen), Westeuropa (EU) und Südostasien (Japan mit den sogenannten vier Kleinen Tigern: Hongkong, Singapur, Südkorea und Taiwan) meist unter dem Stichwort »Standortsicherung« einen erbitterten Kampf um neue Absatzmärkte, Marktanteile, Anlagesphären, strategische Rohstoffe, Ressourcen und Patentrechte. Im Zuge der sogenannten Triadenkonkurrenz verhärten sich die internationalen Beziehungen; außerdem erhöht sich der Leistungsdruck im Landesinnern.

Scheinbar erfordert die Neuordnung der Weltwirtschaft eine Restrukturierung des Sozialstaates. »Der nach innen gerichtete Wohlfahrtsstaat wird vom nach außen gewandten Konkurrenzstaat abgelöst.«[6] Daß der sozialstaatliche Grundkonsens – bislang die Stabilitätsgarantie der Bundesrepublik schlechthin – im vereinten Deutschland aufgekündigt wird, ist eine fatale Konsequenz der modifizierten Weltmarktkonkurrenz. »Nicht mehr das Streben nach Umsatzsteigerungen und Marktanteilen um jeden Preis, sondern der Kostensenkungswettbewerb bestimmt das Firmenverhalten, und dies erzwingt den Wettbewerb der Standorte: Es sind die Standorte, die untereinander um die Gunst der Konzernniederlassung konkurrieren, indem sie das Kostenniveau der Produktionsfaktoren ebenso wie die den Firmen auferlegten Kosten für Sozial- und Arbeitslosenunterstützung, für den Verbrauch von Umweltgütern und für die Umweltsanierung so tief als möglich halten.«[7]

Ist (betriebs)wirtschaftlicher Erfolg der entscheidende Handlungsmaßstab staatlicher Politik, hat sich das Wohlfahrtsstaatsmodell überlebt, zumal sich seine finanziellen Grundlagen aufzulösen scheinen.

6 W.D. Narr/A. Schubert: Weltökonomie. Die Misere der Politik, Frankfurt a.M. 1994, S. 153.

7 W. Schöni: Standortwettbewerb versus Sozialpartnerschaft. Zur Krise der wirtschafts- und sozialpolitischen Regulierung, in: Widerspruch 27 (1994), S. 70.

Ein moderner Nationalstaat, der im Rahmen einer verschärften Standortkonkurrenz um die Gunst von Großinvestoren buhlt, kann kein Sozialstaat im herkömmlichen Sinne sein. Strategischer Dreh- und Angelpunkt der Sozialpolitik ist daher nicht mehr, wie die Lage der abhängig Beschäftigten, der Erwerbslosen und ihrer Familien, sondern nur noch, wie die Wettbewerbsfähigkeit der deutschen Wirtschaft verbessert werden kann.

In dieser veränderten und auf den Unternehmerstandpunkt verkürzten Perspektive haben Demokratie, Menschenrechte und Bürgerbeteiligung keinen Eigenwert. Elmar Altvater weist denn auch darauf hin, »daß im Zuge der Standortpolitik entbundene Sozialisationspotentiale zunächst wohlstandschauvinistisch gegen andere Standorte mobilisiert und dann nationalistisch oder regionalistisch und ethnozentrisch von rechts eingebunden werden können«.[8]

Obwohl sich das Wilhelminische Kaiserreich, das NS-Regime und die Bundesrepublik (auch nach dem DDR-Beitritt) grundlegend voneinander unterscheiden, sieht es gegenwärtig so aus, als würde Deutschland zum dritten Mal in diesem Jahrhundert – wenn auch nur wirtschaftlich, nicht militärisch – nach einer Weltmachtrolle greifen und erneut in einen Zweifrontenkrieg mit überlegenen Gegnern verwickelt, der zwangsläufig zu seiner Niederlage führen muß.

Selbst die letzte Rezession erwies sich – scheinbar paradox – für Deutschlands Wirtschaft als günstige Gelegenheit, ihre Stellung auf dem Weltmarkt zu festigen: Massenentlassungen, Rücknahme von betrieblichen Sozialleistungen, von Arbeitsschutzbestimmungen und Umweltauflagen waren dadurch leichter durchsetzbar. Mit der Diskussion über die angebliche naturwissenschaftlich-technische Rückständigkeit, die sinkende Konkurrenzfähigkeit im Bereich der sogenannten Zukunftstechnologien (Mikroelektronik, Systemtechnik, Biogenetik) und fehlende Führungsqualitäten des Managements (»Nieten in Nadelstreifen«) trugen die Medien zur Schwächung der gewerkschaftlichen Gegenmacht sowie zur Stärkung der Leistungs- und Opferbereitschaft im Volk bei.

»Leistung« fetischisiert man in geradezu zynischer Weise, definiert aber keineswegs, was darunter eigentlich zu verstehen ist: Wer auf den globalen Finanzmärkten erfolgreich spekuliert, wird hofiert; wer

8 E. Altvater: Politik des Weltmarkts oder die Natur des Standorts, in: O. Negt (Hg.): Die zweite Gesellschaftsreform. 27 Plädoyers, Göttingen 1994, S. 24.

auf den sogenannten zweiten Arbeitsmarkt abgedrängt wird, fällt hingegen aus dem System von Tarif- und anderen sozialen Schutzrechten heraus. Die Rekonstruktion der westdeutschen Sozialstruktur in den östlichen Bundesländern trägt gewisse Züge einer Kolonisation,[9] aber mehr noch einer ursprünglichen Akkumulation. An die Stelle der sozialstrukturellen Nivellierung im Staatssozialismus tritt eine Tendenz zur ökonomischen Polarisierung und Pauperisierung: Neben einer »neuen Bourgeoisie«, die – von der unternehmerfreundlichen Subventions- bzw. Steuerpolitik im Beitrittsgebiet begünstigt – schnell zu Wohlstand gelangt, gibt es größere Teile der Bevölkerung, die von Dauerarbeitslosigkeit, Verarmung und Verelendung betroffen sind.

Betroffene, Wohlfahrtsverbände und Gewerkschaften, die total in die Defensive gedrängt wurden, leisteten keinen ernsthaften Widerstand, sondern ließen sich weitgehend einbinden. Die ideologische Basis des vereinigungsbedingten »Burgfriedens« bildete der Gedanke, daß – zumindest zeitweilig – ein viel größeres Maß an sozialer Ungleichheit akzeptiert werden müsse.[10] Bis in DGB-Funktionärskreise hinein setzte sich die Ansicht durch, daß der Sozialstaat »perverse, seine eigenen Grundlagen zerstörende Effekte« produziere.[11]

Seit 1989/90 unterliegt die Schlüsselkategorie der Arbeiter- und Gewerkschaftsbewegung einer schleichenden Reinterpretation und Deformation: Der Solidaritätsbegriff wurde aufgespalten und seines ursprünglichen Sinngehaltes entleert. Als »nationale Solidarität« erscheint die Übernahme finanzieller Lasten des Vereinigungsprozesses durch einen Großteil der arbeitenden Bevölkerung, als »globale Solidarität« die Beteiligung der Bundeswehr an Militäreinsätzen der UNO bzw. NATO.

Gleichzeitig findet eine Transformation der Sozialpolitik statt, die vom Appendix zum integralen Bestandteil der nationalen Wirtschaftspolitik avanciert. Der in diesem Zusammenhang geprägte Begriff des Sicherungsstaates überbetont jedoch die institutionelle Seite

9 Vgl. W. Dümcke/F. Vilmar (Hg.): Kolonialisierung der DDR. Kritische Analysen und Alternativen des Einigungsprozesses, Münster 1995.

10 Siehe etwa K. Biedenkopf: Wir müssen mehr Ungleichheit akzeptieren. Plädoyer für eine neue Republik der Regionen und ein Lebensgefühl Ost, in: Wochenpost vom 26.3.1992.

11 Siehe K. Lauschke/K.-W.West: Jenseits von Markt und Staat, in: Gewerkschaftliche Monatshefte, 7/1995, S. 398.

und vernachlässigt darüber den Weltmarktzusammenhang als entscheidende Triebkraft des Restrukturierungsprozesses: »Im Sicherungsstaat dient Sozialpolitik der Sicherung des staatlichen Institutionengefüges statt der Förderung sozialer Sicherheit.«[12] Joachim Hirsch spricht in diesem Zusammenhang von einem neuen Staatstyp, den er »nationalen Wettbewerbsstaat« nennt.[13]

Sofern der Wohlfahrtsstaat in seiner traditionellen Form überhaupt noch verteidigt wird, bemühen auch Gewerkschafter/innen häufig das Argument, die soziale Sicherung stelle einen »Standortvorteil« für die Bundesrepublik Deutschland dar. Hiermit überzeugt man zwar keinen Unternehmer, verliert aber an geistig-moralischer Glaubwürdigkeit und stützt ungewollt jene Logik, die Menschen allein nach ihrer (wirtschaftlichen) Leistungsfähigkeit beurteilt. Daß die Arbeitslosen gemäß einer Vorlage aus dem Hause von Arbeits- und Sozialminister Norbert Blüm jährlich nach ihrem »Marktwert« taxiert werden und dementsprechend sinkende Unterstützungsleistungen erhalten sollen, ist denn auch nur folgerichtig.

Wohlstandschauvinismus, verstärkte Zuwanderung nach (West-)Europa und deutsche Asylpolitik

Der Sozialdarwinismus untergräbt die geistig-moralischen Fundamente des Wohlfahrtsstaates. Ein Gemeinwesen, das – wie die Bundesrepublik – immer mehr Minderheiten und sogenannte Randgruppen (z.B. Alte, Behinderte, Haftentlassene, Homosexuelle, Prostituierte, Aidskranke, Obdachlose, Flüchtlinge) ausgrenzt oder abschiebt, ist kein Sozialstaat im eigentlichen Wortsinn. Das spürbare Erstarken des Rechtsextremismus, Nationalismus und Wohlstandschauvinismus fast überall in Westeuropa gehört in denselben Zusammenhang.[14] Die Eskalation rassistisch motivierter Gewalt wird meist auf die verstärkte Migration, Flüchtlingsströme und den Zuwanderungsdruck seit Beendigung der Ost-West-Konfrontation (im alten Stil) zurückgeführt. Sie hatte aber mehr mit nationaler Demagogie, sozialen Problemen

12 F. Nullmeier/F.W. Rüb: Die Transformation der Sozialpolitik. Vom Sozialstaat zum Sicherungsstaat, Frankfurt a.M./New York 1993, S. 13.

13 Siehe J. Hirsch: Der nationale Wettbewerbsstaat. Staat, Demokratie und Politik im globalen Kapitalismus, Berlin/Amsterdam 1995.

14 Vgl. hierzu: Ch. Butterwegge: Der Rechtsextremismus und die Krise des Sozialen, in: Sozialer Fortschritt, 6/1995, S. 138–144.

und nicht zuletzt durch die staatliche Politik verstärkten Abstiegsängsten (von Teilen) der einheimischen Bevölkerung zu tun.

Die mörderische Weltmarktkonkurrenz verschärft das Problem der Kulturdifferenz und verschüttet das Bewußtsein einer grenzüberschreitenden Interessenkongruenz zwischen den unterprivilegierten Gesellschaftsschichten. Auf diese Weise leistet sie der Ethnisierung sozialer Beziehungen und der Ausgrenzung nationaler Minderheiten Vorschub. Da sich nicht nur der Konkurrenzkampf zwischen den Volkswirtschaften, sondern auch der Verdrängungswettbewerb zwischen »fremden« und einheimischen Arbeitskräften zuspitzt, wächst bei Staatsmännern und Wirtschaftsführern die Versuchung, ernsthafte Bemühungen um die Lösung sozialer Probleme durch Appelle an das Nationalgefühl zu ersetzen.

Symptomatisch dafür ist Wolfgang Schäubles Buch »Und der Zukunft zugewandt«, das Deutschland als nationale »Schutz- und Schicksalsgemeinschaft« begreift. Bei seinem Frontalangriff auf den Sozialstaat bedient sich der CDU/CSU-Fraktionsvorsitzende im Bundestag solcher Schlagworte wie »Risikoscheu« und »soziale Vollkaskomentalität«, die mehrfach auftauchen und in den Ruf nach einer größeren Verteilungsungerechtigkeit und Ungleichheit münden: »Man muß sich fragen, ob wir, um unsere gegenwärtigen Probleme in den Griff zu bekommen, nicht wieder zu einer weniger ›durchegalisierten‹ Gesellschaft finden müssen. Gezielt Eliten zu fördern oder überhaupt erst wieder zu ermöglichen, erscheint mir heute dringlicher denn je.«[15]

Neokonservativen, nationalliberalen und rechtsextremen Kräften ist der Sozialstaat seit jeher ein Dorn im Auge. Wie Ralph Weiß[16] kritisiert, geriert sich der Rechtsextremismus als politisch-ideologische Antwort auf die prekären Lebenslagen depravierter Gesellschaftsschichten, ohne daß eine konkurrierende Rethematisierung sozialer Fragen erfolgt: »Der Bedarf und das Interesse an sozialen Sicherungen scheinen in dem von den Medien bestellten öffentlichen Raum zunehmend sprachlos zu werden. Sie fallen der Nichtbeachtung anheim oder werden formelgleich in die Position einer ›Last‹ gerückt.«

Wer die Wiederkehr des Nationalstaates feiert, dürfte kaum Interesse an einer Fortentwicklung des Sozialstaates haben. Die soziale

15 W. Schäuble: Und der Zukunft zugewandt, Berlin 1994, S. 26.

16 R.Weiß: Rechtsextremismus und vierte Gewalt, in: Soziale Welt, 4/1994, S. 498.

Frage verträgt keine nationale Antwort, weil diese gesellschaftliche Interessengegensätze, Pauperisierungs- und Polarisierungsprozesse nicht beseitigt, sondern durch den Appell an eine fiktive Gemeinschaftlichkeit nur für kurze Zeit zu kaschieren vermag.

Gleichwohl erweckt die »Volksgemeinschaft« den Eindruck, die sich verschärfenden Interessengegensätze durch Gemeinschaftlichkeit eindämmen oder überwinden zu können: »Nationales Denken kommt bei den Menschen an, weil es zu signalisieren scheint, daß dem Auslandsdruck, der scheinbaren Ursache allen Übels, entgegengewirkt werden soll.«[17]

Gezielt wurde die Furcht der Lohnabhängigen vor der Zuwanderung ausländischer Arbeitskräfte (Asyldebatte) und vor der Abwanderung des einheimischen Kapitals (Standortdiskussion) geschürt.[18] Die deutsche Asyldiskussion erfüllte im wesentlichen drei Funktionen: Sie lenkte von Problemen der Vereinigung sowie Fehlern und Versäumnissen der Regierungspolitik ab; sie schuf das öffentliche Klima für eine Grundgesetzänderung, mit der sich die Bundesrepublik nach außen abschottete; schließlich war sie eine Generalprobe für die Einschränkung demokratischer und sozialer Grundrechte. Mit dem Asylbewerberleistungsgesetz, das am 1. November 1993 in Kraft trat, wurden die Mindeststandards für den Lebensunterhalt gesenkt und generelle Kürzungen im Bereich der Lohnersatzleistungen vorbereitet: »Wer nicht mit Flüchtlingen teilen will, teilt auch nicht mit arbeitslosen Landsleuten. In der Rückschau entpuppt sich die Ausgrenzung der Flüchtlinge aus der Sozialhilfe, die das Asylbewerberleistungsgesetz festschrieb, nur als Auftakt für eine Ethnisierung der Fürsorge.«[19]

Die Zerschlagung des Aslyrechts war insoweit ein Pilotprojekt, das den sozialen Grundgehalt der Republik in Frage stellt.[20] Statt der sich vergrößernden Kluft zwischen Arm und Reich wurde der Scheinge-

---

17 R. Katzenstein: Zuwanderung und Arbeitsmarkt. Provoziert der gegenwärtige Kapitalismus den Zulauf für die Rechtsradikalen?, in: Utopie kreativ 49 (1994), S. 38.

18 Vgl. P. Scherer: »Standort Deutschland«. Wie frei ist das Kapital bei Standortentscheidungen?, in: Sozialismus, 10/1993, S. 26.

19 J. Trittin: Gefahr aus der Mitte. Die Republik rutscht nach rechts, Göttingen 1993, S. 102.

20 Vgl. B. Klees: Wer bedroht wen? – Wie Ausländer zu Sündenböcken werden, in: Rainer Butenschön u. a. (Hg.): Gegen die soziale Lüge. Armut und Verelendung im reichen Deutschland, Braunschweig 1993, S. 62.

gensatz zwischen »ungehemmter Zuwanderung über offene Grenzen« und »Aufrechterhaltung des Sozialstaates« thematisiert. Zweifellos wird ein Wohlfahrtsstaat sowohl auf der Einnahme- wie auf der Ausgabenseite von Zuwanderung tangiert, aber keineswegs nur oder in erster Linie negativ. Die Solidarität mit Asylbewerbern und der europäische Sozialstaat bilden mitnichten unvereinbare Gegensätze, wie Horst Afheldt[21] behauptet. Man muß nicht offene Grenzen fordern, um für eine globale Sozialpolitik, einen Ausgleich des Wohlstandsgefälles zwischen den westlichen Industriestaaten und der sogenannten Dritten Welt sowie die Aufnahme politischer Flüchtlinge zu plädieren.

Nach den Asylsuchenden gerieten sofort wieder die Arbeitslosen und Sozialhilfeempfänger ins Visier des regierenden Liberalkonservatismus. Statt einer umfassenden Sozialreform, die nötig wäre, um der sich in vielen Regionen (besonders, aber nicht nur Ostdeutschlands) ausbreitenden Massenarmut entgegenzuwirken, beschloß das Bundeskabinett auf Initiative des neuerdings dafür zuständigen Gesundheitsministers Horst Seehofer eine »Sozialhilfereform«, die ihren Namen kaum verdient und sich wiederum im wesentlichen auf Leistungskürzungen beschränkt.[22]

Perspektivisch sollen mittels einer Negativsteuer und Pflichtarbeit stärkere »Arbeitsanreize« gegeben und die sozial Schwächsten gezwungen werden, jede Stelle anzunehmen. Auf diese Weise hofft man, das Arbeits- und Tarifsystem der Bundesrepublik aushebeln zu können. Durch gedeckelte Regelsätze und eine verschärfte Arbeitspflicht für Sozialhilfeempfänger/innen erhöht sich der Konkurrenzdruck im untersten Arbeitsmarktsegment. Nach wie vor gilt: »Wer die Sozialhilfe kürzt, hat die Löhne im Visier.«[23]

21 H. Afheldt: Sozialstaat und Zuwanderung, in: Aus Politik und Zeitgeschichte. Beilage zur Wochenzeitung Das Parlament, 7/1993, S. 50.

22 Vgl. dazu: L. Leisering/St. Leibfried: Mindestsicherung im Sozialstaat. Jenseits der Sozialhilfereform, in: Zeitschrift für Sozialreform, 6/1995, S, 325–340; G. Wenzel: Sozialhilfereform und Sozialreform, in: Zeitschrift für Sozialreform, 7/1995, S. 460–472.

23 G. Bäcker/J. Steffen: Marktradikaler Umbau mittels Sozialpolitik. »Arbeitsanreizstärkung« über Negativsteuer und Pflichtarbeit, in: H. Schmitthenner (Hg.): Der »schlanke« Staat. Zukunft des Sozialstaates – Sozialstaat der Zukunft, Hamburg 1995, S. 51.

Die Ambivalenz der »Umbau«-Metapher: Zerstörung oder Umstrukturierung des Sozialstaates?

Meint der vielbeschworene »Umbau« des Sozialstaates in Wirklichkeit nur einen Abbau staatlicher Sozialleistungen? Verfolgt man die öffentliche Debatte darüber und Pläne der Regierungsparteien, könnte es so scheinen, als ginge es bloß um eine ideologisch verbrämte Rücknahme sozialpolitischer Errungenschaften, die seit dem Kaiserreich zur Selbstverständlichkeit und längst zu einem festen Bestandteil der politischen Kultur unseres Landes geworden sind. Gerhard Bäcker gelangt denn auch zu dem Schluß, »daß die Chiffre ›Umbau‹ im wesentlichen auf Abbau zielt. [...] Das soziale Netz soll mehr oder minder radikal ausgedünnt und auf eine Basisversorgung reduziert werden, um die öffentlichen Ausgaben sowie Abgaben herunterzudrükken und die Betriebe zu entlasten.«[24]

CDU, CSU und FDP bezwecken gleichwohl keine Liquidierung, sondern eine Funktionalisierung bzw. Ökonomisierung des Wohlfahrtsstaates: Sozialleistungen gleichen nicht die Folgeschäden der Arbeitsmarktkonkurrenz aus, werden vielmehr zu einem Bestandteil des Konkurrenzsystems selbst. Bundeskanzler Helmut Kohl begreift den Wettbewerb (zwischen verschiedenen Leistungserbringern) als Patentrezept zur Modernisierung des Wohlfahrtsstaates: »Wettbewerb und soziale Sicherung sind kein Widerspruch – im Gegenteil: Sicherung und Weiterentwicklung durch Wettbewerb – darin liegt die Zukunft gerade unseres Gesundheitswesens.«[25]

Einige die öffentliche Debatte belastende Mißverständnisse resultieren aus der Mehrdeutigkeit des Sozialstaatsbegriffs. Daher sollte man zwischen einem emanzipatorischen, einem kompensatorischen und einem legitimatorischen Sozialstaatsbegriff unterscheiden: Ersterer macht wohlfahrtsstaatliche Regelungen, die Menschen aus wirtschaftlichen Zwängen befreien, zu einem Wert an sich (soziale Politik). Die zweite Variante versteht unter einem Wohlfahrtsstaat nur

24 G. Bäcker: Der Sozialstaat – ein Auslaufmodell?, Die Krise der Sozialpolitik als politische Krise, in: WSI-Mitteilungen, 6/1995, S. 346.

25 H. Kohl: Soziale Sicherung und Wettbewerb – Gestaltungsaufgabe im Gesundheitswesen. Rede des Bundeskanzlers am 4. Oktober 1995 in Bernau/Waldsiedlung, in: Presse- und Informationsamt der Bundesregierung (Hg.), Bulletin 83/1995, S. 809.

gesetzliche Bestimmungen, welche die negativen Folgewirkungen der Marktwirtschaft für Leistungsschwächere ausgleichen (traditionelle Sozialpolitik). Die dritte Lesart schließlich übernimmt und pervertiert das Postulat der »Einheit von Wirtschafts- und Sozialpolitik«, wie es die SED vertrat, wobei letztere bloß noch das nationalstaatliche Konkurrenzstreben flankiert und rechtfertigt (Standortsicherung). Im Mittelpunkt steht ad 1 der (arbeitende) Mensch, ad 2 die (Erhaltung der) Marktwirtschaft, ad 3 der (eigene) Nationalstaat.

Der weltmarktorientierte Sozialstaat übernimmt eine Doppelfunktion: Er wirkt legitimatorisch nach innen und aggressiv-kompetitorisch nach außen. Sozialpolitik ordnet sich fortan dem Ziel unter, die Weltmarktstellung der Bundesrepublik zu stärken, indem sie die eigene Volkswirtschaft stimuliert. Zweck und Mittel der wohlfahrtsstaatlichen Intervention ändern sich: »Nicht der problemadäquate Schutz vor sozialen Risiken und die Korrektur der marktvermittelten Einkommenspolarisierung, sondern der Beitrag der Sozialpolitik zur Konsolidierung der Staatshaushalte, zur Reduzierung der Personalzusatzkosten und zur Deregulierung des Arbeitsrechts- und Tarifsystems avanciert zum Erfolgskriterium einer ›modernen‹ Sozialpolitik.«[26] Mißbrauchsdebatten, Leistungskürzungen und ein verschärfter Kontrolldruck erhöhen den Zwang sozial Benachteiligter, ihre Arbeitskraft billiger zu verkaufen und selbst Niedrigstlohnangebote zu akzeptieren, verringern die Lohn(neben)kosten der Unternehmen und tragen auf diese Weise zur »Standortsicherung« bei.

Früher fußte die liberalkonservative Regierungspolitik auf folgender Ideologie: »Je leistungsfähiger die Marktwirtschaft ist, desto geringer ist grundsätzlich der Bedarf an Sozialpolitik.«[27] Diese Position erwies sich spätestens in der ostdeutschen Transformationskrise als Illusion. Umgekehrt kann man sagen: Je erfolgreicher die Marktwirtschaft, desto mehr Sozialpolitik ist erforderlich, um ihre Folgen zu mildern. Seither gilt für die Bundesregierung offenbar eine andere Maxime: Je ähnlicher die Sozialpolitik der Marktwirtschaft ist, desto leistungsfähiger werden sie beide.

---

26 H.-J. Urban: Deregulierter Standort-Kapitalismus? – Krise und Erneuerung des Sozialstaates, in: H. Schmitthenner (Hg.): Der »schlanke« Staat. Zukunft des Sozialstaates – Sozialstaat der Zukunft, a. a. O., S. 17.

27 W. Zohlnhöfer: Sozialpolitik – Achillesferse der Sozialen Marktwirtschaft?, in: Aus Politik und Zeitgeschichte. Beilage zur Wochenzeitung Das Parlament, 17/1988, S. 41.

Bill Clintons Versuch, im Gesundheitswesen das Modell einer gesetzlichen Pflichtversicherung auf die USA zu übertragen, ist vermutlich gescheitert.[28] Umgekehrt droht jetzt eine »Amerikanisierung« des deutschen Sozialstaates, d. h. die Übernahme des US-Modells bloßer Minimalabsicherung sozialer Risiken, verbunden mit einer größeren Marktabhängigkeit, durch die Bundesregierung. Was die Republikanische Partei mit ihrem »Vertrag für Amerika« vorexerziert, wird nicht ohne Nachahmer in der Bundesrepublik bleiben.

Inzwischen löst das Schlagwort »Umbau des Sozialstaates« diffuse Ängste aus, weil es je nach der Interessenlage seines Benutzers mit unterschiedlichen, ja gegensätzlichen Inhalten gefüllt wird.[29] Die Mehrdeutig- bzw. Mißverständlichkeit der »Umbau«-Metapher und ihre Vereinnahmung durch das Regierungslager deuten darauf hin, daß überzeugende Alternativen zur »Sparpolitik« der Bundesregierung fehlen. Die Ambivalenz dieses Schlagworts spricht dafür, der Bundesregierung und den sie tragenden (Unternehmer-)Verbänden diesen sozialpolitischen Schlüsselbegriff nicht kampflos zu überlassen.

Innerhalb der Linken hat sich ein verengter, auf die Gewährleistung sozialer Sicherheit beschänkter Sozialstaatsbegriff durchgesetzt, der zugunsten eines sehr viel weiter gefaßten Begriffsverständnisses aufgebrochen werden muß, will sie der Privatisierungsoffensive des Liberalkonservatismus begegnen.[30] Falsch wäre die Reduktion des Begriffs auf die institutionalisierte Sozialpolitik und ihre Ressorts: Der Sozialstaat ist mehr als bloß die Summe der sozialen Sicherungssysteme.[31]

Die extrem ungleiche Einkommens- und Vermögensverteilung in Deutschland muß enttabuisiert, der Armuts- und Sozialstaatsdiskurs politisiert werden.[32] Wer die sozialen Errungenschaften der Bundes-

28 Vgl. M. Seeleib-Kaiser: Sozialpolitik in den USA zwischen »Reform« und »Demontage«?, in: WSI-Mitteilungen, 6/1995, S. 396–403.

29 Vgl. G. Helwig: Sozialstaat auf dem Prüfstand, in: Deutschland Archiv, 1/1995, S. 2.

30 Vgl. I. Nahnsen: Gegen einen verengten Sozialstaatsbegriff, in: Zeitschrift für Sozialistische Politik und Wirtschaft – spw 80 (1994), S. 36–39.

31 Vgl. C. Koch: Umbau des Sozialstaats – ist das ernst gemeint?, in: Leviathan, 4/1993, S. 448.

32 Vgl. E.-U. Huster: Reichtum in Deutschland. Von der Schwierigkeit, über ein Tabu zu sprechen, in: WSI-Mitteilungen, 10/1994, S. 635–644; J. S.Dangschat: »Stadt« als Ort und als Ursache von Armut und sozialer Ausgrenzung, in: Aus Politik und Zeitgeschichte. Beilage zur Wochenzeitung Das Parlament, 31-32/1995, S. 50.

republik bewahren will, kommt nicht umhin, neben den Leidtragenden auch die Nutznießer einer weiter fortschreitenden Deregulierung, Flexibilisierung und Privatisierung zu benennen. Wie der Club of Rome zuletzt in seinem Bericht »Mit der Natur rechnen« konstatiert, profitiert von der Auflösung des modernen Wohlfahrtsstaates durch den Neoliberalismus lediglich eine kleine, reicher werdende Elite.[33] Deswegen sollte man die Mittelschichten davon überzeugen können, daß die marktradikale Restrukturierung des Sozialstaates nicht in ihrem Interesse liegt.

Heidi Knake-Werner

Sie sagen Umbau, sie meinen Abbau des Sozialstaats

1. Das einstmals ins Grundgesetz – als Gründungskonsens der BRD – aufgenommene Sozialstaatsprinzip wird mehr und mehr zur Disposition gestellt. Seit der Wende 1982 zu einer konservativ geführten Bundesregierung ist deren Politik gekennzeichnet durch Sozialabbau und Deregulierung. Dies zeigt sich nicht zuletzt in einer gesunkenen Sozialleistungsquote.
2. Seit 1989/90 hat sich, nachdem der erste Anschlußboom verbraucht war, der Kurs des sozialen Kahlschlags verstärkt fortgesetzt. Statt den Einigungsprozeß zur Beseitigung der strukturellen Mängel und zu einer sinnvollen Reform der sozialen Sicherungssysteme zu nutzen, wurden diese den neuen Ländern komplett übergestülpt. Die Folge ist, daß ein Großteil der Vereinigungskosten aus den Sozialkassen (also aus den Beiträgen von abhängig Beschäftigten und Arbeitgebern) finanziert wird und die sozialen Sicherungssysteme auch für die

33 Vgl. W. v. Dieren (Hg.): Mit der Natur rechnen. Der neue Club-of-Rome-Bericht: Vom Bruttosozialprodukt zum Ökosozialbericht, Basel/Boston/Berlin 1995, S. 32.

Unfähigkeit der Regierenden haften, die Massenarbeitslosigkeit wirksam zu bekämpfen. Die Finanzlage der Arbeitslosen- und Rentenversicherung ist angespannt, die öffentliche Haushalte sind pleite.

3. Unter der Parole »Umbau des Sozialstaats« wird die Sozialpolitik dem Primat »Sicherung des Wirtschaftsstandorts Deutschland« untergeordnet. Seit 1993 haben gravierende Einschnitte ins soziale Netz der BRD stattgefunden. Mit dem fälschlich »Solidarpakt« genannten Spargesetz begann der erbärmliche Finanzpoker um die Pfennige der Ärmsten, der mit Seehofers Sozialhilfenovelle, der Verschärfung des Asylbewerberleistungsgesetzes und der Kürzung der Arbeitslosenhilfe noch nicht beendet sein wird.

4. Es geht der Bundesregierung nicht um einen Umbau des Sozialstaates, sondern der Ausstieg aus sozialer Verantwortung ist das eigentliche Ziel. Zum Erhalt der Wettbewerbsfähigkeit der Wirtschaft will sie die Unternehmen von Sozialabgaben entlasten und das Solidarprinzip aufkündigen. Die Pflegeversicherung, im Gegensatz zur herkömmlichen, auf Bismarck zurückgehenden Sozialversicherung einseitig aus Beiträgen der Beschäftigten finanziert, war dafür nur der Einstieg. Und zur Sanierung der öffentlichen Haushalte wird gnadenlos bei denjenigen gespart, die auf soziale Leistungen angewiesen sind. Nach dem Motto: Minimale Grundversorgung durch den Staat – maximale private Vorsorge.

Eberhard Dähne

Ausverkauf der Kommunen – am Beispiel der Boden- und Baupolitik in Frankfurt a. M.

Kommunalpolitik ist auf vielen Feldern tätig. Wir behandeln hier vor allem Aspekte der kommunalen Boden- und Baupolitik.

I.

Die Höhe der Bodenpreise hängt – neben der Lage – vor allem von der Art und der möglichen Intensität der Nutzung ab. Vor- und Nachteile der Lage wie auch Art und Intensität der Nutzung können durch die Kommunalpolitik bestimmt oder mitbestimmt werden.

Die Linienführung von Verkehrsbauten, die Infrastrukturausstattung, das soziale Umfeld und die jeweils erlaubte Art und das Maß der baulichen Nutzung gehen in die Höhe der Grundstückspreise ein. Die Bodenpreise bestimmen wiederum, was an baulich-sozialer Nutzung möglich ist.

Jedes größere Bauvorhaben muß deshalb von verantwortungsbewußten ParlamentarierInnen und BürgerInnen auch auf seine Sozialverträglichkeit untersucht werden. Dazu gehört die Frage, wer was und wieviel daran verdient.

II.

Das Bodenrechtsinstrumentarium und das Baurecht sind besser als ihr Ruf, wenn sie konsequent genutzt werden.

Verwaltungen reden sich häufig damit heraus, daß sie nur geringe Möglichkeiten hätten, die Richtung der Stadtentwicklung zu beeinflussen. Dem ist nicht so. Das öffentliche Baurecht – wichtigste Teile sind Baugesetzbuch (BauGB) und Baunutzenverordnung (BauNVO) – bietet eine Vielzahl von Möglichkeiten, städtebauliche Entwicklungen zu beeinflussen und zu lenken.

Das BauGB von 1986 folgt in seinen Grundzügen dem Bundesbaugesetz von 1960 und den vielen Novellen, mit dem es an neuere städtebauliche Entwicklungen angepaßt wurde. Es ist zu vermuten, daß das BauGB mit seinem Abwägungsgebot (§ 1 Abs. 5 und der dazu erfolgten Rechtsprechung), den bescheidenen Mitwirkungsmöglichkeiten der BürgerInnen (vor allem § 3) und den relativ weitreichenden Möglichkeiten, in die Verfügungsgewalt des Privateigentums einzugreifen, heute so nicht mehr zustande käme. Es zeigt in mancher Beziehung noch die Handschrift des Arbeitnehmerflügels der CDU, der 1960 stärker als heute war und das »Ahlener Programm« noch nicht völlig verdrängt hatte. Das gilt m. E. in ähnlicher Weise für Grundzüge des Bundessozialhilfegesetzes, so ungenügend es in vielen Einzelheiten auch immer sein mag.

III.

Aus verschiedenen Gründen ist kommunale Politik immer weniger in der Lage, ihre Möglichkeiten zur Steuerung der Stadt- und Regionalentwicklung zu nutzen.

Daß die Kommunen Probleme mit ihren Finanzen haben, ist hinlänglich bekannt. Die Einnahmen aus der Gewerbesteuer stagnieren bei den meisten Kommunen oder gehen sogar zurück, die Sozialausgaben sind von Jahr zu Jahr gestiegen. Dabei gibt es freilich Abstufungen. Die Stadt Frankfurt am Main ist mit einer Prokopfverschuldung von 10 096 DM (1993), woraus im gleichen Jahr eine Zinszahlung von 739 DM/EinwohnerIn resultierte, mit weitem Abstand bundesweite Spitzenreiterin. Die durchschnittliche Verschuldung der Großstädte mit mehr als 100 000 EinwohnerInnen betrug 1993 in den alten Bundesländern 2 945 DM/Einwohner, die Summe ihrer Zinsausgaben 4,3 Milliarden DM. Die Großstädte in den neuen Bundesländern hatten 1993 bereits eine Prokopfverschuldung von 941 DM.

Diese Finanznot, die häufig mit personeller Unterbesetzung operativ wichtiger Zweige der Verwaltung (z. B. Bauaufsicht) einhergeht, engt die Handlungsmöglichkeiten generell ein, z. B. die Möglichkeit, gemeindliche Vorkaufsrechte (§§ 24–28 BauGB, § 3 BauGB-MaßnahmenG) wahrzunehmen, Boden auf Vorrat zu erwerben usw.

Aus der Finanznot resultiert, daß kommunales Vermögen – und damit kommunale Handlungsfähigkeit – überwiegend an diejenigen verkauft werden muß, die den größten Nutzen aus der kommunalen Verschuldung ziehen: an die Kapitalsammler, Banken und Versicherungen und ihre immer trickreicher konstruierten Steuerspartöchter. 1993 betrugen die »Veräußerungserlöse« der westdeutschen Großstädte 2,4 Milliarden DM.[1]

Verkaufsobjekte sind Grundstücke und Immobilien, Kapitalanteile an kommunalen Wohnungsunternehmen, die Unternehmen der Ver- und Entsorgung. Bislang ist aber kein Beispiel bekannt geworden, daß ein Investor den öffentlichen Nahverkehr übernommen hat. Ein eigenes Kapitel ist die Erosion des sogenannten staatlichen Gewaltmonopols durch private Sicherheitsdienste.

»Normale Korruption«, also das, was simpel als Bestechung bezeichnet wird, sowie Kartellabsprachen von Baufirmen und Lieferanten sind schon längst keine Ausnahmeerscheinungen mehr. Die Schäden für die öffentlichen Auftraggeber gehen in die Milliarden.[2]

Eine weit größere und teurere Rolle spielt aber die Tatsache, daß die kommunalen Entscheidungsträger häufig mit den Trägern der privaten Kapitalverwertung und -vermehrung objektiv und subjektiv verfilzt sind. Sie entwickeln immer seltener eigene Pläne, sondern passen ihre Pläne an die Investoren an oder übernehmen sie einfach. Viele sozialdemokratische AmtsrägerInnen – die Ausnahmen bitte ich um Entschuldigung – blühen geradezu auf, wenn sie von der veröffentlichten Meinung als »Pragmatiker« und »Macher« gelobt werden und ihnen bescheinigt wird, daß sie ein Gespür für die »Notwendigkeiten der Marktwirtschaft« hätten und die Stadt als Unternehmen verständen, das wie ein Großkonzern geführt werden müsse. Ich bezeichne dies als »mentale Korruption«.

IV.

Alltägliche Praxis: Festlegung der Art der baulichen Nutzung im Interesse kapitalkräftiger Investoren, Ausnahmegenehmigungen nach § 31 BauGB; Vorhaben ohne Bebauungsplan nach § 43 BauGB.

Es versteht sich, daß die »Investoren« bei der Aufstellung eines Bebauungsplans in allen renditeträchtigen Bereichen massiv auf die Planung einwirken. Nicht selten reichen sie fix und fertige Bebauungspläne ein, die von den Ämtern einfach übernommen werden. Es kommt auch zunehmend vor, daß Kommunen das Gebot, einen Bebauungsplan aufzustellen oder einen gültigen Plan zu ändern, einfach

1 Alle Daten zu 1993 aus: Statistisches Jahrbuch deutscher Gemeinden 1994.
2 Siehe Beitrag von Hans See in diesem Buch – d. Hg.

umgehen, weil man die lästige Bürgerbeteiligung und die Einwände kritischer ParlamentarierInnen aushebeln und den gesamten Prozeß im Interesse eines raschen Kapitalumschlags beschleunigen will.

Beim § 31 handelt es sich um »Ausnahmen und Befreiungen« im Gebiet eines rechtsgültigen Bebauungsplanes. Im Absatz 2 heißt es unter anderem: »Von den Festsetzungen des Bebauungsplans kann im Einzelfall befreit werden, wenn [...] Gründe des Wohls der Allgemeinheit die Befreiung erfordern [...]« Der immer wieder auftauchende Hauptgrund im Bukett der »Gründe des Wohls der Allgemeinheit« ist, daß die Genehmigung einer höherwertigen Nutzung Arbeitsplätze sichere. Der Antragssteller würde sonst seinen Standort wechseln usw. Ähnlich läuft es bei vielen Umweltschweinereien ab. Ein Beispiel aus eigener Beobachtung: Mit einer Sondergenehmigung erweitert eine Firma die Nutzfläche um 30 bis 40 Prozent, verkauft dann die dadurch massiv aufgewertete Immobilie und zieht mit der Masse der Beschäftigten doch an einen weniger teuren Standort um.

Nachbarn können sofort ähnliche Wohltaten der Stadtplanung einfordern und einklagen. Da gilt dann der Gleichheitsgrundsatz, weil die Kommune durch die Befreiung zu erkennen gegeben hat, daß sie selbst nicht mehr an den »Grundzügen der Planung« festhalten möchte. So kann der ganze Bebauungsplan kippen, und die Spekulation bekommt das Signal: Start frei zur nächsten Runde und zur Vertreibung weiterer MieterInnen aus diesem Quartier.

Der § 34, »Zulässigkeit von Vorhaben innerhalb der im Zusammenhang bebauten Ortsteile«, ist in seinen Wirkungen ähnlich zu beurteilen. Es ist unglaublich, wie groß die Gebiete in den meisten Städten sind, für die keine Bebauungspläne existieren. Der oben skizzierte Filz kann seine Potenzen dann voll entfalten, falls es keinen Widerstand der Bevölkerung gibt.

V.

Die Stadt als Wohltäterin für das Kapital: Aus einer Geschoßflächenzahl von 2 mache eine von 4 und steigere dadurch den Bodenpreis von 12 000 auf 30 000 DM pro Quadratmeter.

Der Fall: Die Metallgesellschaft – wegen Spekulationsgeschäften in den USA, aber auch aus anderen Gründen an den Rand des Ruins geraten – besitzt in einer der besten Innenstadtlagen Frankfurts ein Grundstück von 25 000 Quadratmetern mit vielen Arbeitsplätzen im

Bereich der Hauptverwaltung. Für das Gebiet hat die Westend-Bevölkerung einen Bebauungsplan erkämpft, der auf dem als Kerngebiet ausgewiesenen Areal folgende Bebauung zuläßt: Grundflächenzahl (GRZ) 0,6 und Geschoßflächenzahl (GFZ) 2,0. Auf drei Seiten ist dieses Areal von einem allgemeinen Wohngebiet mit Hunderten, teilweise zweckentfremdeten Wohnungen umgeben, für das die GRZ 0,3 (sehr viele Vorgärten und unbebaute Hinterhöfe) und eine GFZ von 1,0 gilt.

Der Frankfurter Magistrat – in dem zu dieser Zeit eine rotgrüne Mehrheit am Werk war – meinte nun einen Beitrag zur Sanierung der Metallgesellschaft leisten zu müssen und erhöhte die GFZ von 2,0 auf 4,0. Was mag da hinter den Kulissen stattgefunden haben? Der Quadratmeterpreis stieg dadurch von 12000 auf 30000 DM und spülte nach dem Verkauf 750 Millionen in die Konzernkasse.

Der exorbitant erhöhte Grundstückspreis gefährdet bereits mittelfristig die gesamte umliegende Mietbebauung, weil nach den ökonomischen Gesetzen unserer Gesellschaftsordnung die Bodenpreise dort ebenfalls gestiegen sind und Mietwohnungen keine angemessene Rendite mehr abwerfen. Die Stadtplanung wird später über den »Umnutzungsdruck« klagen, den sie selbst geschaffen hat.

VI.

An »alten« Industriegebieten am Rande der Innenstädte mit Tausenden von Arbeitsplätzen läßt sich viel verdienen, wenn die kommunale Politik willfährig ist.

In vielen Städten das gleiche Bild: Relativ große Industriegebiete aus der Zeit der zweiten industriellen Revolution mit ehemals Tausenden von Arbeitsplätzen am Rand der Innenstadt, wo der Verkauf der Immobilie weit mehr einbringt als die angeeignete Arbeit der dort Beschäftigten. Also wird der Standort in die roten Zahlen gewirtschaftet, die Bude dichtgemacht, das Personal ganz oder teilweise auf die Straße gesetzt, die Immobilie verscherbelt. Die Kommune hat hier einen wirksamen Hebel, um den Kampf der Belegschaften um ihre Arbeitsplätze – wenn er denn stattfindet – zu unterstützen. Wenn es noch keinen Bebauungsplan gibt, könnte ein Aufstellungsbeschluß gefaßt werden, der mit einer Veränderungssperre einhergeht. Das Areal bekommt die Kategorie GI (= Industriegebiet) zugeordnet. Der Eigentümer des Grundstücks ist damit »voll bedient«, weil er nur Anrecht auf Bestandsschutz hat. Es ist allerdings nicht leicht, die Immobilie zu verkaufen.

VII.

Neue Wege zur Auslieferung der Städte an die Immobilien- und Finanzspekulation: »Leasing« und »Public Private Partnership (PPP)«.

»Leasing« wird große Mode. Kommunen errichten Anlagen und Einrichtungen nicht mehr selbst, sondern übertragen die Aufgaben an private Investoren, die sie dann vermieten. Ein todsicheres Verlustgeschäft für die Kommune und eine renditeträchtige Anlage für die Investoren. ZahlerInnen sind die GemeindebürgerInnen und die Gesamtheit der Leute, die Lohn- und Einkommensteuern bezahlen müssen.

Eine neue Variante hat Frankfurts Finanzdezernent Tom Koenigs kreiert. Das technische Rathaus der Stadt wurde für 148 Millionen DM an eine der Steuerspartöchter der Deutschen Bank verkauft, die es jetzt an die Stadt vermietet. Weil etwas weniger Kredite aufgenommen werden müssen, spart die Stadt angeblich einige Millionen DM. Auf alle Fälle ist aber die deutsche Gesamtgesellschaft über Steuerausfälle finanziell an diesem Deal beteiligt, die etwa das Vier- bis Fünffache der Frankfurter Einsparungen ausmachen.

Frankfurt ist angeblich die »amerikanischste Stadt« Deutschlands. Zumindest der Rathaus-Deal bestätigt das. In amerikanischen Städten sind selbst die Stühle geleast, auf denen die Abgeordneten ihrer verantwortungsvollen Tätigkeit nachgehen.

Die »PPP-Geschäfte« laufen folgendermaßen: Stadt und Investoren gründen eine Entwicklungsgesellschaft, die das gesamte Vorhaben von der Planung bis zum Verkauf betreibt. An eine andere, von den privaten Investoren gegründete Gesellschaft verkauft die Stadt ihre Grundstücke. Über diese Gesellschaft laufen alle Finanzgeschäfte. Die Infrastrukturaufgaben bleiben in Gänze an der Stadt hängen. Der Gewinn, der nach dem Abschluß des Vorhabens anfällt, soll zwischen Stadt und Investoren aufgeteilt werden. Die Stadt Frankfurt hat beim ersten Projekt dieser Art ihre Grundstücke für 268 DM/qm verkauft, obwohl ringsherum Preise zwischen 1000 und 1500 DM üblich sind. Es versteht sich, daß Bürgerbeteiligung bei solchen Projekten – die vorher bis in alle Einzelheiten abgesprochen sind, weil sonst die Investoren nicht einsteigen würden – zur Farce wird. Ganz abgesehen

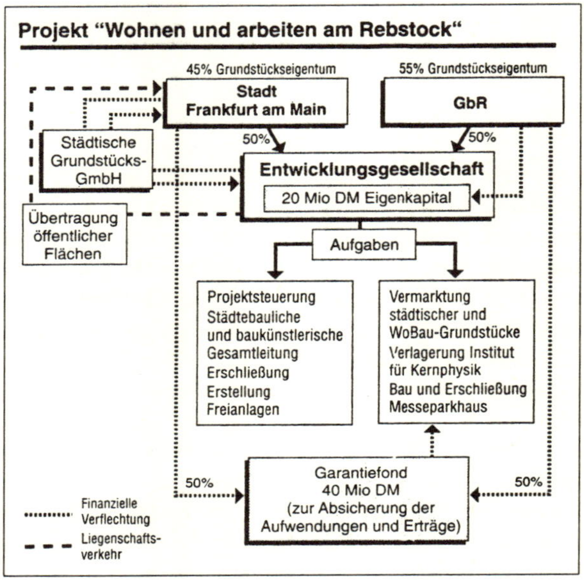

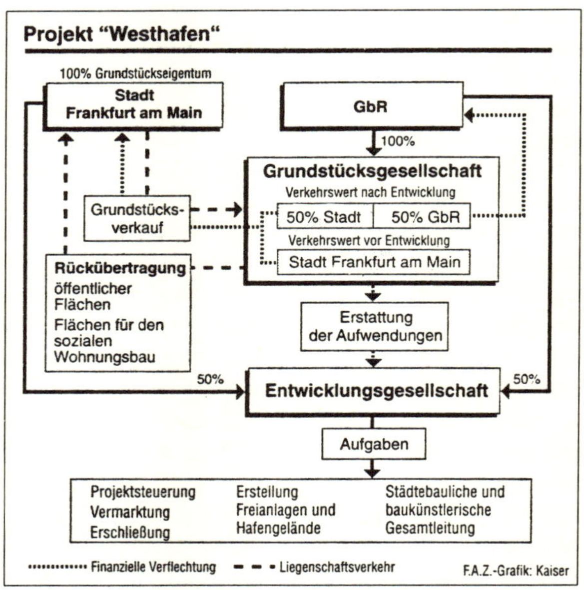

Quelle: Frankfurter Allgemeine Zeitung vom 20.11.1992

davon, daß es nicht einfach ist, sich durch das ausgeklügelte Beziehungs- und Spekulationsgeschäft überhaupt durchzufinden (vgl. Grafik, S. 178).

VIII.

Leerstand von Büroflächen? Kein Problem für die Investoren, aber eins der öffentlichen Kassen – Wie Grundstücks- und Gebäudespekulation staatlich gefördert wird.

In Städten wie Frankfurt werden an jeder Straßenecke mit großen Schildern leerstehende Büroflächen angeboten. Selbst am Leerstand wird aber noch verdient. Zuvor wurden für den Bau die großzügigen Abschreibungsmöglichkeiten des deutschen Steuerrechts genutzt; es fielen erhebliche steuermindernde Werbungskosten an. Was dann noch als Verlust übrig bleibt, wird steuermindernd mit Geschäften verrechnet, die Gewinn bringen.

Eine der ganz großen Goldgruben sind Immobiliengeschäfte in den neuen Bundesländern. Abgesehen von den Geldern, die die Länder als verlorene Zuschüsse oder zinslose Darlehen zur Verfügung stellen, ist im ersten Jahr eine Sonderabschreibung von 50 Prozent möglich, danach können, wie im Westen bis Ende 1995, drei Jahre lang sieben Prozent, in den folgenden sechs Jahren fünf Prozent abgeschrieben werden. Folgerichtig heißt es dann auch im »Immobilien-Journal«: »Das Eigenkapital kann überwiegend aus ersparten Steuern realisiert werden.« Das gilt aber nur für EinkommensbezieherInnen oberhalb von (schätzungsweise) 250 000 DM jährlich.

Ab 1996 gelten in den alten Bundesländern aber neue Abschreibungsregeln. In den ersten acht Jahren können jeweils fünf Prozent der Gebäudekosten, in den nächsten sechs Jahren nur noch 2,5 Prozent abgeschrieben werden. Das bedeutet, daß sich die Abschreibungsgröße in den ersten zehn Jahren von bisher 58 Prozent auf 45 Prozent reduziert. Das »scheue Reh« Kapital wendet sich anderen Anlagefeldern zu. Auf der Strecke bleiben einige zigtausend Beschäftigte im Baugewerbe und Menschen, die Wohnungen suchen. Die Klientel, die das Reh über die weltweiten Anlagefelder jagt, wird wieder darüber klagen, daß die Lohnnebenkosten so stark steigen.

Susanne Uhl

Beispiel: »Standort«-Politik in Hamburg

I.

Zahlreiche Rechtsinstrumente (z. B. Recht auf regelmäßige Mietensteigerung, steuerliche Bevorzugung des Grundvermögens, Gewerbemietrecht, Zweckentfremdung) sowie besondere Steuersubventionen treiben die Mietpreise in die Höhe. Sie führen zu Boden- und Wohnraumspekulation, zur Umwandlung von Mietwohnraum in Eigentum und zur Umnutzung in Büroraum. Preiswerter Wohnraum geht verloren. Wegen der fiskalischen Anreize wird immer mehr Büroraum geschaffen, auch wenn er dann leersteht. Das Privatrecht auf permanente Bodenwertsteigerung und auf private Aneignung des gestiegenen Werts ist politisch beabsichtigt.

II.

In Städten, die im Konzert der nationalen und internationalen Konkurrenz der Dienstleistungsmetropolen mitspielen wollen, wurden seit Beginn der 80er Jahre die sogenannten weichen Standortfaktoren (»schicke« Einkaufspassagen, hoher Wohn- und Freizeitwert, kulturelles »Ambiente«) immer wichtiger. Sie verstärken die in allen großen Städten erfahrbare und sichtbare ökonomische, soziale und räumliche Polarisierung der Lebensverhältnisse. In diesen Auswirkungen der »Bürgermeisterkonkurrenz« um Ansiedlung von Dienstleistungsbetrieben spiegeln sich die weitreichenden ökonomisch-sozialen Umbauprozesse kapitalistischer Gesellschaften. Die forcierte »Indienststellung« kommunaler Planung für die Bedürfnisse »neuer Einkommenseliten« schließt eine offensive Anwendung des durchaus vorhandenen Instrumentariums, das in Richtung einer sozialen Stadtentwicklung und gegen die Ausgrenzung von immer mehr Menschen wirken könnte, nahezu aus.

III.

Durch die Bodenvorratspolitik der letzten Jahre wäre die Freie und Hansestadt Hamburg durchaus in der Lage gewesen, die Vergabe von Grundstücken anhand sozialer und ökologischer Kriterien zu steuern.

Regulierung findet allerdings in erster Linie unter Kriterien statt, die die Bedingungen Hamburgs in der Bürgermeisterkonkurrenz verbessern sollen (»30 Hektar Gewerbegebiet pro Jahr müssen neu ausgewiesen werden«, »5 Prozent Büroraumleerbestand müssen sein« usw.). Die Gewerbeansiedlung Hamburgs ist dabei ein in erster Linie nachfrageorientiertes Verfahren, in das größtenteils neu erschlossene Gewerbegrundstücke einbezogen sind. Dies und die Tatsache, daß die Flächen zu relativ günstigen Preisen vergeben werden, führt in der Regel zu überproportionierten Flächenankäufen durch die Unternehmen und damit auch zu flächenfressenden Neuerschließungen.

IV.

In Hamburg ist – durch die Bodenvorratspolitik – die Spekulation mit Boden wahrscheinlich ein geringeres Problem als in anderen Gemeinden der Bundesrepublik. Dafür sind die Auswirkungen der Spekulation mit Wohnraum drastisch. Verdrängung der alten Wohnbevölkerung aus noch oder ehemals preisgünstigen innerstädtischen Quartieren als Folge von Aufwertungsprozessen, Umwandlung usw., die durch die Standortpolitik der letzten Jahre noch forciert wurde, ist an der Tagesordnung. Ohne offensive Bestandspolitik in den Quartieren und eine Konzentration auf die Wiederbelebung lokaler Strukturen, die in Hamburg nur dann (und auch nur halbherzig) angegangen wird, wenn die Proteste aus den Stadtteilen laut genug sind, wird ein »Paradigmawechsel« vom »Unternehmen Hamburg« zu einer »sozialen Großstadtstrategie« nicht glaubhaft.

V.

Wohnungsneubau findet in Hamburg großteils als sozialer Wohnungsbau statt. Abgesehen davon, daß die in Hamburg betriebene Form des sozialen Wohnungsbaus den Namen nicht verdient (hohe Eingangsmieten, im Verhältnis zur Einkommensentwicklung unverhältnismäßiger Abbau von Aufwendungszuschüssen) findet dieser hauptsächlich auf von der Stadt zu erwerbendem Boden und in großen Neubaugebieten am Stadtrand statt. Nach Auslaufen der Sozialbindungen (die im Augenblick rd. 30 Jahre betragen), verbleiben die Flächen im privaten Besitz – mit all den Wertsteigerungen der letzten Jahre und den Folgewirkungen für die MieterInnen. Erbpachtmodelle, die neben den Bindungen eine regulierende Funktion haben könnten, spielen bei der Flächenvergabe eine untergeordnete Rolle.

Dieter Hummel

Verdienstquelle Flüchtlinge

In der Öffentlichkeit wird viel über den Mißbrauch des Asylrechts geredet. Die Schuldigen sind ausgemacht: Die Flüchtlinge kosteten den deutschen Staat zuviel Geld, dem deutschen Steuerbürger seien der Mißbrauch des Asylrechte und die damit verbundenen Kosten nicht länger zuzumuten. Um die Zuwanderung von Flüchtlingen zu begrenzen, wurde bereits das Asylrecht geändert.

Schaut man sich die Situation genauer an, so ist zu erkennen, daß das Asylrecht tatsächlich mißbraucht wird. Den Mißbrauch betreiben jedoch nicht die Flüchtlinge, die aus politischer oder wirtschaftlicher Not versuchen, in der Bundesrepublik Zuflucht zu finden, sondern Unternehmer, die mit Flüchtlingen und durch Flüchtlinge erheblichen Gewinn machen. Nationalistisch gesonnene Politiker und Publizisten haben zwar recht, wenn sie sagen, daß hier zu Lasten der deutschen Steuerzahler »Schäfchen ins Trockene« gebracht würden; sie benennen jedoch die falschen Nutznießer.

Als diejenigen Unternehmer, die mit der Not von Flüchtlingen ihre Geschäfte machen und dabei gut verdienen, sind benennbar:

1. Beherbergungsunternehmen: Ein besonders lukrativer Unternehmenszweig ist das Betreiben von Flüchtlingslagern. Wie hier Geld verdient werden kann, zeigt ein Beispiel aus Leipzig. Dort wurde am Stadtrand ein Lager eingerichtet, mit einem Drahtzaun umgeben. Innerhalb des Zaunes stehen ehemalige DDR-Bauwagen. Betreiber des Lagers ist die G&V Grundstücksverwaltung aus Pirmasens. Untergebracht sind dort 300 Flüchtlinge. Für die Unterbringung überwies die Stadt Leipzig im Jahr 1993 monatlich 137 000 Mark auf das Konto der G&V. Das ergibt eine Monatsmiete von 456 Mark pro Person. Den einzelnen Bewohnern stehen ca. 4,5 qm Fläche zur Verfügung. Das bedeutet einen Quadratmeterpreis von ca. 100 Mark pro Monat. Die Investitionen in die Bauwagen betrugen pro Wagen 1 000 Mark.

Ein anderes Beispiel (wie auch das zuvor genannte einem Artikel von Karl-Friedrich Kassel in der »Stadtbauwelt« 1993 entnommen) stammt aus Halle: Die Wörmlitz GmbH, die das dortige Lager betreibt, hat eine Kaserne der Roten Armee übernommen. Eigentümer der Kaserne ist die Bundesrepublik Deutschland. Untergebracht sind in diesem Lager ca. 1200 Personen. Die Wörmlitz GmbH hat einen Vertrag mit einer Laufzeit von fünf Jahren. Elf Millionen Mark Investitionen wurden vom Betreiber vertraglich garantiert. Andererseits erhält die Wörmlitz GmbH knapp 28 Mark pro Flüchtling und Tag aus der Landeskasse. In diesem Tagessatz sind die Kosten der Investition schon eingerechnet. In dem Artikel wird folgende fiktive Rechnung des Regierungsvizepräsidenten Schulze zitiert: Wenn die Wörmlitz GmbH am Tag nur eine Mark Gewinn macht, ergäbe dies bei einer Unterbringung von 1000 Flüchtlingen 1000 Mark am Tag, 30000 Mark im Monat. Diese Rechnung ist deshalb fiktiv, weil auch der Regierungsvizepräsident die Gewinnspanne des Unternehmens nicht nachrechnen kann und diese wahrscheinlich deutlich über einer Mark liegt. Die Inhaber solcher Firmen kommen meist aus der ohnehin gut verdienenden Immobilienbranche. Ohne die Aussicht auf besonders lukrative Geschäfte würden sie kaum einsteigen. In Berlin ist als bezeichnendes Beispiel die SORAT GmbH zu nennen. Gesellschafterin ist die Ehefrau des an diversen Berliner Bauskandalen beteiligten Dieter Garski.

Zu den Nutznießern gehören auch diejenigen, die den Gemeinden und Kreisen für die Unterbringung von Flüchtlingen jede noch so kleine Klitsche, leerstehende Hotelzimmer, sich nicht tragende Bordelle oder gar Abbruchhäuser zur Verfügung stellen. Pro Tag erhalten diese »Hoteliers« für jeden Asylsuchenden zwischen 20 und 65 Mark. Belegungen mit vier bis sechs Personen pro Hotelzimmer sind keine Seltenheit. Dementsprechend vervielfachen sich die Einnahmen pro Hotelzimmer. Einzelne Beispiele zeigen, daß die Kommunen bei Unterbringung im Hotel monatlich Mieten bis zu 4000 Mark je Zimmer an private Betreiber zahlen.

2. *Lebensmittelversorger:* Die Flüchtlinge bekommen ein Taschengeld; ansonsten erhalten sie in der Regel Einkaufsbons oder werden zentral mit Essen versorgt. Die Einkaufsbons lassen sich in manchen Fällen nur in lagereigenen Geschäften einlösen. Die Erfahrung zeigt, daß die Waren, die dort zu kaufen sind, zum einen häufig nahe an den Verfallsdaten liegen oder diese gar schon überschritten haben und zum anderen im Vergleich zu Einkaufsmöglichkeiten außerhalb der Lager deutlich überteuert sind. Betreibt der Lagerunternehmer auch den Laden, so hat er eine zweite Verdienstquelle aus den Flüchtlingen gewonnen.

Neben der Unterbringung in Sammellagern wurde mit der »Asylreform« das Sachleistungsprinzip eingeführt. Eine Milliarde Mark wollte die Bundesregierung durch die Versorgung der Flüchtlinge mit Sachleistungen einsparen. Wie dies in der Realität aussieht, zeigt folgendes Beispiel: Die aus der Lagerversorgung in der Bundesrepublik hinlänglich bekannte Firma Meigo des bayerischen Unternehmers Weigl aus Nürnberg beliefert über die Firma ZVC Küchen- und Kantinenbewirtschaftungs-GmbH auch Lager in Sachsen. Ein Paket muß vier Tage reichen. Der Satz für eine Tagesration betrug 1992 8,50 Mark; das macht 34 Mark für vier Tage. Der Wert des Päckchens, das zum Beispiel am 20. November 1992 in Dresden ausgepackt wurde, betrug lediglich 24 Mark. So ergibt sich ein Reingewinn von 10 Mark. Er dürfte allerdings noch höher liegen, da die Preise, die zum Vergleich herangezogen wurden, aus einem durchschnittlichen Supermarkt stammen. Großeinkäufer beziehen die Waren billiger. Der Gewinn läßt sich noch weiter steigern, wenn, wie in Berlin geschehen, auch einmal Wurstpäckchen verkauft werden, deren Verfallsdatum überschritten ist.

3. Wachunternehmen: Eine dritte Möglichkeit, Geld an den Flüchtlingen zu verdienen, ist ihre Bewachung. Tätig in diesem Bereich ist zum Beispiel die Firma B.O.S.S, für die das Geschäft besonders lohnend ist. Miteigentümer von B.O.S.S. ist Helmut Penz, zugleich Gesellschafter der Firma SORAT GmbH. Hier schließ sich der Kreis.

*

Schätzungen gehen davon aus, daß im Wirtschaftszweig Asyl jährlich ca. acht Milliarden Mark umgesetzt werden. Wie die genannten Beispiele zeigen, findet hier auf politische Kosten der Flüchtlinge eine grandiose Umverteilung von Geld aus öffentlichen Kassen in die Hände von privaten statt. Unter dem Vorwand des angeblichen Sparens öffentlicher Gelder wird tatsächlich ein neuer Markt für Privatunternehmer eröffnet, die sich eine goldene Nase verdienen.

Hans Reich

Verdienstquelle Verschuldete und Überschuldete

»Gott regiert die Welt«, sagte man früher. »Geld regiert die Welt«, sagt man heute.

Wir können Gott beim Regieren nicht sehen oder hören. Ähnlich still geht es bei denen zu, die Geld genug haben, um nicht nur andere Menschen, sondern auch deren Geld für sich arbeiten zu lassen. Und deren Schulden. Heimlich. Unsichtbar.

Reichtum ist mehr als nur der Besitz von Waren, Gütern oder Geld. Reichtum ist darüber hinaus die Macht, Gewinne nicht abführen, Verluste nicht selbst tragen zu müssen.

Auf der anderen Seite ist mehr als die Hälfte der deutschen Haushalte mit insgesamt 1500 bis 2000 Milliarden Mark bei Banken verschuldet. Davon entfallen – laut Angaben der Citibank – 366 Milliarden Mark allein auf Konsumentenkredite. 56 von 100 Haushalten zahlen monatlich Raten von mehr als 300 DM für Konsumentenkredite; davon 26 sogar mehr als 500 DM.

Verschuldung ist also gesellschaftliche Normalität. Und Teil der Normalität ist auch dies: Einige Millionen Haushalte – Schätzungen reichen bis zu vier Millionen – sind nicht nur ver-, sondern überschuldet, d.h. sie sind nicht mehr in der Lage, die monatlichen Zins- und Tilgungszahlungen wie vertraglich vereinbart zu leisten.

Die Hauptlast der Schulden im Verhältnis zum monatlichen Einkommen tragen ArbeitnehmerInnen- und Arbeislosenhaushalte mit einem Soll/Haben-Verhältnis von 2:1. Die geringste Belastung liegt bei den Selbständigen (ausgenommen landwirtschaftliche Haushalte, bei denen das Verhältnis 7:1 beträgt). Wenn unvorhersehbare Ereignisse eintreten, die das persönliche Einkommen erheblich mindern, kann ein knappes Verhältnis kritisch werden und der finanzielle Kollaps eintreten. Viele Überschuldete sind Langzeitschuldner, die immer wieder gezwungen sind, durch Umschuldung oder Kreditaufstockung ihre Haushalte zu finanzieren, weil sie nicht über ein Einkommen verfügen, das ihnen eine abschließende Tilgung ermöglicht.

Man muß das im historischen Zusammenhang sehen: Die 60er Jahre waren von Vollbeschäftigung geprägt. Aufgrund starker Nachfrage nach Arbeitskräften zahlte die Industrie hohe Löhne. Wegen des technischen Fortschritts, des expandierenden Markts und der steigenden Nachfrage brauchte die Industrie frisches Investitionskapital, die Eigenmittel reichten nicht aus. In dieser Situation wurde dem privaten Haushalt der Zugang zum bargeldlosen Zahlungsverkehr eröffnet, so daß die Banken die Einkommen der Arbeitnehmerhaushalte akkumulieren und die steigenden Einlagen finanzwirtschaftlich verwerten konnten, sei es im Diskont- und Refinanzierungsbereich, sei es im Kredit-, Investitions- und Beteiligungsgeschäft mit der gewerblichen und industriellen Wirtschaft. 1967 wurde das Wettbewerbsverbot für Konsumentenkredite aufgehoben. Spätestens jetzt setzten die Bestrebungen der Banken ein, im privaten Sektor alle Möglichkeiten zu Geschäften mit der Zinsdifferenz zwischen ge- und verliehenem Geld auszunutzen und das Erwerbseinkommen der privaten Haushalte für sich zu kapitalisieren und langfristig zu binden.

Zum einen kann das Einkommen von Lohnabhängigen durch Konsum verwertet und dem allgemeinen Produktionsprozeß als Kapital zugeführt werden. (Helmut Schelsky schrieb 1965: »Der moderne Mensch ist konsumpflichtig.«) Aus der Sicht der Finanzwirtschaft wäre das ein sogenanntes Passivgeschäft. Zum andern kann man in die Firma »Privater Haushalt« ebenso investieren wie in jeden anderen Wirtschaftsbereich, also ihn zu einer gesteigerten Produktivität anregen und steigende Grenzwerterträge erzielen. Das Passivgeschäft beginnt zu einem Aktivgeschäft zu werden, wenn das Kapital als Investition in den Faktor Arbeit nicht nur durch eine verbesserte Ausbildung oder höhere Löhne Anreize zu höherer Leistung schafft und so zu höherem Einkommen und höherem Konsum anreizt, sondern wenn es auch – und hier kommen die Banken zum Zug – ein zukünftig zu erwartendes Einkommen aktualisiert und als Kredit wiederum in den privaten Haushalt investiert. Lukrativ wird diese Investition durch Kontoführung und Kreditgewährung dann, wenn man das Arbeitnehmereinkommen für sich selbst kapitalisiert, eine Vielzahl von Arbeitnehmereinkommen zusammenfaßt und sie als Sicherheit für die Aufnahme zinsgünstiger Kredite (Bundesbankdiskont) anbietet bzw. hinterlegt und wenn man diese Kredite zu erheblich höherem Zinssatz als Investitionsdarlehen dem produzierenden Sektor zur Verfügung stellt oder als Konsumentenkredit dem privaten Haushalt. Der ist dann wiederum in der Lage, seinen Bedarf an Waren und Dienstleistungen bei Firmen zu decken, in die die Bank ebenfalls investiert hat, an denen sie beteiligt ist, bei denen sie über Stimmrechte verfügt oder mit denen sie durch personelle Verflechtung in Vorständen und Aufsichtsräten verbunden ist.

Im Zeitraum von nicht ganz 30 Jahren gelang es, das gesamte Geld- und Kapitalvermögen unter legaler Ausnutzung aller markt-, volks-, betriebswirtschaftlichen Mittel einzubinden und so zu waschen, daß es sich selbst reproduziert, zumindest solange es immer in der Erwartung künftiger Gewinne in Bewegung bleibt und ausreichend Schulden produziert.

Immer teurer und schneller produzierte Waren mit immer kürzeren Halbwertzeiten (eingebautes Verfallsdatum), eine ständig steigende Anzahl von Konsumentenkrediten, immer massivere Werbestrategien, damit Dienstleistungen und Verträge an den Mann und an die Frau gebracht werden – das alles gehört zusammen. Kann es auf Dauer funktionieren? Für die Banken jedenfalls rentiert es sich. 44 Milliarden DM konnten sie im Jahr 1994 allein an Zinsen für laufende Konsumentenkredite kassieren.

Konsumentenkredite werden in der Regel über eine Laufzeit zwischen vier und sieben Jahren vereinbart. Laut Bundesbank geht der Trend eindeutig zu langen Laufzeiten und damit zu höheren Nominalbeträgen. Die Banken werden daher im Konsumentengeschäft auch in den nächsten Jahren selbst im Falle zunehmender Zahlungsschwierigkeiten weiter hohe Beträge realisieren können. Außerdem brauchen sie künftig Überschuldung ihrer Schuldner auch deswegen kaum zu fürchten, weil sie die Möglichkeit haben, ihre Bilanzen durch Abschreibungen und Wertberichtigungen zu bereinigen. Falls Wertberichtigungen aufgelöst werden müssen, hat die Bank den Vorteil, Steuern erst nach mehrjähriger Verzögerung zahlen zu müssen, was einen kostenlosen Kredit vom Finanzamt bedeutet. Darüber hinaus müssen indirekte Abschreibungen aus zweifelhaften Forderungen, wie sie durch vorzeitig gekündigte Konsumentenkredite entstehen, nicht in der Bilanz ausgewiesen werden. Erfolgen zu einem späteren Zeitpunkt Rückzahlungen, z. B. aus Ratenvereinbarungen, erwirtschaftet die Bank sogenannte außerordentliche Erträge, die zumeist in die stillen Reserven fließen und ebenfalls nicht in der Bilanz ausgewiesen werden. Sie fließen dort zusammen mit unterbewerteten Vermögensanteilen, anderen wertberichtigten Forderungen oder überbewerteten Schulden.

So kann niemand genau sagen, ob und in welcher Höhe Ratenzahlungen und Rückflüsse aus gekündigten Krediten erfolgen und - nach Abschreibung bzw. Wertberichtigung in den folgenden Jahren - zu versteuernder Bestandteil der stolzen Bilanzsumme von 4 249 Milliarden DM der 17 größten deutschen Geschäftsbanken werden. Anfang der 90er Jahre haben die Banken selber angegeben, daß mehr als 98 Prozent ihrer bestehenden Kreditforderungen zurückfließen. Die stillen Reserven bilden zusammen mit dem Eigenkapital einer Bank die Grundlage für Waren-, Devisen- und Terminbörsengeschäfte, die nur noch wenig volkswirtschaftlichen Nutzen bringen, sondern eher mit dem Spieltrieb übersättigter Finanzspekulanten zu erklären sind.

Abseits des Casino-Kapitalismus findet auf der Ebene der überschuldeten Haushalte der dramatische Kampf um das alltägliche Überleben statt.

Das Wirtschaftswachstumswunder entläßt seine ärmsten Kinder.

Wehe dem, der, aus welchen Gründen auch immer, nicht mehr in der Lage ist, die fälligen Ratenzahlungen an seine Gläubiger zu zahlen. Ihn oder sie trifft die volle Härte der Marktgesetze. Bürgerliche Umgangsformen schlagen dann schnell in unseriöse, rüde Verhaltensweisen um - bis hin zur systematischen Mißachtung von Rechtsvorschriften.

Nach einer unumgänglichen Kündigung eines Kredits, nach Mahnungen und Fälligstellung sind schadensmindernde Vereinbarungen in gegenseitigem Einvernehmen eher die Ausnahme als die Regel zwischen dem Gläubiger und dem Schuldner, obwohl beide in der Rechtsphilosophie gleichrangig zueinanderstehende Partner sind. Dies sei mit einigen Beobachtungen aus der Praxis der Schuldnerberatung illustriert:

Immer mehr Gläubigerfirmen und -banken verzichten auf eigene Mahn- oder Rechtsabteilungen. Zum Teil geben sie gleich nach der Kündigung von Liefer-, Leistungs- oder Kreditverträgen, also nach der ersten Mahnung, die Verzugsforderungen an Einrichtungen weiter, die für sie die Aufgabe der Anspruchssicherung und -verfolgung übernehmen. Das sind häufig Anwaltskanzleien, die nichts anderes tun, als Forderungen für ihre Mandanten einzutreiben. So lassen sich z.B. Schweizer Kleinkreditbanken, die ihre Angebote in Zeitungen veröffentlichen (häufig unter dem Motto »Sofortkredit«), durch Kanzleien in München und Bremen vertreten; die Postbank läßt in Norddeutschland ihre Forderungen durch eine Anwältin in Amt Neuhaus eintreiben. Eine dieser Kanzleien, die eine Anwaltsgehilfin suchte, annoncierte in der Presse: »Haben Sie Spaß an Zwangsvollstreckung?«

Häufiger als Anwaltskanzleien sind es sogenannte Inkasso-Dienste, die sich an die Schuldner wenden. Mehr als 600 Inkasso-Dienste - bei denen wiederum Rechtsanwälte beschäftigt sind - bieten in Deutschland den Gläubigern an, Forderungen - nicht nur die rechtlich ausgeklagten - zu übernehmen. Sie kaufen die Forderungen mit zum Teil erheblichen Nachlässen, um dann mit einem Kostenaufwand, der allemal dem Schuldner in Rechnung gestellt wird, weitergehende Bemühungen um die Rückzahlung der Schulden aufzunehmen und den Schuldner unter ständigen Druck zu setzen.

Durch die Tätigkeit der Inkasso-Dienste erhöhen sich die Forderungen der ursprünglichen Gläubiger auf phantastische, in der Regel kaum nachvollziehbare Art und Weise in kürzester Zeit auf ein Mehrfaches. Obwohl in den letzten Jahren viele Gerichtsentscheidungen zur Beschränkung der von Inkasso-Diensten geltend gemachten, oft unnötig hohen und darum rechtlich umstrittenen Kosten ergangen sind, setzen diese Firmen weiterhin auf ihre alten Methoden. Die Schuldner müssen jeweils im Einzelfall Klage erheben - soweit sie sich über das Unrecht, das ihnen geschieht, und über ihre rechtlichen Möglichkeiten im klaren sind.

Inkasso-Dienste dürfen den Schuldner informieren, welche Konsequenzen sich aus seiner Zahlungsunfähigkeit bzw. -unwilligkeit für ihn ergeben. Sie dürfen ihn aber nicht durch Androhung von Zwangsmaßnahmen unter Druck setzen und ihn zu Vereinbarungen nötigen, die nicht im Einklang mit den gesetzlichen Schutzbestimmungen stehen oder mit denen sie sich zusätzliche Vorteile verschaffen. Doch genau dies geschieht. Eine beliebte Methode von Inkasso-Diensten ist, anscheinend im Namen des Gläubigers, aber in Wahrheit zu ihren eigenen Gunsten Vereinbarungen zu treffen. Dazu gehören häufig Abtretungsvereinbarungen und/oder Schuldanerkenntnisse über Beträge, in die sie die angeblich entstandenen Kosten einrechnen. Mit einmaliger Unterschrift des Schuldners sind diese erhöhten Schuldbeträge anerkannt. Später können die Forderungen dann nicht mehr zurückgewiesen werden.

Es kommt nicht selten vor, daß schon vier Wochen nach Einschaltung eines Inkasso-Dienstes dessen Forderungen das Drei- bis Vierfache einer ursprünglich relativ geringen Forderung ausmacht. Trifft der Schuldner jetzt nicht umgehend Vorsorge und geht gegen die berechneten Kosten und Gebühren vor, kann es ihm passieren, daß die eigentlich vermeidbaren, unnötig hohen Kosten, die angefochten werden müßten, im gesetzlichen Mahnverfahren durch Vollstrekkungsbescheid endgültig festgelegt werden, der Inkasso-Dienst also einen gesetzlich angreifbaren Anspruch auf Summen erhält, die ungerechtfertigt sind.

Egal ob der Inkasso-Dienst weiterhin den Gläubiger vertritt oder ob er inzwischen selbst die Forderung erworben hat, bemüht er sich, die Ansprüche beim Schuldner durchzusetzen – mit allen verfügbaren Methoden. Nach Beobachtungen von Schuldnerberatungsstellen und Verbraucherverbänden geht es vielen Inkasso-Diensten nicht um die Erledigung der Angelegenheit, sondern sie zeigen nur Interesse, Schuldverhältnisse möglichst lange aufrechtzuerhalten. So erklären sich solche Firmen scheinbar seriös bereit, niedrigere Raten – häufig zwischen 30 und 50 DM – zu akzeptieren, ohne den Schuldner darauf hinzuweisen, daß er dadurch nicht einmal die monatlich auflaufenden Zinsen abträgt; die Forderung wird also größer statt kleiner.

Wenn der Schuldner nicht zahlen kann, ergreift der Inkasso-Dienst wieder mit Hilfe von für ihn tätigen Rechtsanwälten über das Amtsgericht Pfändungs- und Zwangsvollstreckungsmaßnahmen, um Druck auszuüben. Die nicht geringen gerichtlichen Kosten und Rechtsanwaltsgebühren werden zur bestehenden Forderung addiert, zuzüglich Bearbeitungskosten in oft nicht nachvollziehbarer Höhe. Unter anderem werden erhoben: Kontenführungsgebühren (obwohl gar kein Konto geführt wird), Gebühren für Mahnschreiben (oft 10 bis 15 DM, obwohl nach der rechtsanwaltlichen Gebührenordnung 5 DM genügen müssen), vermeidbare Kosten für Nachnahmebriefe (pro Brief bis zu 40 DM, so berechnet vom Inkasso-Dienst Wuppertal) oder die Kosten für Anfragen beim Einwohnermeldeamt (wofür in einem Fall, der kein Einzelfall ist, viermal jährlich oder noch öfter jeweils mehr als 18 DM berechnet werden, obwohl der Schuldner sich regelmäßig unter Angabe seiner unveränderten Adresse mit dem Inkasso-Dienst in Verbindung setzt und dessen Schreiben ihn immer erreicht haben).

All das kann zur Folge haben, daß eine Forderung trotz vereinbarter Ratenzahlung auf ein Vielfaches des ursprünglichen Betrages anwächst und alle Hoffnung schwindet, jemals das Ende der Spirale zu erreichen.

Ein konkreter Fall: Eine geschiedene, alleinerziehende Mutter nahm im Jahr 1973 zur Konfirmation des Sohnes 3000 DM Kredit bei der Noris-Bank auf. Ein Jahr später war sie zahlungsunfähig. Der Kredit wurde gekündigt, vollstreckbar tituliert, die Forderung an einen Inkasso-Dienst abgegeben. Die Schuldnerin konnte nur unregelmäßig Raten zahlen. Der Inkasso-Dienst nahm jeweils beim Ausbleiben einer Rate über den Gerichtsvollzieher Zwangsvollstreckungen und Pfändungen vor. Er berechnete auch eidesstattliche Versicherungen, Nachnahmebriefe, laufende Kosten und Gebühren – mit der Folge, daß sich die Frau jetzt, Anfang 1996, nach Zahlung von inzwischen mehr als 18000 DM noch einer Restforderung von 6400 DM gegenübersieht, mehr als doppelt soviel wie ursprünglich. Wie der Fall liegt, sehen auch kompetente Juristen keine rechtliche Handhabe, dem Inkasso-Dienst diesen Anspruch streitig zu machen. Indem die Frau freiwillig Zahlungen leistete, gegen gerichtliche Maßnahmen nicht vorgegangen ist, erkannte sie Kosten und Gebühren des Inkasso-Dienstes an. Daher besteht keine Aussicht, daß die Restforderung erlassen wird. Die Frau ist jetzt Rentnerin. Ihre Rente ist so niedrig, daß sie endgültig außerstande ist, die Forderung zu begleichen. Ein extremes, aber bezeichnendes Beispiel.

Die Inkasso-Dienste sind zum Teil Gründungen großer Warenhäuser. Der Deutsche Inkasso-Dienst beispielsweise wurde vom Otto-Versand gegründet. Der Neckermann-Konzern gründete die Firma Universum-Inkasso. Für mittelständische Betriebe arbeiten die Creditreform-Gesellschaften, die zugleich als Auskunfteien tätig sind.

Der Wandel von der Arbeits- in eine Dienstleistungs- und zunehmend in eine Kapital-Gesellschaft macht sich neuerdings auch im Verhalten der Banken gegenüber den Kunden bemerkbar. Vielen Menschen, deren Vermögen und Kapitalkraft sie über viele Jahre zum eigenen Vorteil verwenden konnten, verweigern sie jetzt ihre Dienstleistungen. Sie konzentrieren sich lieber auf die wohlhabende Kundschaft. Unter Konkurrenz- und Rationalisierungsdruck schließen sie Zweigstellen, werfen Ballast ab. Die Geldhäuser haben erkannt, daß sie mit nur einem Fünftel der Kundschaft 80 Prozent der bisherigen Erträge erwirtschaften können. So kann eine neue Drei-Klassen-Gesellschaft entstehen: zum einen Haushalte, denen die Vorteile bargeldlosen Zahlungsverkehrs auf Dauer verwehrt werden, zum zweiten die Klasse, die bereit und in der Lage ist, sich am Bankschalter selbst zu bedienen, und als dritte Klasse die vermögenden Kunden, denen weiterhin individuelle Zuwendung zuteil wird oder die das volle Angebot einer automatisierten On-line-Bankwirtschaft ausschöpfen. Die Empfehlung des Zentralen Kreditausschusses der Deutschen Bank vom Juni 1995, für besonders Benachteiligte Konten ausschließlich im Guthabenbereich zu führen, hat noch keine erkennbaren Erfolge gezeitigt.

Auf bedrückende Art und Weise scheint sich die These von Prof. Dr. Udo Reifner zu bewahrheiten: »Der wirklich Arme der Zukunft wird der sein, der keine Schulden mehr machen kann.«

V. Wofür wir das Geld brauchen

Gisbert Schlemmer

Geld ist genug da, Arbeit auch – wir müssen beides gerecht verteilen

Geld ist wirklich genug da. Global zirkulieren täglich mehr als 1000 Milliarden US-Dollar um den Globus. Davon werden gerade fünf Milliarden zur Zahlung von realen Waren und Dienstleistungen aufgewandt. Der »Rest« von 995 Milliarden US-Dollar wird meist elektronisch in von der Realwirtschaft abgekoppelter Spekulation und Derivatwährung verzockt und um die Welt gebeamt.

Die Suche nach immer fetteren Erträgen aus immer risikoreicheren Manipulationen mit weltweit vagabundierendem Finanzkapital führt häufig dazu, daß unbeteiligte Dritte Opfer der Finanzjongleure werden, z.B. Arbeitnehmer, deren Arbeitsplätze durch Spekulation vernichtet werden.

Jede Menge Geld ist auch immer noch für die Rüstung in der Welt vorhanden.

Geld häuft sich auf Gewinnkonten und verringert sich auf Lohn- und Gehaltskonten. Die Nettolohn- und Gehaltssumme – real je Arbeitnehmer (Kaufkraft) – lag 1994 um 1,9 Prozent über dem Stand von 1980, in diesem Zeitraum wurde die Arbeitszeit um neun Prozent gekürzt. Dagegen waren die realen Nettogewinne 1994 um 95 Prozent höher als 1980.

Der Konjunkturaufschwung von 1993 bis 1995 brach in doppelter Hinsicht Rekorde: bei der Arbeitsplatzvernichtung und bei der Gewinnentwicklung. Die Zahl der Erwerbstätigen sank in diesem Zeitraum um 303 000, die Nettogewinne der Unternehmen stiegen von 513 Milliarden auf 653 Milliarden DM an, womit 1995 ein neues Rekordniveau bei den Gewinnen erreicht wurde. Offensichtlich haben die Unternehmer nach dem Prinzip »Produktion rauf - Belegschaft runter« in einem nie dagewesenen Ausmaß rationalisiert, anstatt beschäftigungswirksam zu investieren.

Zudem sind die Unternehmer seit Anfang der 80er Jahre fürstlich bedient worden. Die Bundesregierung hat systematisch die Steuerbelastungen von den Unternehmern auf die Arbeitnehmer und Verbraucher verlagert. Die Gewinnsteuern wurden zu Bagatellsteuern. Der Anteil der Körperschaftssteuer und der veranlagten Einkommensteuer, also der beiden wichtigsten Gewinnsteuern, beträgt heute nur noch knapp sechs Prozent, das ist nicht einmal mehr halb so viel wie 1983.

Dagegen entfallen 80 Prozent des gesamten Steuerzuwachses zwischen 1983 und 1994 auf den Anstieg der Lohnsteuer, der Mineralölsteuer und der Mehrwertsteuer. Weltmeister ist die Lohnsteuer mit allein 34 Prozent am gesamten Steueraufkommen Deutschlands.

Spekulationsgeschäfte und Währungsschwankungen bedingen weit höhere Ausschläge in der Verteilungsentwicklung, als es die erfolgreichsten Lohn- und Gehaltsrunden je könnten. Währungsverschiebungen von fünf Monaten könnten selbst durch Nullrunden von fünf Jahren nicht wettgemacht werden.

Die spannende Frage ist, wie dieser extrem unterschiedlich verteilte Reichtum gerechter verteilt werden kann - und ob das überhaupt möglich ist.

Zur Frage, wie das gehen kann, kann ich einige Anregungen geben. Bei der Frage, ob das geht, fällt mir zur Zeit nur ein, daß das mit »Über-den-Wolken-Kohl« und den »Manchester-Liberalen« als seinem Splitterpartei-Anhängsel mit Sicherheit nicht geht.

Damit Verteilungsfragen politisch offensiv angegangen werden, hin zu mehr Verteilungsgerechtigkeit, muß sich politisch noch viel ändern. Wenn man aber sieht, in welchem Tempo Veränderungen heute möglich werden, ist auch diese positive Wendung mindestens denkbar.

Um Verteilungsfragen geht es auch zukünftig überall, wo höherer Lohn, höheres Gehalt gefordert wird - gerade angesichts der Produktivitäts- und Gewinnentwicklung der vergangenen Jahre. An der tarifpolitischen Formel der Gewerkschaften »Ausgleich der Preissteigerungsrate + Produktivität + Umverteilungskomponente« ist nichts zu revidieren. Es gibt keinen Grund, davon abzugehen, es sei denn, man glaubt, Deutschland werde erst konkurrenzfähig, wenn die Löhne auf ein Niveau wie z. B. in Polen abgesenkt werden.

Ein entscheidender Ansatzpunkt zur gerechteren Verteilung des Wohlstands liegt aus gewerkschaftlicher Sicht auch im Erschließen und Verteilen der notwendigen Arbeit auf die Menschen.

Arbeit muß erschlossen werden. Häufig wird Arbeit heute nicht geleistet, weil sie nicht profitabel genug erscheint. Man kann das Arbeitsvolumen nur dann erhöhen, wenn der gesellschaftliche Konsens über notwendige Arbeit hergestellt wird.

Viel ungedeckten Bedarf an Arbeit gibt es:
- bei Bildung und Weiterqualifikation;
- bei Stadt- und Verkehrsentwicklung;
- bei ökologischen Aufgaben insgesamt, z. B. bei Erforschung und Entwicklung alternativer, regenerierbarer Energien;
- im Gesundheitswesen und in der Altenpflege;
- sogar bei produktbezogener Forschung und Innovation (wie Konversion von PVC zu anderen Kunststoffen bei der Herstellung von Fenstern, um ein Beispiel aus dem Organisationsbereich der Gewerkschaft Holz und Kunststoff zu nennen);
- und in vielen anderen wichtigen Zukunftsbereichen. Hier können zusätzliche Kapazitäten geschaffen werden.

Trotzdem ist festzustellen, daß Erwerbsmöglichkeiten ein knapper werdendes Gut sind, weil Maschinen immer mehr Arbeit übernehmen. Knapper werdende Güter müssen gerecht verteilt werden, vor allem wenn sie Existenzgrundlage sind. Deswegen muß Arbeitszeitverkürzung auf der Tagesordnung bleiben.

Es gibt keine Alternative zu weiterer Arbeitszeitverkürzung, es sei denn, man nimmt hin, daß einer immer kleiner werdenden Gruppe von hochspezialisierten und relativ gut bezahlten Fachleuten ein Heer von »Working-poor-people«, von unterbezahlten Hilfskräften, Dienstboten und Arbeitslosen gegenübersteht, das permanent wächst.

Es ist bereits möglich geworden, daß auf Baustellen und anderswo für Drecksarbeiten polnische oder ukrainische Löhne gezahlt werden – eine Folge der begonnenen Deregulierung, mit der man nicht die Arbeiter, sondern die widerlichsten Ausbeuter subventioniert.

Das Problem ist nicht allein von den Gewerkschaften zu lösen.

Der Staat muß regulierend - nicht deregulierend - mithelfen. Die Zukunft der Arbeit - sozial, ökologisch und gerecht verteilt - gehört in das Zentrum der politischen Bemühungen.

Die derzeitige Richtung des politischen Handelns ist kontraproduktiv und latent selbstzerstörerisch. Immer höhere Transferleistungen - Sozialhilfe, Arbeitslosenhilfe und Arbeitslosengeld z. B. - zur Finanzierung von Arbeitslosigkeit und Armut bringen weitere Finanzprobleme, die der Staat mit Kürzungen der Leistungen beantwortet, wodurch sich Kaufkraft und Nachfrage verringern, was zu noch mehr Arbeitslosigkeit führt usw. Eine Schraube aus Armut und Arbeitslosigkeit dreht sich nach unten.

Das reiche Deutschland wandte 1994 und 1995 zusammengenommen fast 300 Milliarden DM an fiskalischen Kosten zur Finanzierung der Arbeitslosigkeit auf. Würde man das Geld zielgerichtet für die Finanzierung von Arbeit verwenden, wäre dies für die Masse der Menschen gerechter, sinnvoller und würde sie zwar nicht reich machen, vielleicht aber lebensfroher.

Geht das einher mit »Zeitwohlstand« durch Arbeitszeitverkürzung in deutlichen Schritten, werden wir sogar »reicher« an Lebensqualität.

Aktive Arbeitsmarktpolitik kann unterstützend wirken, wenn beispielsweise Arbeitslosengeld gezielt zur Finanzierung von zusätzlicher Arbeit eingesetzt wird.

Eine solche Politik hätte viele zusätzliche Selbstfinanzierungsvorteile. Es kommen wieder mehr Steuern in die Kassen, die gesamte Sozialversicherung kann wieder gestaltet und weiterentwickelt werden, Konsumerwartungen können realisiert werden, es besteht mehr Finanzierungsspielraum für ökologische Veränderungen, bis hin zu gezielter Hilfe für die südliche Armenwelt.

Wichtig ist auch der Zusammenhang zwischen Reichtumsanhäufung durch Konzentration der Unternehmen und gleichzeitiger Dezentralisierung, Zerschlagung und finanzieller Ausblutung der einzelnen Betriebe.

Mit Outsourcing, Scheinselbständigkeit, Leiharbeit und vielen anderen »modernen« Formen der Unternehmensentwicklung verbindet sich die Absicht der Unternehmer, die Mitwirkung und Mitbestimmung der Betriebsräte sowie die Einflußnahme der Gewerkschaften zu schwächen. Das hat zur Folge, daß zu Lasten der Arbeitnehmer umverteilt wird - z. B. durch Tarifflucht oder Nichtbeachtung von tariflichen Regelungen und Verschlechterung von Arbeitsbedingungen, weil Interessenvertretungen erpreßt und entmachtet oder abgeschafft werden.

Eine Novellierung des Betriebsverfassungsgesetzes mit dem Ziel, solche Entwicklungen zu verhindern, wäre ein Ansatz, die Arbeitsbedingungen zugunsten des sonntags gepriesenen »wichtigsten Produktionsfaktors Mensch« zu ändern.

Gruppenarbeit und Kaizen kann dann sinnvoll werden, wenn die Arbeitnehmer über ihre gewählten Betriebsräte bei dem Was-wie-und-wann der Produktion (z. B. nach §§ 106ff. BetrVG) paritätisch mitbestimmen. Vielleicht ist das sogar sinnvolles Co-Management? Jedenfalls zeigt sich hier, ob die vielgepriesenen mündigen Partner Arbeitnehmer gleichberechtigt in den Unternehmen und Betrieben mitbestimmen dürfen.

Insgesamt: Reichtum und Geld ist genug da. Es geht aber im wesentlichen um die Verteilungsfrage, die ungelöst im Dornröschenschlaf liegt. Das gilt sowohl für die gerechte Verteilung der Arbeit wie auch für die gerechte Verteilung des gesellschaftlichen Reichtums und des Geldes.

Andreas Bachmann

Anmerkungen zur Arbeitsmarktpolitik

I.

Hinter der populären Formel »Lieber Arbeit statt Arbeitslosigkeit finanzieren« werden häufig Angriffe auf eine zentrale Institution des sozialstaatlichen Kompromisses – die moderne Arbeitslosenversicherung – versteckt. Die Arbeitsmarktpolitik – insbesondere ihre gemeinhin als »passiv« beschriebenen (Lohnersatz-)Leistungen – kann bei entsprechender Ausgestaltung einen positiven Einfluß auf Einkommensstandards und Arbeitsbedingungen der Lohnabhängigen haben, weil sie faktisch und formal steuert, welche Arbeitsverhältnisse auch in Zeiten der Massenarbeitslosigkeit zumutbar sind. Sie begrenzt die Konkurrenz zwischen Arbeitenden und Arbeitslosen. Gewerkschaften, Sozialdemokraten und Grüne sind sich allerdings immer weniger über diese strategische Bedeutung der Arbeitsmarktpolitik im klaren.

Immer weniger hinterfragt wird der Status der Arbeitsverhältnisse, die in dem Milieu der aktiven Arbeitsmarktpolitik entstehen oder entstehen sollen. Die Reformpläne für ein neues Arbeitsförderungsgesetz mit deutlichem Schwerpunkt auf der sogenannten aktiven Arbeitsmarktpolitik setzen sich nur wenig damit auseinander, daß »Eingliederungspläne« oder das »Recht auf Umschulung (ABM)« Zwangselemente haben, die in »Pflichten« zur Anpassung an die Marktgegebenheiten umschlagen können.

Dabei gibt es genug drohende Stimmen auch aus dem Lager der SPD. So erklärte der Hamburger Bürgermeister Voscherau: »Wer Menschen fördert, und dafür sind wir Sozialdemokraten als Schutzmacht der kleinen Leute da, muß auch bereit sein, etwas von ihnen einzufordern. Ich bin dafür, ab dem zweiten Jahr Arbeitslosigkeit Arbeit zu finanzieren statt Arbeitslosigkeit. Dann darf es die überkommene Zumutbarkeitsgrenze nicht mehr geben [...] Und drittens kann es dann auch nicht mehr Sache des einzelnen sein, frei zwischen einem Einkommen aus der Tasche des Steuerzahlers für Nichtarbeit oder Verdienst für Arbeit zu entscheiden.«[1]

1 Neue Presse (Hannover) vom 4.11.95.

Dieses Plädoyer für eine »aktive Arbeitsmarktpolitik« läßt offen, zu welchen tariflichen und sozialrechtlichen Konditionen Arbeit angeboten wird, stellt die Freiwilligkeit in Frage und scheut sich nicht, niedere Instinkte gegen »Müßiggänger« zu bedienen.

Für eine sinnvolle Reform der Arbeitsmarktpolitik bedarf es daher eines neuen Grundkonsenses innerhalb der Linken:

- Die Schutzfunktion der Arbeitslosenversicherung muß wiederhergestellt werden (Änderung der Zumutbarkeitsregelung, existenzsicherndes Niveau von Lohnersatzleistungen).
- Eine Aufhebung der traditionellen Grenzen zwischen Wirtschafts-, Struktur- und Arbeitsmarktpolitik, wie sie im Vorschlag der SPD-Bundestagsfraktion zum Arbeits- und Strukturförderungsgesetz angerissen wird, ist sinnvoll.
- Arbeitsmarktpolitik muß sich an sozialen Bürgerrechten orientieren; die Zwangselemente, die bereits im bestehenden Arbeitsförderungsgesetz (AFG) vorhanden sind, müssen entschärft werden.
- Die Benachteiligung von Ausländern, wie sie heute im § 19 AFG geregelt ist, darf nicht fortgeschrieben werden.
- Die Selbstverwaltung und der Einfluß der Gewerkschaften in der Selbstverwaltung müssen gestärkt werden, damit die konkrete Arbeitsmarktpolitik nicht mit erkämpften tarif- und sozialpolitischen Standards kollidiert, wie es neuerdings z. B. bei der Untertarifförderung von Arbeitsbeschaffungsmaßnahmen (90 Prozent) geschieht.
- Das rigide Versicherungsprinzip muß fallen; eine angemessene Förderung von Frauen muß gewährleistet sein.
- Bei der Reform der Finanzierungsbasis muß neben der Neuregelung der Versicherungspflicht und der Beitragsbemessungsgrenzen eine verläßliche Steuerfinanzierung ausgewählter Leistungen gesichert werden.

II.

Auch die fortschrittlichste »aktive Arbeitsmarktpolitik« wird im wesentlichen nur einen Drehtüreffekt haben: Die Beschäftigten werden rascher ausgewechselt, wobei weniger qualifizierte verdrängt werden. Positiv gewendet: Sie wirkt der Verfestigung der Langzeitarbeitslosigkeit entgegen. Mehr Beschäftigung wird es nur geben, wenn der gesellschaftliche Konflikt um weitere Arbeitszeitverkürzung erneut gewagt und erfolgreich bestanden wird. Diese Ambivalenz sollte den Arbeitsmarktpolitikern bewußt sein.

III.

Die Ohnmacht der Arbeitsmarktpolitik zeigt sich m. E. in der Diskussion um die sogenannten innovativen Elemente in der Arbeitsmarktpolitik: Das »START-Leiharbeitskonzept« bedient sich bei der Installation von Beschäftigungsbrücken in den ersten Arbeitsmarkt einer derjenigen Formen von Beschäftigung, die Ursache und Ausdruck der Beschäftigungskrise sind. Leiharbeit ist unbestritten eine Ursache für den Verlust von sozial- und tarifrechtlich garantierten Arbeitsplätzen. Manche führende Gewerkschafter begleiten dieses Leiharbeitskonzept mehr als wohlwollend; die politischen Fernwirkungen dieses Engagements für Leiharbeit und private Arbeitsvermittlung dürften gravierend sein.

Der von mir geschätzte Ansatz der »Sozialen Betriebe« kann sehr leicht auf eine Existenzgründungsperspektive von profitablen Teilen einzelner Beschäftigungsprojekte reduziert werden. Die Chance, mit diesem Instrument gemeinwirtschaftlich orientierte Betriebe dauerhaft zu stützen, wird dann vertan.

IV.

Das Arbeitsförderungsreformgesetz (AFRG) in Form eines Vorentwurfs einer Arbeitsgruppe des Bundesministeriums für Arbeit eliminiert die Reste des keynesianischen Sozialstaatskompromisses, wie er sich im AFG von 1969 darstellt. Nicht mehr ein »hoher Beschäftigungsstand« bzw. eine »ständige Verbesserung der Beschäftigungsstruktur« (§ 1 AFG) werden gefordert. Vielmehr ist die Rede von »wettbewerbsfähigen Arbeitsplätzen«. Unverkennbar ist die Absicht, das Instrumentarium zur Disziplinierung der Arbeitslosen auszubauen. Beunruhigend ist in diesem Kontext die Hinwendung zu den Betrieben bzw. zum ersten Arbeitsmarkt in der Form, daß Arbeitgeber bis zu 36 Wochen Arbeitslose »ausprobieren« können, ohne mit ihnen bei diesem neuen »Eingliederungsvertrag« einen Arbeitsvertrag eingehen zu müssen; kommt es anschließend zum Abschluß eines Arbeitsvertrags, kann darin eine weitere Probezeit festgelegt werden ...

Welchen Platz die traditionellen Arbeitsbeschaffungsmaßnahmen in dieser neuen Welt haben, ist ebenso unklar wie die Einigungsmöglichkeiten mit der SPD bei diesem Reformwerk. Die Überlegungen zu »Förderplänen« für Arbeitslose tauchen auch im AFRG mit einem repressiven Unterton auf.

V.

In Hamburg hat sich seit Beginn der 80er Jahre (mit einer großen Ausstrahlung auf die bundesweite Diskussion) eine sehr bunte und konzeptionell plurale Trägerschaft im zweiten Arbeitsmarkt entwikkelt. Noch existieren in diesem Bereich staatliche und freie Träger nebeneinander, wobei sich freie Träger auf besonders benachteiligte Gruppen von Arbeitslosen konzentriert und sich teilweise auf die besonderen Bedürfnisse vernachlässigter Quartiere nach nicht-marktförmigen Dienstleistungen und Produkten ausgerichtet haben.

Der nicht ausschließlich auf »Arbeit im ersten Arbeitsmarkt« ausgerichtete Integrationsanspruch wird von der staatlichen Bürokratie in Frage gestellt. Trägerprofile und Zielgruppenauswahl sollen stärker auf die Arbeitslosengruppen ausgerichtet werden, die sich auf dem ersten Arbeitsmarkt noch am ehesten durchsetzen können. Das Resultat wäre eine etwas hübschere Statistik (mehr Übergänge in befristete oder unbefristete Arbeitsverhältnisse nach Ablauf der AB-Maßnahme) und eine weitgehende Ausgrenzung von nicht »marktfähigen« Menschen aus dem öffentlich geförderten Beschäftigungssektor mit seinen befristeten, aber immerhin quasitariflichen sozialversicherten Arbeitsverhältnissen.

Wolfgang Schoeller

Für die Entwicklungsländer verzichten?

Problemstellung

Güter des Maschinen- und Fahrzeugbaus, der Chemie- und der Elektroindustrie prägen das Exportprofil Deutschlands. Über 60 Prozent der deutschen Ausfuhren beruhen auf der Produktion dieser vier Branchen. Weitere 20 bis 25 Prozent der deutschen Ausfuhren entfallen auf technisch hochwertige industrielle Fertigwaren und langlebige Gebrauchsgüter.[1] Dieses Warenspektrum des deutschen Exports richtet sich zu etwa 85 Prozent auf die Märkte der OECD-Staaten und entspricht damit in besonderer Weise dem Importbedarf hochentwikkelter Industriestaaten.

Auf dieses Exportprofil der deutschen Industrie ist ferner der Umstand zurückzuführen, daß die anhaltende Industrialisierung in einer beachtlichen Reihe vormaliger Entwicklungsländer einen wachsenden Absatzmarkt für die deutsche Wirtschaft hervorgebracht hat. Im Verlauf nachholender Industrialisierung steigt nämlich der Importbedarf an Kapital- und Ausrüstungsgütern sowie industriellen Rohmaterialien an; ebenso nehmen auch die Einfuhren hochwertiger Gebrauchsgüter infolge steigender Einkommen zu. Dieses Importspektrum von Ländern, die zu Schwellenländern und neuen Industrieländern aufsteigen, erstreckt sich insofern auf ein Warensortiment, das in den deutschen Exporten dominiert. Die vormaligen Entwicklungsländer wachsen daher bei schrittweiser Angleichung an das ökonomische Profil und die Einkommensstruktur der OECD-Staaten gleichsam in die Branchen- und Exportstruktur der deutschen Wirtschaft hinein. So eröffneten die Schwellenländer und neuen Industriestaaten besonders für diejenigen Branchen der deutschen Industrie einen wachsenden Absatzmarkt, die im deutschen Export traditionell vorherrschen.

Diese empirisch belegbare Erfahrung zeigt, daß die Bundesrepublik als eines der industrialisiertesten Länder der Welt ein ökonomisches Eigeninteresse nicht am Fortbestehen von Unterentwicklung, an De-Industrialisierung oder anhaltender Armut in Entwicklungsländern

1 OECD: Foreign Trade by Commodities, lfd. Folgen.

hat, sondern umgekehrt am Aufstieg von Entwicklungsländern zu Schwellenländern und neuen Industriestaaten.

Nicht dieses aus dem Blickwinkel von Beschäftigung und Produktion begründbare ökonomische Motiv der Bundesrepublik an der nachholenden Industrialisierung findet in den entwicklungspolitischen Diskussionen hierzulande besondere Beachtung; im Mittelpunkt dieser Diskussionen stehen vielmehr die Entwicklungsländer, deren Anteile am Außenhandel der OECD-Staaten oder der Bundesrepublik kaum von Belang sind. Auf diese Gruppierung von Ländern richtet sich die entwicklungspolitische Kontroverse. Diese stellt u.a. einen zweifachen Vermittlungszusammenhang zwischen den Entwicklungsländern und der Lage »bei uns« bzw. zum Arbeitnehmer hierzulande her:

- In einem breiten Spektrum industrieller Fertigung stünden die Arbeitnehmer in den Entwicklungsländern in einer deutlichen Lohnkostenkonkurrenz zu den Arbeitnehmern hierzulande. Jene seien in die Lage versetzt, das unstrittig große Reallohngefälle in einen entsprechenden Lohnkostenvorteil umzusetzen. Hierdurch sei es möglich, die Produktionskosten durch verminderte Lohnkosten zu senken und im Bereich relativ arbeitsintensiver Fertigung wettbewerbsfähig zu werden und somit Industrien von hier auszulagern.
- Neben dieser Annahme einer Lohnkostenkonkurrenz wird ein weiterer Vermittlungszusammenhang zu Entwicklungsländern unterstellt: Die »Armut« in jenen Ländern sei zugleich »unser Reichtum«. Der Lebensstandard, die Höhe der Reallöhne oder der »Reichtum« hierzulande beruhe nicht zuletzt auch auf »Ausbeutung« jener Länder; die bekannte ökonomische und soziale Lage in jenen Ländern trage in diesem Sinne ursächlich und materiell auch zum Lebensstandard und zur gegebenen Höhe der Reallöhne »bei uns« bei.

Der nachstehende Diskussionsbeitrag sucht aufzuzeigen, daß dieser zweifache Dritte-Welt-Bezug zum Reichtum »bei uns« bzw. zum Arbeitnehmer hierzulande weder empirisch noch theoretisch stichhaltig ist. Die Zurückweisung jenes Dritte-Welt-Bezugs zur Lage »bei uns« wendet sich dagegen, die sicherlich notwendige Analyse des Entwicklungsproblems dahingehend zu funktionalisieren, die Umsetzung arbeitsparenden technischen Fortschritts in Reallohnerhöhungen und andere Formen des sozialen Fortschritts zu verunsichern oder zu kritisieren.

Vom Vorteil, einen reichen Nachbarn zu haben

In seinen Ausführungen zum auswärtigen Handel bemerkt Adam Smith beiläufig, daß es für einen Armen weitaus vorteilhafter sei, einen Reichen und nicht einen Armen zum Nachbarn zu haben; mit einem reichen Nachbarn eröffneten sich vielfältigere Möglichkeiten des ökonomischen Austausches als mit einem armen Nachbarn; dies gelte auch für das Verhältnis zwischen den Nationen.

Diese Anmerkung von Adam Smith ist zweifelsohne zutreffend, wenn der reiche Nachbar Güter des armen Nachbarlandes benötigt und diese auch tatsächlich nachfragt. In diesem Fall richtet sich externe Kaufkraft aus dem Einkommen des reichen Nachbarn auf die Wirtschaft des armen Nachbarlandes und trägt dort zur Ausweitung von Produktion und Beschäftigung bei; aufgrund eigener Wirtschaftsleistung ist es dem armen Nachbarland dann möglich, Güter aus dem reichen Nachbarland zu beziehen, die es wünscht oder die es für die Entwicklung seiner eigenen Wirtschaft benötigt. Unter dieser Bedingung mag es daher für den armen Nachbarn vorteilhaft sein, einen reichen Nachbarn zu haben, und der ökonomische Austausch zwischen beiden kann sich entwickeln.

Dies ist jedoch keineswegs der Fall, wenn der reiche Nachbar die Güter des armen Nachbarlandes gar nicht benötigt und sie daher auch nicht nachfragt. Dies kann der Fall sein, wenn der reiche Nachbar seinen Bedarf ausreichend und kostengünstiger aus der eigenen Produktion decken kann; dies mag auch der Fall sein, wenn der Reiche einen Teil seines Bedarfs durch Importe aus anderen Ländern deckt, da diese die betreffenden Güter billiger anbieten als die Produzenten im eigenen Land sowie auch des armen Nachbarlandes. In dieser Situation entwickelt sich kein ökonomischer Austausch zwischen dem reichen und dem armen Nachbarland; letzteres ist für den reichen Nachbarn ökonomisch ohne Bedeutung. Das arme Nachbarland kann daher auch nicht seine Produktion und Beschäftigung durch einen wachsenden Außenhandel fördern, noch kann es Güter aus dem reichen Nachbarland einführen, die es für die Entwicklung seiner Wirtschaft benötigt.

In Anlehnung an dieses Bild vom armen und reichen Nachbarn läßt sich durchaus die gegenwärtige Stellung vor allem Afrikas südlich der Sahara sowie der übrigen vergleichbaren Entwicklungsländer im Welthandel beschreiben:

Der Welthandel konzentriert sich mittlerweile zu über 85 Prozent auf die Industrienationen der OECD sowie eine Reihe vormaliger Entwicklungsländer, die seit den 70er Jahren zu neuen Industrienationen aufsteigen konnten oder z. Zt. dabei sind, die Schwelle zum Industriestaat zu erreichen. Diese Gruppierung von reichen Nachbarn sowie von Nachbarn, die dabei sind, zu ihr aufzusteigen, benötigt zusehends weniger die Produkte der armen Nachbarn (z. B. Afrikas südlich der Sahara). Die OECD-Staaten und Schwellenländer produzieren in allen Warengruppen kostengünstiger als die noch immer große Zahl von Entwicklungsländern, die folglich wie noch nie zuvor im Welthandel marginalisiert sind:

Lag der Anteil der ca. 45 Staaten Afrikas südlich der Sahara an den Gesamtimporten der OECD 1965 noch bei drei Prozent, so ist dieser Anteil gegenwärtig auf etwa ein Prozent - ohne das OPEC-Mitglied Nigeria auf 0,8 Prozent - zurückgefallen. Nicht minder sinkende Anteile an den Gesamtimporten der OECD zeigen auch die amerikanischen Nicht-Mitgliedsstaaten der OECD ohne die Schwellenländer Brasilien und Mexico: Auf diese Entwicklungsländer Non-OECD-Amerikas entfielen 1965 noch 6,3 Prozent der gesamten OECD-Importe, gegenwärtig beträgt deren Anteil 2,03 Prozent (1992). Entsprechend halten die Staaten Afrikas südlich der Sahara sowie die Entwicklungsländer Non-OECD-Amerikas (insgesamt 75 Staaten) einen Anteil von 2,8 Prozent (1992) an den Gesamtimporten der OECD.

Der seit Jahren anhaltende Trend der Marginalisierung dieser Länder im Welthandel steht im Gegensatz zur wachsenden Bedeutung der Schwellenländer, deren Anteil an den OECD-Importen auf gegenwärtig über zehn Prozent angestiegen ist.

Dieser marginalen Stellung der Entwicklungsländer im OECD-Import in allen Warengruppen - auch in der Gruppe der Primärgüter und Rohstoffe, mit denen sich die OECD-Länder zunehmend selbst versorgen - entspricht die äußerst geringe Bedeutung als Absatzmarkt der Industriestaaten. Von den Gesamtexporten der OECD-Staaten entfiel 1993 etwa ein Prozent auf Afrika südlich der Sahara. Von den Gesamtexporten der Bundesrepublik Deutschland wurden 1993 nur 0,46 Prozent in Afrika südlich der Sahara abgesetzt, in den Entwicklungsländern Non-OECD-Amerikas 1,04 Prozent.

Eine der Ursachen für die marginale handelspolitische Stellung der Entwicklungsländer ist im anhaltenden Einsatz des arbeitssparenden technischen Fortschritts in den OECD-Staaten wie auch in den Schwellenländern zu sehen. Im betrachteten Zeitraum vollzog sich nicht nur in der industriellen Fertigung, sondern ebenso auch im Agrarsektor und in der Rohstoffgewinnung eine beständige Zunahme der Kapitalintensität bzw. Sachkapitalausstattung pro Arbeitsplatz. In dem Maße, wie die Kapitalintensität und Arbeitsproduktivität anstiegen, sank daher der Arbeitsaufwand je Einheit der Produktion. Auf diesen anhaltenden Produktivitätsfortschritt läßt sich zurückführen, daß ungeachtet von Reallohnzuwächsen und Arbeitszeitverkürzungen dennoch die Bedeutung des Lohns als Kostenfaktor der Produktion stagnierte und langfristig gesunken ist. Die beständige Zunahme der Produktivität trug dazu bei, daß mittlerweile die Lohnstückkosten (Lohnsumme im Verhältnis zum Umsatz) bzw. die Löhne bei weitem nicht mehr als der beherrschende Kostenfaktor der Produktion anzusehen sind. Der Lohn ist vielmehr nur ein – und keineswegs der bedeutendste – Kostenfaktor.

Diese Auswirkungen des arbeitssparenden technischen Fortschritts kommen in der Struktur des Welthandels zum Ausdruck: Aufgrund anhaltend steigender Produktivität in den OECD-Staaten und Schwellenländern sind diese imstande, ihre Produktionskosten in allen Warengruppen kontinuierlich zu senken. Die Entwicklungsländer sind hingegen – aus welchen Gründen auch immer – nicht in der Lage, diesem technischen Fortschritt zu folgen. Die anhaltende und mittlerweile weit fortgeschrittene Marginalisierung dieser Länder bedeutet, daß es ihnen offenkundig nicht mehr möglich ist, ihre unterlegene Arbeitsproduktivität durch niedrigste Lohnsätze und lange Arbeitszeiten auf der Ebene der Kosten auszugleichen – bei der Produktion von Rohstoffen ebenso wie von industriellen Waren.

Angesichts der zusehends überlegenen Produktivität der OECD-Staaten und Schwellenländer sind die sogenannten Niedriglohnländer bzw. Entwicklungsländer zur »teuersten« Region des Welthandels geworden; sie verlieren daher unter den Regeln des Marktes in allen Warengruppen Anteile am Welthandel, der sich deshalb zunehmend auf die OECD-Staaten und Schwellenländer konzentriert.

Der reiche Nachbar braucht den armen nicht

In entwicklungspolitischen Diskussionen ist die Vorstellung weit verbreitet, daß der Wohlstand hierzulande auch auf der Ausbeutung der Dritten Welt beruhe, daß deren Armut unser Reichtum sei. Diese Auffassung stützt sich auf die Theorie des ungleichen Tausches, die nachzuweisen sucht, daß die Entwicklungsländer durch die Preisbildung im Welthandel einem systematischen »Werttransfer«, einer beständigen Übertragung von Werten bzw. von Mehrwert in die Industriestaaten unterworfen seien. Die Ausbeutung in der Form eines ungleichen Tausches wird als eine der wesentlichen - außenwirtschaftlichen - Ursachen der fortbestehenden ökonomischen Unterentwicklung gesehen; die Armut in den Entwicklungsländern wird in diesem Sinne in einen ursächlichen und unmittelbaren Zusammenhang zum »Reichtum« hierzulande gestellt; hierauf stützt sich daher das Argument, daß letztlich auch die Reallöhne bei uns in gewissem Umfang auf der Ausbeutung der Armut der Entwicklungsländer beruhten. Wie auch immer die verschiedenen theoretischen Modelle des ungleichen Tausches zu bewerten sind, deren realer Bezug ist kaum mehr gegeben. Die drastische Verringerung des ökonomischen Austausches, durch den diese Länder mit den Industriestaaten verbunden sind, hat solchen Theorien ihren Gegenstand weitgehend entzogen. Die aufgezeigten Anteile der Entwicklungsländer - vor allem Afrikas - am Außenhandel der Industriestaaten sind zu unbedeutend, um der Theorie des ungleichen Tausches einen relevanten Erklärungsgehalt beimessen oder deren Schlußfolgerungen begründen zu können.

Aber auch ohne Bezug zur Realität ist die Theorie des ungleichen Tausches in den entwicklungspolitischen Diskussionen unstrittig von erheblichem Einfluß. Da sie den Vorwurf der Ausbeutung der Entwicklungsländer zu begründen sucht und diese ursächlich in einen Zusammenhang zum Reallohn hierzulande stellt, seien auch einige Einwände gegenüber den theoretischen Annahmen dieses Ansatzes skizziert[2].

2 Im politischen Selbstverständnis sowie seiner Begrifflichkeit (Ausbeutung, Wertbildung, Übertragung von Mehrwert usw.) bezieht sich die Theorie des ungleichen Tausches auf die Tradition der klassischen Arbeitswertlehre von A. Smith, D. Ricardo und K. Marx. Eine Bewertung der theoretischen Modelle, Annahmen und Aussagen hat daher auf der Grundlage der Systematik der Arbeitswertlehre selbst zu erfolgen.

In der Formulierung von D. Ricardo ist das »einzige Maß des Werts die Zeit«. Dieser zentrale Satz der klassischen Arbeitswertlehre bringt die Annahme zum Ausdruck, daß das relative Preisgefüge der Waren auf dem Markt durch deren Werte bestimmt sei, die ihrerseits auf den jeweils erforderlichen Arbeitsaufwand zurückzuführen seien. Der Preis der Waren ist nach dieser Vorstellung zwar nie identisch mit dem Wert bzw. dem Arbeitsaufwand, wird aber in seinen Schwankungen und relativen Veränderungen letztlich durch den Arbeitsaufwand und damit auch durch die Produktivität der Arbeit geregelt. Diese allgemeine Aussage ist zu präzisieren: Die Herstellung der Waren erfolgt jeweils zu durchschnittlichen – technischen – Bedingungen der Arbeit; die überwiegende Menge des Angebots wird mit einer durchschnittlichen Arbeitsproduktivität erzeugt; dieser durchschnittliche Arbeitsaufwand ist demzufolge in den gegebenen Marktbeziehungen »gesellschaftlich notwendig«, um eine Wareneinheit der vorherrschenden Angebotsmenge zu produzieren. Allein die in diesem Sinne notwendige Arbeitszeit ist als das »Maß des Werts« zu verstehen, und nur diese kommt letztlich im relativen Preisgefüge der Waren zum Ausdruck. Die konkurrierenden Anbieter erfahren daher auf dem Markt, inwiefern ihre Produktionsbedingungen den durchschnittlich vorherrschenden entsprechen bzw. in welchem Umfang ihr eigener Arbeitsaufwand dem jeweilig notwendigen Maß entspricht. Nach Auffassung der Arbeitswertlehre geht daher auch allein diese im Durchschnitt notwendige Arbeitszeit in die Wertbildung ein und begründet, vermittelt über den realisierten Preis der Waren, Ansprüche auf andere produzierte Werte bzw. wiederum notwendige Arbeitszeit.

Aus dieser Regel des Marktes folgt ferner: All die Arbeitszeit, die über das jeweils im Durchschnitt notwendige Maß hinaus aufgewendet wird, geht für die Wertbildung verloren. Die vergleichsweise ineffizienten Grenzproduzenten, die nur unbedeutend zum Gesamtangebot beitragen, benötigen entsprechend ihrer unterlegenen Arbeitsproduktivität einen höheren Arbeitsaufwand als durchschnittlich erforderlich; ihre Waren erzielen jedoch ebenfalls nur den üblichen Marktpreis, der annäherungsweise die Wertgröße aus »notwendiger« Arbeit zum Ausdruck bringt. Das bedeutet, daß der gemessen am Durchschnitt überhöhte Arbeitsaufwand der ineffizienten Grenzproduzenten entsprechend auch nicht als Wert anerkannt wird, nicht in die Wertbildung eingeht und auch keine Ansprüche auf andere produzierte Werte, letztlich gesellschaftlich notwendige Arbeit, begründet. Der überschüssige Arbeitsaufwand geht für die Wertbildung verloren – nicht zum Vorteil der übrigen durchschnittlichen Anbieter oder der Konsumenten, sondern ausschließlich zum Nachteil der vergleichsweise ineffektiven Grenzproduzenten.

Jener zentrale Satz der Arbeitswertlehre, daß das einzige »Maß des Werts die Zeit« sei – und zwar die durchschnittlich notwendige –, läßt sich im Prinzip auch auf den internationalen Handel oder im hier interessierenden Fall auf den Handel zwischen Industriestaaten und Entwicklungsländern anwenden:

Voranstehende Daten zum internationalen Handel verdeutlichen, daß die Entwicklungsländer – vor allem Afrikas – nur noch als Grenzproduzenten der Weltwirtschaft zu sehen sind. Aufgrund ihres technischen Rückstandes und ihrer zunehmend unterlegenen Produktivität verlieren diese Länder fortgesetzt an handelspolitischer Bedeutung und tragen mittlerweile in allen Warengruppen nur mehr marginal zum Weltexport bei. Aus diesem empirischen Sachverhalt folgt, daß die OECD-Staaten und Schwellenländer weitestgehend das Angebot in allen Warengruppen stellen; von den technischen Bedingungen und der Produktivität dieser Länder wird bestimmt, welcher Arbeitsaufwand durchschnittlich notwendig ist, um das Angebot in den jeweiligen Warengruppen zu produzieren. Das relative Preisgefüge und dessen laufende Veränderungen und Schwankungen beruhen also letztlich auf der vorherrschenden Produktivität und dem durchschnittlichen Arbeitsaufwand in den OECD-Staaten und Schwellenländern. Die Entwicklungsländer haben hierauf aufgrund ihrer marginalen Stellung keinen Einfluß. Diese wenden vielmehr als Grenzproduzenten entsprechend ihrer unterlegenen Produktivität weitaus mehr Arbeitszeit in der Exportproduktion auf, als dies im Durchschnitt der OECD-Staaten und Schwellenländer der Fall ist. Die Exportproduktion der Grenzproduzenten realisiert nur den vorgegebenen Preis im Welthandel. Daß der übermäßige Arbeitsaufwand dieser Grenzproduzenten nicht als Wert auf dem internationalen Markt anerkannt wird, nicht in die Wertbildung eingeht und keine Ansprüche auf andere produzierte Werte begründet, erfolgt nicht zum Vorteil der wichtigsten Anbieterländer, nicht zum Vorteil der Verbraucher, sondern ausschließlich zum Nachteil der Entwicklungsländer selbst.

Das Ausmaß, in dem die Grenzproduzenten in ihrer Exportproduktion Arbeitszeit für ihre Wertbildung verlieren, trägt unstrittig zur Verarmung dieser Länder bei. Ein ungleicher Tausch von Werten, ein Werttransfer oder auch eine »Ausbeutung« dieser Länder durch den internationalen Handel zugunsten der Industriestaaten läßt sich jedoch aus einem mehr oder minder großen ungleichen Tausch von Arbeitszeit nicht begründen. Unter den Regeln des Marktes – sei dieser regional, national oder international – unterliegen vergleichsweise ineffektive Grenzproduzenten stets einem ungleichen Tausch von Arbeitszeit, der jedoch nicht mit einem ungleichen Tausch von Werten zu verwechseln ist. Ein ungleicher Tausch von Arbeitszeit, der einen ungleichen Tausch von Werten bzw. einen Werttransfer bedeutet, ist nur im Fall überdurchschnittlich produktiver Anbieter denkbar. Deren Arbeitsaufwand pro Einheit einer bestimmten Produktion ist geringer als der durchschnittlich notwendige, zu dem das überwiegende Angebot produziert wird. Solange diese zeitlich begrenzte Situation überdurchschnittlicher Produktivität besteht, können dann pro Arbeitszeit mehr als üblich durch den vorgegebenen realisierten Marktpreis Ansprüche auf andere produzierte Werte erzielt werden. Dieser Fall (des sogenannten Extramehrwertproduzenten) liegt jedoch außerhalb des Gegenstandes der Theorie des ungleichen Tausches, die sich allein auf die Entwicklungsländer bzw. ineffektiven Grenzproduzenten der Weltwirtschaft bezieht.

Abgesehen davon, daß die Theorie des ungleichen Tausches bereits aufgrund des nur noch marginalen Umfangs des ökonomischen Austausches der Entwicklungsländer mit den Industrieländern keinen irgendwie relevanten Erklärungsgehalt beanspruchen kann, ist diese Theorie auch in der Systematik der Arbeitswertlehre selbst kaum überzeugend. Das außenwirtschaftliche Problem der Armut der Entwicklungsländer steht in anderen ursächlichen Zusammenhängen: Nicht-industrialisierte Länder verfügen über keinen nennenswerten Kapitalgütersektor. In dieser Ausgangslage setzen jedoch Investitionen in die Entwicklung des industriellen Binnenmarktes oder auch im Agrarsektor in hohem Maße Importe von Kapital- und Ausrüstungsgütern voraus. Der Zugang zu diesen Investitionsgütern erschließt sich über die Importkaufkraft der Exporte. Der Export von Primärgütern und Rohstoffen tritt gleichsam an die Stelle des noch fehlenden Kapitalgütersektors. Diese besondere Stellung des Exportsektors im ökonomischen Kreislauf nicht-industrialisierter Länder ist Ausdruck ihres noch ausgeprägten stofflichen Kapitalmangels, der allein durch die nachholende Industrialisierung schrittweise überwunden wird.

Die fortschreitende Marginalisierung im Welthandel hat folglich vor allem in den afrikanischen Staaten dazu geführt, daß deren traditionelle Exporte seit vielen Jahren nicht mehr ausreichen, den Kapitalgütersektor ökonomisch zu substituieren bzw. den Zugang des Binnenmarktes zu Investitionsgütern sicherzustellen. Dies ist einer der wesentlichen - außenwirtschaftlichen - Gründe, die seit den 70er Jahren zum kontraktiven Wirtschaftsverlauf und zur De-Industrialisierung bei den Grenzproduzenten der Weltwirtschaft beigetragen haben.

Das außenwirtschaftliche Problem der Armut und der fortbestehenden Unterentwicklung in diesen Ländern liegt daher vor allem darin, daß diese durch die zunehmend überlegene Produktivität der OECD-Staaten und Schwellenländer aus dem Weltmarkt verdrängt werden und hierdurch den Außenhandel als eine Grundlage nachholender Industrialisierung verlieren. Nicht etwa ein »Werttransfer« oder die »Ausbeutung« über den Welthandel beschreibt die außenwirtschaftliche Ursache der Armut in Entwicklungsländern als vielmehr der empirische Sachverhalt, daß deren Produkte und Arbeitskraft kaum mehr von den Industrieländern benötigt werden.

Schlußbemerkung

Auf welche Ursachen auch immer die gegenwärtige soziale und ökonomische Lage in Entwicklungsländern zurückzuführen ist - aus dem Blickwinkel der Industriestaaten sind diese weder als Lieferanten von Primärgütern und Rohstoffen noch als Anbieter industrieller Waren oder auch als Absatzmärkte von nennenswerter Bedeutung. Da die ärmsten Länder der Dritten Welt - sie werden auch als »Vierte Welt« bezeichnet - nur noch marginal in den Außenhandel der Industriestaaten eingebunden sind, entfällt auch jede reale Grundlage für die Vorstellung, daß sie zum Reichtum oder zum Reallohn der OECD-Staaten beitragen. Entsprechend ist auch die Frage zu beantworten, in welcher ökonomischen Beziehung der Arbeitnehmer hierzulande zur »Vierten Welt« steht: Tropische Güter, die in den Konsum der Haushalte der Lohnabhängigen eingehen, kommen nicht oder nur zu unbedeutenden Anteilen beispielsweise aus Afrika, sondern aus Schwellenländern, ökonomisch relativ weit fortgeschrittenen Entwicklungsländern sowie auch aus den OECD-Staaten selbst. Dasselbe ist auch für die agrarischen und mineralischen Rohstoffe festzustellen, die als inputs in die Produktion der Lohngüter eingehen. Ebensowenig steht der Arbeitnehmer hierzulande in einer Lohnkosten-Konkurrenz zu den Lohnabhängigen in jenen Ländern; die Importe industrieller Fertigwaren aus Non-OECD-Ländern kommen aus den neuen Industriestaaten und Schwellenländern, nicht aber aus Afrika und anderen vergleichbaren Ländern.

So ist auch die Suche danach, wie die Entwicklungsprobleme in jenen Ländern zu lösen sind, sachlich zu trennen von den Fragen der Entstehung, Verteilung und Verwendung des Reichtums bei uns. Der Kontext, in dem die Höhe und Entwicklung der Reallöhne hierzulande stehen, ist ein grundsätzlich anderer: Die Reallohnentwicklung bei uns hängt davon ab, inwiefern es den Lohnabhängigen gelingt, unter Bedingungen der offenen internationalen Konkurrenz sowie unter dem Druck der Arbeitslosigkeit sich am Produktivitätsfortschritt zu beteiligen. Diese Problematik steht in keinem ursächlichen Zusammenhang zur Armut in jenen Ländern, ebenso wie auch der Verzicht auf Reallohnsteigerungen hier keines der Armutsprobleme in jenen Ländern einer Lösung näherbrächte.

Dem bekannten Vorwurf, den Reallohn hier ursächlich mit der »Ausbeutung« von Entwicklungsländern zu verknüpfen, ist vielmehr ein anderer Vorwurf entgegenzuhalten: Auch wenn diese Vorstellungen auf keiner realen und empirisch belegbaren Grundlage stehen, so tragen sie moralisierend dennoch dazu bei, die Umsetzung des arbeitssparenden technischen Fortschritts in sozialen Fortschritt zu verunsichern. Aus dem Blickwinkel des ungleichen Tausches vertretene Forderungen nach Verzicht helfen weder hierzulande bei der Lösung ökonomischer und sozialer Probleme, noch würde ein Verzicht irgend ein ökonomisches oder soziales Problem in den Ländern der »Vierten Welt« lösen.

Eckart Spoo

Wofür wir das Geld brauchen

In der ersten Hälfte der 90er Jahre verbreitete sich ein Wort, das nie fehlen durfte, wenn jemand zeigen wollte, daß er geistig auf der Höhe der Zeit war: das Wort »Wertewandel«. In allem Geschwafel wurde ein ideologischer Kurswechsel deutlich. Es ging darum, das Humane abzuwerten und die private Aneignung materieller Werte von sozialen Rücksichten zu befreien.

Daß der Mensch an Wert verliert, wenn es ein Überangebot an Menschen gibt, liegt in der marktwirtschaftlichen Logik. Arbeitslosigkeit von fünf Millionen Menschen bedeutet nicht nur, daß fünf Millionen Menschen von den Beschäftigern nicht gebraucht werden und insofern für sie wertlos sind, sondern das Überangebot drückt auch auf den Wert der Beschäftigten. Die Menschen werden billig, verdienen insgesamt immer weniger. Wer aber wenig Geld hat, ist auch als Konsument wenig wert.

Diese Erfahrung wirkt auf das Lebensgefühl, auf das Selbstbewußtsein der Menschen. Sie erkennen oder spüren, daß sie – im Überfluß vorhanden – überflüssig sind. Ihr Selbstwertempfinden leidet.

Ganze Völker, zum Beispiel in Afrika, werden in der globalisierten Wirtschaft weder als Produzenten noch als Konsumenten gebraucht. Unter dem Aspekt der Kapitalverwertung sind es überflüssige, wertlose Völker.

Die Zweite, Dritte, Vierte Welt wächst aus der Ersten. Auch in Deutschland entstehen Slums. In Armutsverhältnissen leben die meisten Kinder. Die Armen sind die Kinderreichen, die Kinderreichen sind die Armen: Proletarier im ursprünglichen Sinne des Wortes. Welche Perspektive bietet der real existierende Kapitalismus in Deutschland diesen Kindern?

Die Arbeitslosigkeit nimmt zu. Im politischen Teil der Zeitungen – auf den vorderen Seiten – wird das beklagt. Hinten im Wirtschaftsteil werden Manager gerühmt, die erfolgreich die Betriebe »abspecken«, »ausdünnen«, »verschlanken«. Diese erfolgreichen Manager bekommen dafür Bundesverdienstkreuze. Der Staat belohnt den, der die Arbeitslosigkeit vergrößert.

Der oberste Glaubenssatz, den die Apostel des »Neoliberalismus«[1] predigen, ist der, daß es zum Kapitalismus keine Alternative gebe.

Mehr oder weniger offen[2] argumentieren sie gegen die Demokratie. Und ihr Papst Milton Friedman (Chicago) verkündet: »Es gibt nur eine soziale Verantwortung der Wirtschaft, nämlich unter Benutzung all ihrer Hilfsquellen sich zu betätigen, um die Profite zu maximieren.« Den Beiseitegeschobenen, Entwerteten, mehr und mehr auch Entrechteten bieten die »Neoliberalen« keine Perspektive, dem Elend zu entkommen, sondern nur die, immer tiefer darin zu versinken.

Führende Politiker und Publizisten eignen sich nach und nach die Argumente des »Neoliberalismus« an. Mit ihren Propagandaparolen, es sei kein Geld da, es müsse gespart werden, die Sozialleistungen seien nicht mehr finanzierbar, verstärkt sich der Einschüchterungseffekt, der viele Menschen daran hindert, sich politisch für die eigenen Interessen zu engagieren. Wenn wir nicht wollen, daß sich unsere Mitmenschen und früher oder später auch wir selber immer tiefer demütigen, um zu erhaschen, was vielleicht vom Tische der Reichen fallen wird, wenn wir Humanität und Demokratie nicht preisgeben wollen, dann stellt sich als erstes die Aufgabe, der Lügenpropaganda der Reichen zu widersprechen und statt dessen die gute Nachricht weiterzugeben: Geld ist genug da.

Hohe Gewinne – wofür?

Eine alltägliche, typische Zeitungsmeldung ist überschrieben: »Conti verdoppelt Gewinn und baut Mitarbeiter ab«.[3] Wie das? Jahrelang behaupteten doch die Marktwirtschaftsideologen, aus Gewinnen würden Investitionen und aus Investitionen Arbeitsplätze; entscheidend sei der erste Schritt: Den Unternehmern müsse ermöglicht werden, maximale Gewinne zu machen. Diese Lüge zwang viele Menschen zu Bescheidenheit und Wohlverhalten. Die Lohnquote sank, mit ihr die Kaufkraft, also auch die Nachfrage, schließlich infolgedessen der Absatz, und dadurch entfiel der Sinn und Zweck der Investitionen. Wenn überhaupt investiert wurde, dann in der Regel mit der

1 Ich benutze das Wort mit Vorbehalt, denn diese Bezeichnung für den grassierenden Sozialdarwinismus verhöhnt alle humanistische Traditionen des Liberalismus.
2 Siehe Beitrag von H. Schui in diesem Buch.
3 Hannoversche Allgemeine Zeitung vom 7.3.1996.

Absicht, Menschen durch Maschinen zu ersetzen und so die Produktion billiger, die Löhne niedriger, die Gewinne höher zu machen – mit der Folge, daß sich die Arbeitslosigkeit vergrößerte. Auch ein Unternehmen wie Deutsche Aerospace (DASA), das 1995 mit Massenentlassungen Aufsehen erregte, konnte gleichzeitig Dividenden an den Daimler-Benz-Konzern abführen.[4] Andere Beispiele:

– Für das Jahr 1995, ein Jahr massiver Kürzungen des Reallohns und der Sozialleistungen, vermeldete die Westdeutsche Landesbank eine Ertragssteigerung um 50 Prozent auf gut eine Milliarde Mark. In Wahrheit verdient die Bank noch viel mehr, aber das ließ sich der Bilanz nicht im einzelnen entnehmen. Bilanzen sind Produkte von Frisiersalons.

– Bei der Allianz-Versicherung, die für 1994 den »Rekordgewinn« von 1,34 Milliarden Mark ausgewiesen hatte, blieben 1995 mehr als zwei Milliarden Mark übrig (nach Steuern). Ein neuer Rekord also. Zugleich baute dieser größte Versicherungskonzern Europas 1664 Arbeitsplätze ab, und für die nächsten Jahre kündigte er eine Verringerung der Belegschaft um jährlich zwei bis vier Prozent an. Niemand darf hoffen, die Allianz werde ihre Gewinne doch noch zur Schaffung von Arbeitsplätzen verwenden.

– Nicht weniger als zehn Milliarden Mark wandte der Chemie-Konzern Hoechst 1995 auf, um das US-amerikanische Unternehmen Marion Merrill Dow zu erwerben. Solche »Investitionen« schaffen keinen einzigen Arbeitsplatz, im Gegenteil, sie führen zu weiterem Arbeitsplatzabbau. Auch andere Konzerne betreiben mit gewaltigem finanziellem Aufwand internationale Expansion. Dafür ist Geld da.

Die Gewinne und ihre Verwendung sind in der Öffentlichkeit kein Thema. Die Medien interessieren sich fast ausnahmslos nicht für hohe Einkommen und Vermögen.[5] Eine Ausnahme: Immer wieder befassen sie sich mit den Diäten der Abgeordneten, ohne zu erwähnen, daß das »Peanuts« sind im Vergleich zu den Bezügen der Vorstandsmitglieder großer Konzerne, ganz zu schweigen von den Einkommen, die still aus Milliardenvermögen fließen. Gloria von Thurn und Taxis z.B. wird allein durch die Wertsteigerung ihrer Immobilien jeden Tag um eine halbe Million reicher; und sie ist bei weitem nicht

4 Laut Angaben von Klaus Mehrens, IG Metall, auf dem Kongreß »Geld ist genug da«.
5 Siehe Beitrag von H. Bleicher-Nagelsmann in diesem Buch.

die Reichste im Land.[6] In diesen Kreisen gilt der Grundsatz, wahrhaft reich sei man nicht, wenn man von den Zinsen, sondern erst, wenn man von den Zinsen der Zinsen leben kann.

Wohlstand für wen?

»Wohlstand für alle« verhieß einst Ludwig Erhard, Bundeswirtschaftsminister und dann Bundeskanzler. Soziologen wie Helmut Schelsky verkündeten damals die »nivellierte Mittelstandsgesellschaft«. Weit zurückliegende Zeiten. Statt Nivellierung erleben wir das Gegenteil: rapide Spaltung der Gesellschaft.

Wer es sich leisten kann, schickt seine Kinder auf Privatschulen, während die öffentlichen Schulen verarmen. So zerbricht alles, was als Solidargemeinschaft konzipiert war. Private Krankenversicherungsgesellschaften umwerben junge Angestellte erfolgreich mit niedrigen Beitragstarifen, während die Allgemeine Ortskrankenkasse, die für die armen, kranken Alten zu sorgen hat, immer höhere Beiträge fordern muß. Solche Absurditäten, solche Perversionen kennzeichnen die soziale Entwicklung. Dazu gehört, daß die Kosten von Luxusautos, Luxusmahlzeiten, Luxusreisen als Betriebsausgaben auf die Allgemeinheit abgewälzt werden, also auf die Armen, die dadurch noch ärmer werden. Dazu gehört, daß nach einem 1995 gesprochenen Urteil des Bundesverfassungsgerichts ausgerechnet Großvermögen vor Vermögens- und Erbschaftssteuer besonders geschützt sind. Dazu gehört auch die Erfahrung, die jede und jeder am Bankschalter machen kann: Je mehr Geld ich festlege, desto höher ist der Zinssatz, der mir geboten wird, so daß die Reichen reicher, die Armen ärmer werden. Ähnlich sozial- und zugleich umweltschädlich wirkt die Preispolitik der Energiekonzerne: Wer viel Strom verbraucht, zahlt je Kilowattstunde wenig, wer wenig verbraucht, zahlt viel. Umgekehrt wäre es richtig. Möglichst geringer Verbrauch müßte staatlich belohnt werden. Aber wie lernfähig ist eine kapitalistisch geprägte Gesellschaft?

Der Marktwert von Immobilien steigt unaufhörlich. Die Mietpreise saugen einen immer größeren Teil des Lohns auf, bewirken also Verarmung. Der Staat subventioniert durch Geringbesteuerung der Immobilien nach dem überholten Einheitswert, durch Grundab-

6 Der Spiegel vom 22.11.1993.

schreibung, Schuldzinsenabzug, Wohngeldzahlungen u. a. die Haus- und Grundbesitzer, ohne dadurch den Mangel an bezahlbaren Wohnungen zu beheben. Sogar leerstehende Bauten können für die Besitzer lukrativ sein.[7]

Stefan Welzk, Rainer Roth u. a.[8] haben die Mechanismen der Umverteilung von unten nach oben und die staatliche Mitwirkung daran hinreichend deutlich dargestellt. Niemand braucht mehr zu rätseln, wie Ungleichheit entsteht und wodurch sie sich vergrößert. Wenn wir dies aber wissen, dann kann es auch keine Frage mehr sein, wo eine Politik sozialstaatlichen Ausgleichs ansetzen kann und muß.

Kritische Wissenschaftler wie die, die in der »Memorandum-Gruppe« regelmäßig alternative Gutachten zur wirtschaftlichen Lage präsentieren, haben es an konkreten Empfehlungen nie fehlen lassen. Klar ist: In einem Land, in dem sich Produktion und Produktivität kontinuierlich erhöht haben, gibt es keinen akzeptablen Grund, den Lebensstandard zu senken. Im Gegenteil: Die Senkung des Lebensstandards gefährdet die wirtschaftliche Entwicklung. Wo Produktionskapazitäten nicht ausgelastet sind und wo zugleich arbeitsfähige, ausgebildete Menschen nach Arbeit suchen, könnte, nein, kann und muß viel zusätzlicher Reichtum produziert werden, der gebraucht wird, um Armut zu beheben.

Den Menschen wird eingeredet, es müsse gespart werden. »Sparen« ist ein positiv besetztes Wort. In der Kampagne zum Abbau des Sozialstaats wird es desorientierend verwendet. Die sogenannten Sparmaßnahmen dienen nicht dazu, Geld für schlechtere Zeiten oder für künftige größere Ausgaben anzusammeln. »Sparen« wird mißbraucht als neuer Begriff für das Umverteilen von unten nach oben. Jeden Politiker, der von »sparen« spricht, sollten wir zur Rede stellen und befragen, für wen oder was denn gespart wird.

Die Reichen rufen die Armen zum Verzicht auf. Aber Verzicht der Armen auf Lebensqualität löst kein gesellschaftliches Problem. Sie haben vielmehr allen Grund, selbstbewußt Ansprüche zu erheben, Forderungen zu stellen, neue Projekte zu entwickeln.

Doch was ist Lebensqualität? Wofür brauchen wir das Geld? Ich will meine Antwort in sechs Punkten zusammenfassen: Beschäftigung; Grundsicherung, höhere Masseneinkommen, höherer Lebens-

7 Siehe die Beiträge von E. Dähne und S. Uhl in diesem Buch.
8 Siehe Anfangskapitel dieses Buches.

standard; Umweltschutz; Ausbau des Gemeinwesens; breite Entfaltung der Demokratie; Sicherheit und friedliche Entwicklung.

Beschäftigung

Menschen ohne Vermögen, die, um nicht in Armut leben zu müssen, auf Lohnarbeit angewiesen, arbeitsfähig und arbeitswillig sind, werden in ihrer Menschenwürde verletzt, wenn sie keine Beschäftigungsmöglichkeit finden. Massenarbeitslosigkeit entwürdigt die ganze Gesellschaft. Zugleich vergeudet sie menschliche Ressourcen – das größte Potential gesellschaftlichen Reichtums. Und sie kostet viel Geld, jährlich etwa 140 Milliarden Mark: Arbeitslosengeld, Arbeitslosenhilfe, Sozialhilfe, die von der Gesellschaft aufzubringen sind, Steuern und Sozialhilfebeiträge, die der Gesellschaft entgehen.[9]

Beschäftigungsmöglichkeiten müssen verteilt werden. Auf die Tagesordnung gehört die 30-Stunden-Woche. Sie läßt sich ohne große Schwierigkeiten einführen. Dann könnten sich zwei Menschen einen Arbeitsplatz teilen, z. B. im Einzelhandel montags bis freitags für die Zeit von 8.00 bis 13.15 und von 13.15 bis 18.30 Uhr; abwechselnd müßte jeder von beiden 14 Tage am Donnerstag zwei Stunden und am Samstagvormittag 5½ Stunden arbeiten. Keiner wäre auf öffentliche Sozialleistungen angewiesen, beide würden in die Sozial- und Steuerkassen einzahlen. Wenn das Unternehmen mehr Leute beschäftigen soll als bisher, die einzelnen Beschäftigten aber in der 30-Stunden-Woche kein geringeres Realeinkommen erwerben sollen als früher in der 40-Stunden-Woche, dann steigen die Arbeitskosten des Unternehmens. Dagegen spricht nichts, nachdem die Lohnquote seit Anfang der 80er Jahre permanent gesunken, die Produktivität gestiegen ist.

Wenn wir es allein dem betriebswirtschaftlichen Kalkül der Unternehmer überlassen, wie viele Menschen beschäftigt werden, dann wird die Arbeitslosenzahl weiter ansteigen. Wenn wir die Unternehmer allein entscheiden lassen, unter welchen Bedingungen sie neue, arbeitserleichternde Technik einführen, werden sie daraus einseitig Nutzen ziehen, indem sie durch Stellenabbau Kosten reduzieren. Wenn dagegen technischer Fortschritt allen zugute kommen soll, muß Arbeitszeit gekürzt, Beschäftigung verteilt werden. Dadurch

9 Nach Angaben des DGB laut Frankfurter Rundschau vom 5.10.1995.

kann die Rendite des Unternehmens schrumpfen. Das braucht niemanden zu beunruhigen, nachdem die Gewinne explodiert sind. Warum sollte nicht ein Teil der Gewinne dazu verwendet werden, Beschäftigungsmöglichkeiten zu schaffen? Das verbessert die Lebensumstände der jetzt Arbeitslosen, sichert allen Menschen ein Leben oberhalb der Armutsgrenze, humanisiert die Gesellschaft, und die volkswirtschaftlichen Folgen sind Erhöhung der Kaufkraft, der Nachfrage, der Produktion, wovon auch ein Anreiz zum Investieren ausgehen kann. Gewinne, denen keine Nachfrage gegenübersteht, werden erfahrungsgemäß nicht investiert.

Das Gemeinwesen, von den Kosten der Arbeitslosigkeit entlastet, kann seinerseits mehr Menschen beschäftigen: Kindergärtnerinnen und Lehrerinnen, Friedhofsgärtner und Richter, Sozialarbeiterinnen und Schauspielerinnen, Musiker und Forscher. Sie alle können und sollen dazu beitragen, unsere Lebensumstände zu verbessern.

Besondere Förderung verdienen eigene Initiativen von Arbeitslosen, die sich zusammentun, um gemeinschaftlich der Gesellschaft Dienste anzubieten. Beschäftigungsgesellschaften. Vor allem wenn sie genossenschaftlich konzipiert sind.

Grundsicherung, höhere Masseneinkommen, höherer Lebensstandard

Im reichen Deutschland braucht es keine Armut zu geben. Wir können sie beheben, und darum müssen wir sie beheben. Der Abstand zwischen den Einkommen ist zu groß geworden, wir müssen ihn verringern. Oben haben sich Milliardenvermögen konzentriert, unten sind Millionen Menschen in lebenslange Verschuldung gesunken, aus der sie sich mit eigener Kraft nicht befreien können.[10] Das sind zwei Mißstände, die sich gegenseitig bedingen. Wir müssen gegen beide vorgehen, das Problem an beiden Enden anpacken, um arm und reich näher zueinander zu bringen. So ist Sozialstaatlichkeit zu verstehen, die der Bundesrepublik Deutschland in ihrer Verfassung vorgeschrieben ist. Das Bundesverfassungsgericht erklärte es 1967 ausdrücklich zur Aufgabe des Staates, für sozialen Ausgleich zu sorgen. Die Bundesregierungen der vergangenen 20 Jahre – nicht erst seit Beginn der Kanzlerschaft von Helmut Kohl – haben das Gegenteil getan. Das

10 Siehe Beitrag von Hans Reich in diesem Buch.

Existenzminimum wurde gesenkt. Es muß angehoben werden. Seine kontinuierliche Anhebung muß zum Prinzip sozialstaatlicher Politik werden. Auch die Durchschnittseinkommen müssen steigen. Ein durchschnittliches Haushaltseinkommen von 5000 DM erlaubt keine großen Sprünge, vor allem wenn mehrere Kinder zu versorgen sind. Bei Mieten zwischen 1000 und 2000 Mark kann die Familie leicht unter die Armutsgrenze rutschen, trotz Ganztagsarbeit des Mannes und Halbtagsarbeit der Frau.

Die Einführung einer Grundsicherung, die allen das Lebensnotwendige (nicht im Sinne von Käfighaltung, sondern von allgemeiner Teilhabe am gesellschaftlichen Reichtum) garantiert, und die regelmäßige Erhöhung der Realeinkommen allein lösen die Probleme noch nicht. Zugleich müssen wir erreichen, daß den Armen und den Lohnabhängigen das, was sie erhalten sollen, nicht gleich wieder genommen wird. Wir müssen also in die Mechanismen der Umverteilung von unten nach oben eingreifen. In ein solches Programm gehören – neben Beschäftigungsmöglichkeiten für alle – Entschuldung der Überschuldeten, Beseitigung des Wohnungsmangels, Verhinderung extremen Anstiegs der Boden- und Immobilienpreise, z. B. durch Gewinnabschöpfung.

Massenkaufkraft hat sich in der Geschichte der Bundesrepublik Deutschland als Motor für die wirtschaftliche Entwicklung bewährt. Deswegen spricht – neben allen anderen Gründen – auch wirtschaftspolitische Vernunft dafür, dem Motor weiterhin Kraftstoff zuzuführen. Und den Lebensstandard in dem Maße, wie es die volkswirtschaftliche Entwicklung erlaubt, zu erhöhen.

Umweltschutz

Was wir brauchen, um gut zu leben, empfiehlt uns herrisch die Konsumwerbung. Gut 50 Milliarden Mark jährlich werden in Deutschland für Werbung ausgegeben. Es ist schwer, sich dem Modediktat zu entziehen. Am stärksten wirkt es auf die Armen. Sie leiden darunter, wenn sie nicht genug Geld haben, die Verhaltensregeln zu befolgen. Vor allem für die vielen Kinder, die in Armut aufwachsen, ist es kränkend, wenn sie sich nicht an dem Konsum beteiligen können, den die Werbung normiert. Was sie sich nicht oder nur unter großer Mühe leisten können, wird zum Objekt um so größerer Begierde:

modische Kleidung, Auto, Flugreisen. Ob die angebotenen Konsumartikel wirklich das Leben verbessern, diese Frage stellt sich ihnen nicht.

Wohlhabende, die sich allerlei Luxus leisten, sollten Armen keine Bescheidenheit predigen, auch nicht mit ökologischen Argumenten. Sie sollten tun, was sie können, um die Armut zu beheben.

Wer 10000 Mark verdient – bei diesem Haushaltseinkommen beginnt nach Ernst-Ulrich Huster[11] der Reichtum, allerdings ein relativer Reichtum, der keine Erster-Klasse-Flüge und erst recht keine Privatflüge erlaubt – kann sich mehrmals im Jahr Reisen an ferne Strände leisten; jedenfalls wenn er nicht für eine größere Familie zu sorgen hat. Wieviel Lebensqualität gewinnt er? Wieviel Erholung und Erfahrung bringt er von den Stränden mit? Oder wie wenig? Muß jeder unbedingt einmal auf Mallorca, auf Teneriffa, am Toten Meer, im Grand Canyon, am Ayers Rock und auf der Osterinsel gewesen sein? Muß alles mit Landepisten, Appartement-Blocks, Diskotheken und Spielsalons zubetoniert werden? Ist etwa die Zersiedelung der Landschaft, die Schädigung der Erdatmosphäre durch Flugverkehr, die Vergeudung natürlichen Reichtums Voraussetzung unserer Lebensqualität? Oder geht nicht gerade umgekehrt, wenn das Ozonloch wächst, das sich allmählich auch in Richtung Deutschland erweitert, künftigen Generationen und auch schon heute Lebenden Lebensqualität verloren?

Sind zigmillionen Autos auf deutschen Straßen Ausdruck von Lebensqualität? Längst hat sich herumgesprochen, daß es den kurzfristigen Selbstmord der Menschheit bedeuten würde, wenn alle Völker in gleichem Maße wie das deutsche motorisiert würden. Müssen trotzdem mit öffentlichen Mitteln immer mehr Straßen für immer mehr Autos gebaut werden – mit Schallschutzwänden, zwischen denen wir durch die unsichtbare Landschaft rasen?

Brauchen wir wirklich alle Elektrogeräte, die uns von Siemens und anderen Firmen in wachsender Zahl angeboten werden? Müssen wir, um gut leben zu können, immer mehr Energie verbrauchen?

Umweltschäden werden größer. Sie zu reparieren, wird immer teurer – z.B. nach Katastrophen wie in Tschernobyl. Die Ausrottung von Arten, die sich täglich fortsetzt, ist ohnehin nicht wiedergutzumachen.

11 Siehe seinen Beitrag in diesem Buch.

Pfleglicher Umgang mit dem natürlichen und dem von vergangenen Generationen geschaffenen zivilisatorischen Reichtum, auch mit unseren Mitmenschen und uns selber ist zeitintensiv, arbeitsintensiv. Er unterbleibt, wo der Zwang zu schneller und immer schnellerer Kapitalverwertung die Alleinherrschaft übernimmt. Die Folge ist Vergeudung – von Menschen und von Kapital.

Wir brauchen Geld für die Sanierung verseuchter Böden und Gewässer. Für vorbeugenden Umweltschutz. Für umweltgerechte Produktion (Forschung, Entwicklung, Anwendung), möglichst nah bei den Verbrauchern, also mit möglichst wenig umweltstrapazierenden Transporten, überschaubar, demokratischer Mitbestimmung zugänglich. Und wir brauchen Geld, um nicht-kommerzielle, nichtvergeudende Freizeitangebote zu finanzieren: Schwimmbad, Volkshochschule, Theater, all das, woran jetzt »gespart« wird, weil angeblich kein Geld da ist.

Ausbau des Gemeinwesens

Der »Neoliberalismus« ruft dauernd nach Senkung der Staatsquote: Der Anteil des Bundes, der Länder, der Gemeinden und anderer öffentlicher Einrichtungen am Volkseinkommen müsse verringert werden. Das klingt liberal. Man versteht es so, als richte es sich gegen einen zu mächtigen Staat. Doch wenn die »Neoliberalen« den »schlanken Staat« fordern, meinen sie damit nicht, daß das staatliche Machtinstrumentarium abgespeckt werden müsse. Im Gegenteil: Durch und durch illiberal sind sie im Zweifel immer dafür, Polizei, Geheimdienste, Militär rechtlich und materiell zu stärken, Grundrechte der Bürger einzuschränken. Der Staat soll dafür sorgen, daß die private Aneignung gesellschaftlich erarbeiteten Reichtums störungsfrei abläuft und das Volk ruhig bleibt. Der Ruf nach »Entstaatlichung« richtet sich gegen den Sozial-, nicht gegen den Obrigkeitsstaat.

Zudem ist den »Neoliberalen« jede Art von Gemeinwirtschaft ein Greuel – vor allem soweit sie dadurch das private Kapital an Profitmaximierung gehindert sehen. Für die wirtschaftliche Entwicklung war – neben der Massenkaufkraft – eine funktionierende Infrastruktur immer eine wesentliche Voraussetzung. Wenn jetzt mit der Behauptung, der »Standort Deutschland« sei zu teuer, beispielsweise Ausgaben für Bildung und Forschung gekürzt werden, entsteht umgekehrt gerade daraus eine mittel- und langfristige Bedrohung des technischen und wirtschaftlichen Fortschritts in Deutschland. Künftiger Reichtum kann nur aus einem Potential gut ausgebildeter Menschen sprießen. Das Beispiel zeigt, daß politische Kampagnen, die mit »Standort«-Parolen geführt werden, in Wahrheit aber Gewinnsteigerung auf Kosten der ganzen Gesellschaft meinen, zur eigentlichen Bedrohung des »Standorts« werden.

Vorbildlich entwickelt war in Deutschland das öffentliche Kommunikationsnetz mit Bahn und Post. Insgesamt waren diese Staatsunternehmen nicht etwa eine schwere finanzielle Last, sondern nützlich für alle. Die Post warf sogar Jahr für Jahr Milliarden-Gewinne ab, die der Fiskus für die Finanzierung anderer staatlicher Aufgaben verwandte. Gerade weil sie Gewinn abwarf, wird sie nun privatisiert. Gesetzlich blieb ein »Infrastruktur-Auftrag« erhalten, aber Privatunternehmen, die im Wettbewerb stehen, werden sich immer auf die gewinnträchtigen Geschäfte konzentrieren und sich dem Auftrag zu gleichmäßiger Versorgung der Menschen entziehen. Von »neoliberaler« Politik geprägt, ließ der Staat die – umweltschonende – Bahn in weiten Gebieten verkommen, legte Strecken still, zwang viele Menschen zum Umsteigen aufs private Auto und förderte den Individualverkehr durch gewaltige Investitionen im Straßenbau. Er bewirkte damit, daß ein großer Teil des Volkes an Mobilität einbüßte, nämlich alle, die nicht Auto fahren: Kinder, Jugendliche, Alte, Behinderte, Arme.

Das Gemeinwesen braucht mehr, nicht weniger Geld, wenn es dafür sorgen soll, daß sozialer Ausgleich zwischen arm und reich gelingt, daß die natürlichen Lebensgrundlagen geschützt, Umweltschäden soweit wie möglich repariert werden, die Infrastruktur verbessert wird und alle Menschen an seinen Leistungen teilhaben können, z. B. an medizinischer Versorgung. Mit der unwahren Behauptung, die Kosten des Gesundheitswesens seien explodiert, werden die Versorgungsansprüche der Patienten beschnitten; in Wahrheit stiegen die Kosten des Gesundheitswesens etwa im gleichen Maße wie das Volkseinkommen, aber weil die Einkommen der abhängig Beschäftigten nicht in diesem Maße mitstiegen, erhöhten die gesetzlichen Krankenkassen ihre Beitragssätze. Außerdem führten sie die Selbstbeteiligung der Patienten ein. Arme Patienten sind dadurch ungleich schwerer belastet als reiche. Wenn die gesetzlichen Kassen nun noch einige der bisher versicherten Risiken aus dem Leistungskatalog streichen, können Privatkassen zielstrebig den Markt erobern. Ähnlich angeschlagen sind andere Gemeinschaftseinrichtungen, von der Rentenversicherung bis zum öffentlich-rechtlichen Rundfunk, vom kommunalen Schlachthof bis zur Volkshochschule.[12]

Das Grundgesetz gebietet in seinen Grundrechtsartikeln 14 und 15: »Eigentum verpflichtet. Sein Gebrauch soll zugleich dem Wohl der Allgemeinheit dienen.« Ausdrücklich läßt es zum Wohle der Allgemeinheit Enteignungen zu. Insbesondere sieht es die Möglichkeit der Überführung von Grund und Boden, Naturschätzen und Produktionsmitteln »in Gemeineigentum oder in andere Formen der Gemeinwirtschaft« vor. Die politisch dominierenden »Neoliberalen«, die niemals bereit wären, Multimilliardäre zugunsten des Allgemeinwohls zu enteignen, propagieren und organisieren im Gegenteil die Umverteilung von unten nach oben. Sie betreiben den Ausverkauf des Gemeinwesens und plündern die Sozialkassen. Sie sind Systemveränderer, um die sich der Verfassungsschutz kümmern würde, wenn er seinen Namen verdiente.

Bund, Länder und Gemeinden sind tief verschuldet und können deswegen nur noch wenige Aufgaben erfüllen. Die Reichen tragen immer weniger zu den Kosten des Gemeinwesens bei; die steuerliche Belastung der Unternehmensgewinne wurde von 1980 bis 1994 von knapp 30 auf 16 Prozent gesenkt. Sollen tendenziell allein die Lohnabhängigen für das Gemeinwesen zahlen, das ihnen und den Arbeitslosen immer geringere Leistungen bietet? Wieviel ist bei ihnen noch herauszuholen? Nein, die Gewinne und die großen Vermögen müssen für die Finanzierung des Gemeinwesens herangezogen werden. Notwendig ist außerdem eine Entschuldung. Sie würde dem Gemeinwesen neue Handlungsmöglichkeiten verschaffen.

Breite Entfaltung der Demokratie

Mit der Umverteilung gesellschaftlichen Reichtums von unten nach oben konzentriert sich oben auch immer mehr politische Macht. Gesetzliche Mitspracherechte, z.B. bei Großinvestitionen, wurden in den vergangenen Jahren durch sogenannte Beschleunigungs-, Vereinfachungs- und Erleichterungsgesetze abgebaut. Die Wirtschaft, meint

12 Speziell mit dem Plattmachen kultureller Einrichtungen befaßt sich: Zur Verteidigung der Kultur, hg. von Schmode/Spoo/in der Wiesche, Oschersleben 1995.

Bundeswirtschaftsminister Günter Rexrodt, müsse allein Sache der Wirtschaft sein, Privatsache also, obwohl Investitionen großenteils aus öffentlichen Mitteln finanziert und Verluste ohnehin immer wieder sozialisiert werden.

Auch die gesetzlichen Mitbestimmungsrechte im Betrieb und die Rechte von Gewerkschaften, tarifvertraglich über Arbeitsbedingungen und über die Verteilung des erarbeiteten Reichtums mitzubestimmen, verflüchtigen sich, wenn z.B. große Unternehmen zum Zweck der Ausschaltung von Betriebsräten in viele kleine Firmen zerlegt werden oder wenn die Beschäftiger einfach aus Tarifverträgen aussteigen. Die große Mehrheit des Volkes wird zum bloßen Objekt der Entscheidungen. Wenn mehr und mehr dereguliert und privatisiert wird, wenn schließlich alles privat (»Warnung vor dem Hunde!«) und nichts mehr öffentlich ist, dann ist das Volk entmündigt, die Demokratie am Ende. Ist das eine realistische Perspektive? Jedenfalls keine humane.

An Parlamentswahlen nehmen von Mal zu Mal weniger Menschen teil. Wenn – im Sinne Rexrodts – gewählte Politiker ausgerechnet in die wirtschaftlichen, also maßgeblichen Angelegenheiten nicht hineinreden wollen, wenn sie nur drumherum reden und wenn dann der Parlamentarismus eher als Bühnenstück zur ablenkenden Unterhaltung des Volkes erscheint, kann wachsende Wahlmüdigkeit nicht verwundern.

Bis weit in die 80er Jahre gehörte es noch zum ständigen Repertoire politischer Redner in der BRD wie auch in der DDR, niemals dürften in Deutschland wieder Verhältnisse wie am Ende der Weimarer Republik eintreten, als sechs Millionen Menschen ohne Arbeit waren, denn das sei zerstörerisch für die Demokratie. Jetzt sind nach der offiziellen, geschönten Statistik mehr als vier Millionen arbeitslos. In Wahrheit mehr als sechs Millionen. Welche Schlüsse ziehen wir?

Arbeit und Ergebnisse von Arbeit müssen gerecht verteilt werden, nicht nur zum privaten Konsum, nicht nur zur Verbesserung und Verschönerung des Gemeinwesens, sondern auch damit jeder Mensch die Möglichkeit erhält, seine Grundrechte wahrzunehmen, und sich als politisches Wesen (wie ihn schon die griechischen Philosophen definierten) verwirklichen kann. Die Wirtschaft muß sowohl von den Beschäftigten- als auch von den Volksvertretungen her stärker kontrolliert und demokratisiert werden; sie darf sich der Kontrolle und Mitsprache nicht immer weiter entziehen. Eine Gesellschaft, deren

Wirtschaft außerhalb der Demokratie steht, kann insgesamt nicht wahrhaft demokratisch sein.

Genossenschaftliche Unternehmensformen, die in Deutschland rechtlich diskriminiert sind, müssen sich frei entwickeln dürfen.

Demokratisierung der Wirtschaft ist eine Aufgabe, die sich nicht nur in Deutschland, sondern auch in der Europäischen Union und in den Vereinten Nationen stellt. Ausschließlich national ist das Problem nicht lösbar. Aber die internationale Verflochtenheit darf nicht etwa als Vorwand dafür herhalten, daß wir in Deutschland unterlassen, was nötig und möglich ist.

Demokratie, die auch und gerade die Wirtschaft wegen deren existentieller Bedeutung für die ganze Gesellschaft einschließt, wäre übrigens – nach meinem Verständnis – Sozialismus. Aber auf den Namen soll es nicht ankommen.

Sicherheit und friedliche Entwicklung

Wenn man Mitmenschen fragt, wofür sie Geld brauchen, wenn ich mich selber danach frage, dann lautet eine zentrale Antwort: Geld (bzw. der durch Geld symbolisierte, mit Geld gehandelte gesellschaftliche Reichtum) gibt Sicherheit. Mit Geld können wir uns vor Wind und Wetter, Krankheit, Verbrechen und anderen Gefahren schützen. Je mehr Geld wir dafür ausgeben, desto mehr Sicherheit erwarten wir.

Das Gemeinwesen verdankt seine Entstehung hauptsächlich dem Willen der Menschen, Gefahren gemeinsam abzuwenden. Doch viele der zu diesem Zweck gegründeten Einrichtungen – nicht nur Versicherungen – werden jetzt privatisiert mit der Folge, daß mehr und mehr Menschen den Schutz verlieren.

Für Sicherheit wird in Deutschland viel Geld aufgewendet – und vergeudet. Der Luxus versteckt sich oft hinter Festungsmauern. Die soziale Spaltung, die Polarisierung zwischen arm und reich, macht ängstlich und unsicher. Andere Menschen, andere Völker werden als Feinde wahrgenommen, die unseren Besitz bedrohen. Dagegen soll die innere und äußere Aufrüstung helfen. Wo es an sozialer Gerechtigkeit fehlt, sollen Militär, Polizei, private Wachdienste und verschärftes Strafrecht Sicherheit herstellen.

Unsummen werden beispielsweise für militärische Zwecke vergeudet. Der Militärhaushalt, in der Zeit des Kalten Krieges allein mit der

Notwendigkeit der Verteidigung gegen die Sowjetunion und die DDR begründet, wird nicht gekürzt, obwohl es die Sowjetunion und die DDR längst nicht mehr gibt. 175 Millionen Mark pro Stück wird der »Eurofighter 2000« kosten von dem die Bundeswehr 140 Stück bekommen soll, was auf 26 Milliarden Mark hinausläuft - nach Schätzungen aus dem Jahr 1995, die tatsächlichen Kosten werden erfahrungsgemäß weit darüber liegen. Dies ist nur eines von zahlreichen Rüstungsprojekten. Rund fünf Milliarden Mark sind beispielsweise für 594 Stück der »Panzerhaubitze 2000« eingeplant. Alles vergeudetes Geld.

Sicherheit kann nur gedeihen als Frucht von Bemühungen um sozialen Ausgleich und demokratische Beteiligung - in der Innen- wie in der Außenpolitik. Internationaler Ausgleich kann nur gelingen im Rahmen staatenübergreifender demokratischer Strukturen, wie sie in den Vereinten Nationen, der Weltgesundheitsorganisation, der Weltorganisation für Erziehung, Wissenschaft und Kultur (UNESCO) u. a. konzipiert sind. Ganz im Gegensatz zu diesen Konzeptionen ist die gegenwärtige deutsche Außenpolitik von Hegemoniestreben geprägt. Bezeichnend ist der dringende Wunsch nach einem ständigen Sitz im Weltsicherheitsrat. Und zum Hauptinstrument der neuformulierten deutschen Militärpolitik werden »Krisenreaktionskräfte«, die sich gar nicht mehr den Anschein geben, der Landesverteidigung zu dienen, wofür die Bundeswehr laut Grundgesetz aufgestellt wurde; jetzt geht es u. a. um Sicherung des freien Welthandels, des freien Zugangs zu Rohstoffen, des freien Absatzes deutscher Exportwaren. Denn der Export soll immer weiter zunehmen, obwohl Deutschland - angeblich an »Standort«-Problemen krankend - schon längst immer höhere Exportüberschüsse erwirtschaftet, so daß andere Länder viel eher Anlaß hätten, über »Standort«-Probleme zu klagen. Gerade die Furcht, daß sie sich zum Schutz vor Überschwemmung mit deutschen Waren abschotten, ist ein Grund für den Ausbau des deutschen Militärpotentials. Weltweiter Ausgleich, demokratisch geplant, würde auf allen Seiten die Standortängste - die berechtigten wie die künstlich erzeugten - lindern. So können wir Kriegen vorbeugen. So können wir an einer friedlichen Entwicklung der Welt teilnehmen.

Wo ausgleichende Gerechtigkeit das menschliche Zusammenleben bestimmt, wo Zusammenarbeit und Vertrauen wachsen, wo Ängste und Unsicherheiten nachlassen, da werden um so weniger Schutzleute gebraucht werden, die die Menschen voreinander schützen sollen, was sie oft gar nicht können, weil sie zusätzliche Angst und Unsicherheit provozieren.

*

Abschließend stellt sich die Frage, wie wir es bewerkstelligen, daß der gesellschaftlich erarbeitete Reichtum sozialen Zwecken dienstbar gemacht wird. Wo sind die politischen Kräfte, die gebraucht werden, um die Mechanismen der sozialen Spaltung auszuhebeln?

Voraussetzung für die Humanisierung der Gesellschaft ist ein demokratisches Selbstbewußtsein, das sich nicht durch Machtdemonstrationen und schon gar nicht durch lächerliche Lügen einschüchtern läßt, etwa durch die Lüge, der Sozialstaat sei unbezahlbar geworden – zu einem Zeitpunkt, wo die Sozialleistungsquote auf den Stand von 1975 zurückgefallen ist – oder durch die Lüge von der »Kostenexplosion« oder die »Standort«-Lüge.

Solange es in unmittelbarer Nachbarschaft eine Alternative zum real existierenden Kapitalismus gab, so wenig sie auch zu überzeugen vermochte, mußten die Mächtigen in Wirtschaft und Politik darauf Rücksicht nehmen. In Westdeutschland war es unter diesen Bedingungen möglich, ein dichtes soziales Netz zu knüpfen. 1989/90 verlor das »Schaufenster des Westens« seine Funktion. Die SPD verzichtete in dieser Situation auf das, was sie gegenüber dem Kommunismus immer für sich in Anspruch genommen hatte: den wahren, den demokratischen Sozialismus entwickeln zu wollen. Statt dessen begann sie, den Begriff Sozialismus, der noch in ihrem Programm steht, zu verleugnen. In Abkehr von ihrer Tradition und von der gesellschaftlichen Aufgabe, die sie von anderen Parteien unterscheidet, gewöhnte sie sich jede Kritik am Kapitalismus ab, bis ihr wirtschaftspolitischer Sprecher Gerhard Schröder 1995 konstatierte, es gebe gar keine sozialdemokratische Wirtschaftspolitik, sondern nur eine moderne, die er dann ganz im »neoliberalen« Sinne so definierte, daß die Kosten der Arbeit und die staatlichen Sozialausgaben erheblich reduziert werden müßten. Er selbst ging als niedersächsischer Ministerpräsident voran, die Arbeitszeit im öffentlichen Dienst zu verlängern. In Bonn wurden seit der deutschen Vereinigung alle wesentlichen Sozialabbau- und Privatisierungsgesetze von der SPD mitgetragen.

Die Gewerkschaften gerieten in eine existentielle Krise, die andauert. Unter dem Druck massiver Propaganda, die mit nicht leicht zu durchschauenden nationalistischen Parolen auf sie und alle Lohnabhängigen einwirkte, gelang es ihnen nicht, notwendigen Widerstand gegen den Abbau gesetzlicher und tariflicher Rechte zu organisieren – Rechte, die sie selber, begünstigt von der Blockkonfrontation, im Laufe von Jahren und Jahrzehnten erkämpft hatten. Sie ließen sich von den tonangebenden Bonner Politikern das Wort »Solidarität« stehlen, das dann dazu herhalten mußte, die Eroberung Ostdeutschlands durch westdeutsches Kapital und finanzielle Belastungen der Lohnabhängigen nationalistisch zu kaschieren (»Solidarpakt«, Solidaritätszuschlag« u. a.).[13] Die nationalistische Meinungsmache, die von innergesellschaftlichen Gegensätzen zwischen Kapital und Arbeit, arm und reich ablenkte, verstärkte sich dann noch mit den Parolen vom angeblich weltweit bedrohten »Standort Deutschland«. Ich sehe nicht, wie wir der nationalistischen Vergiftung, die Unfrieden verheißt, anders begegnen können als mit deutlichen sozialistischen Perspektiven, ob wir sie so nennen oder nicht.

Jedenfalls müssen sich die Gewerkschaften endlich darauf besinnen, wozu sie gegründet worden sind: zum Kampf für die Interessen von Lohnabhängigen und Entrechteten. Daß sich inzwischen, trotz wachsender Exportüberschüsse, der Produktionszuwachs in Deutschland verlangsamt, liegt am Anwachsen der Massenarbeitslosigkeit, die die Massenkaufkraft vermindert und die öffentlichen Kassen leert, und dieser Prozeß wird forciert durch den per »Standort«-Kampagne bewirkten Sozialstaatsabbau, der die Binnenkaufkraft weiter schrumpfen läßt und die Zahlungsfähigkeit der öffentlichen Auftraggeber aufzehrt, zumal diese zugunsten des Kapitals auf einen großen Teil ihrer Einnahmen und sogar ihres Vermögens verzichten. Bei abnehmender Nachfrage nimmt dann die Arbeitslosigkeit noch weiter zu. So verstärken sich die Krisenursachen wechselseitig, und es entsteht ein immer gefährlicherer Krisensog. Je länger die Gewerkschaften zögern, dagegen anzugehen, desto schwieriger wird der Kampf. Wenn sie dem Kampf ausweichen, geben sie sich selber auf.

In den Gewerkschaften sehe ich nach wie vor das Hauptpotential des notwendigen Widerstands. Aber auch kleine, z. B. nachbarschaftliche Bürgerinitiativen können mit Streik- oder Boykottaktionen (z. B. Miet- oder Zinszahlungsboykotts) nützliche Beispiele schaffen.

---

13 Zur Widerlegung dieser Propaganda siehe: Gegen die soziale Lüge, hg. v. Butenschön/Dockhorn/Heckmann/Spoo, Braunschweig 1993.

Um Entschuldung durchzusetzen und eine Steuerpolitik zu erzwingen, die nicht den Armen nimmt und den Reichen gibt, sondern umgekehrt, brauchen wir auch parteipolitische Potentiale. Ganz ohne eine SPD, die klären muß, was sie will und für wen sie eigentlich da ist, wird sich der Verfall von Sozialstaatlichkeit, Demokratie und Humanität schwerlich aufhalten lassen.

Joachim Bischoff

Politik in einer reichen Gesellschaft

Die Standort-Ideologie beherrscht das öffentliche Leben der Republik. Ihr zufolge kann es mehr Beschäftigung und weniger Arbeitslosigkeit nur geben, wenn die Beschäftigten zu höherer Leistung bei verminderten Löhnen und gekürzten Sozialeinkommen (Lohnnebenkosten) bereit sind. Angesichts der Globalisierung und Internationalisierung der Ökonomie sei eine »Fitnesskur« für den Sozialstaat unvermeidbar. Es dominiert die Einschätzung, daß wünschbare Reformen nicht mehr finanzierbar seien.

Diese Behauptungen sind nicht nur Ideologie. Die Wirtschaftsmotoren der kapitalistischen Hauptländer laufen seit geraumer Zeit nicht mehr rund. Aber der Grund liegt nicht in einem Verlust der Wettbewerbsfähigkeit infolge zu hoher Einkommen der Lohnabhängigen und vermeintlich überzogener sozialer und ökologischer Ansprüche. Die bundesdeutsche Wirtschaft stellt ihre überdurchschnittliche Leistungsfähigkeit Jahr für Jahr durch einen hohen Exportanteil unter Beweis.

Der Kernpunkt der gesellschaftlichen Auseinandersetzung liegt an anderer Stelle: Die Republik hat ein ernstes Problem mit den Investitionen. Unzweifelhaft reichen die Kapitalinvestitionen nicht mehr aus, die durch Rationalisierungseffekte verloren gegangenen Arbeitsplätze zu ersetzen. Seit Ende der 70er Jahre praktizieren neokonservative Parteien in allen kapitalistischen Hauptländern eine Politik der Förderung der Gewinne und der Kürzung von Lohn- und Sozialeinkommen, ohne daß es zu einer Revitalisierung der Kapitaldynamik gekommen wäre. Die Schlüsselfrage lautet: Was sind die Gründe für die relative Investitionschwäche und die hohe Sockelarbeitslosigkeit über mehrere Konjunkturzyklen hinweg? Wer diese Frage beantworten will, sollte weniger gebannt auf die Exportmärkte starren, sondern zur Kenntnis nehmen, daß der private Verbrauch, folglich der Binnenmarkt, gerade aufgrund neokonservativer Umverteilungspolitik immer mehr als Impulsgeber für die ökonomischen Kreisläufe ausfällt.

Eine skandalöse Verteilung von Besitz und Einkommen produziert eine hartnäckige Abschwächung des privaten Verbrauchs. Die Realeinkommen der Beschäftigten, die Altersruhegelder und die Mindesteinkommen der Unbeschäftigten müßten entschiedener verteidigt werden. Die Nettoeinkommen aus Unternehmertätigkeit und Vermögen sind 1994 um fast 16 Prozent und im ersten Halbjahr 1995 immer noch um 13 Prozent gestiegen. Menschen, die vom Verkauf ihrer Arbeitskraft leben, mußten sich im gleichen Zeitraum mit einer Steigerung von weniger als einem Prozent begnügen.

Die Schieflage in den Verteilungsverhältnissen verschärft den konjunkturellen Abwärtstrend und verstärkt den Entsolidarisierungsprozeß in der Gesellschaft. Die Politik, die behauptet, die Gewinne von heute seien die Investitionen von morgen und die Arbeitsplätze von übermorgen, ist nachweislich mehrfach gescheitert. Aber solange der Widerstand gegen die Umverteilungspolitik zugunsten der Kapital- und Vermögenseinkommen zersplittert bleibt, werden wir mit immer neuen Sparrunden überzogen.

Die reale Ökonomie lahmt, nicht weil die Ansprüche der Eigentumslosen überzogen sind, sondern weil sie zugunsten der Besitzenden zu immer neuen Zugeständnissen gezwungen werden. Das Wachstum der Vermögen der privaten Haushalte ist dank dieser Politik auch in Zeiten eines geringen Wirtschaftswachstums ungebrochen. Wenn wir vom Produktivvermögen in der Wirtschaft absehen, ist eine dynamische Expansion der Privatvermögen zu konstatieren:

1970: 1,5 Billionen DM; 1990: 9,5 Billionen DM; 1994: 12 Billionen DM, darunter über 4 Billionen DM Geldvermögen.

Dieser Reichtum ist extrem ungleich verteilt: Zehn Prozent der Haushalte disponieren über 49 Prozent des aufgehäuften Vermögens, weitere 40 Prozent verfügen gleichfalls über 49 Prozent; und die restlichen 50 Prozent der Haushalte haben einen Privatvermögensanteil von zwei Prozent.

Die Gründe für diese extreme Schieflage in den Verteilungsverhältnissen sind für einen sozialen Rechtsstaat wenig schmeichelhaft: Eine gleichwertige Besteuerung aller Einkommen und eine gestaffelte Belastung der aufgehäuften Privatvermögen findet seit langem nicht mehr statt. Das Bundesverfassungsgericht hat mehrfach die Mängelliste öffentlich gemacht:

- eine unerträgliche steuerliche Bevorzugung von Grund- und Immobilienbesitz,
- eine Zinsbesteuerung, bei der, wie Experten schätzen, nur 25 Prozent der Einkünfte deklariert werden,
- die Möglichkeit der Ausschöpfung von Freibeträgen und Sonderregelungen zur Verminderung des zu versteuernden Einkommens,
- eine erklärte Politik der Begünstigung der Gewinne und der höheren Einkommen.

Nicht die vermeintlich zu hohen Ansprüche der Lohnabhängigen und der Menschen, die von Sozialeinkommen leben, sind das Problem. Der Skandal liegt im Steuerwiderstand und in der Steuerflucht der Besitzenden. Mehr noch: Die Scherenentwicklung von Armut und Reichtum in dieser Gesellschaft führt zu einer Beschädigung der gesamtwirtschaftlichen Produktions- und Einkommenskreisläufe. Mit dem Anwachsen der Vermögenseinkommen und der Verlagerung von Gewinnen aus der Realwirtschaft in den Finanzsektor wird die Binnennachfrage strukturell geschwächt. Zugleich werden die aufgehäuften Eigentumstitel des Vermögenssektors (Zinsen, Mieten, Pachten) zu einer Belastung für den künftig zu erwirtschaftenden gesellschaftlichen Reichtum. Wir erhalten die bekannte Spirale: Die Nettogewinne und Vermögenseinkommen expandieren, die Reichen vergrößern ihr Vermögen durch zusätzliche Finanzanlagen, da die Realwirtschaft keine sichere Verwertung der neu anzulegenden Mittel garantiert. Die Nachfrage bleibt ungenügend, weitere Unternehmen bauen Arbeitsplätze ab oder verschwinden vom Markt.

Diese schädliche Entwicklung wird durch die neokonservative Verteilungspolitik gefördert. Die wachsenden Defizite der öffentlichen Kassen und die stark angeschwollene Staatsschuld legitimieren die Politik des Abbaus öffentlicher Leistungen. Statt der Asymmetrie in den Einkommens- und Vermögensverhältnissen zu Leibe zu rükken, werden der öffentliche Verbrauch und die Sozialeinkommen gekürzt und damit die Kaufkraft und die Binnenmärkte beschädigt. Die Defizite der öffentlichen Kassen werden bewußt instrumentalisiert, um eine »Verschlankung« des Sozialstaates durchsetzen zu können. Mit dieser Politik wird die Fehlentwicklung von gesellschaftlicher Wertschöpfung und Verteilung verfestigt.

Schon die Durchsetzung des geltenden Rechts im Bereich der höheren Einkommen und Vermögen würde erhebliche wirtschafts- und gesellschaftspolitische Gestaltungsspielräume eröffnen. Eine Gesellschaft, die ca. 250 Millionen DM über die Hundesteuer eintreiben kann, müßte – nach entsprechender Aufklärung – in der Lage sein, eine ordnungsgemäße Besteuerung der Einkommen und Vermögen durchzusetzen.

Zuerst muß die gegenwärtige Rechtslage bei der Besteuerung der Zinseinkommen durchgesetzt werden. Cirka 80 Prozent der Steuerpflichtigen sind durch Freibeträge freigestellt. Bei den restlichen 20 Prozent liegt eine erhebliche Steuerhinterziehung vor. Durch Kontrollmitteilungen der Banken und eine entsprechende Praxis der Bundesschuldenverwaltung, die mit dem Management der öffentlichen Schuldtitel beauftragt ist, könnten die Steuereinnahmen um eine Größenordnung von 40 bis 60 Milliarden DM angehoben werden.

Das Jahresaufkommen der Vermögensteuer liegt bei ca. 7 Milliarden DM. 80 Prozent des Aufkommens ergeben sich über Betriebe/Unternehmen. Die Steuer war als Personensteuer angelegt. Sie erfüllt diese Aufgabe längst nicht mehr. Modellrechnungen belegen, daß durch Kombination von Freibeträgen und steuerfrei gestelltem Vermögen eine Steuerveranlagung bei einem Verkehrswert von sechs Millionen DM ohne Vermögensteuerabgabe bleiben kann. Auch die Erbschafts- und Schenkungssteuer ist längst kein Gegengewicht mehr zur wachsenden Konzentration der Privatvermögen.

Zu Recht heißt es: »Nur die Dummen zahlen in dieser Republik Steuern.« Der SPD-Vorsitzende Lafontaine fordert mit Hinweis auf diesen Skandal zu einer Veränderung des Kräfteverhältnisses und einer Rückkehr zu gesellschaftlichen Reformen auf. In der Tat kaufen Autos keine Autos. Löhne sind eben nicht nur Kostenfaktor, sondern sind das Erwerbseinkommen eines Großteils der Bevölkerung. Die weitere Steigerung der Exportanteile und -überschüsse durch Lohnverzicht und Sozialabbau kann die angerichtete Schwächung der Binnennachfrage nicht kompensieren.

Wem zudem die Veränderung der Lebens- und Konsumweise wegen der unübersehbaren Zerstörung der Öko-Systeme am Herzen liegt und wer für ein Umsteuern durch Verteuerung von Rohstoffen und Energie eintritt, der muß an der grundlegenden Reform des Steuer- und Abgabensystems interessiert sein. Jeder Versuch einer Lenkung von Ressourcenverbrauch und Konsum muß scheitern, wenn sich die höheren Einkommen systematisch der Finanzierung der öffentlichen Angelegenheiten entziehen können.

Aber müssen wir uns angesichts der enormen Produktivitätsfortschritte in der Industrie nicht mit dem Verlust weiterer Arbeitsplätze abfinden, wird gefragt. Sicherlich ist jeder Versuch zur Blockierung der technologischen Innovation zum Scheitern verurteilt. Es geht aber nicht um Blockierung, sondern um die Richtung der wissenschaftlichen Entwicklung. Viele ökologische Problemkonstellationen werden sich nur mit einer radikalen Veränderung von Produktions- und Fertigungsmethoden verhindern und bekämpfen lassen. Jede substantielle Reform der entwickelten kapitalistischen Länder zielt neben einem ökologischen Umbau daher auf eine Ausweitung des Non-Profit-Bereichs. Es geht darum, alle jene Aufgaben anzupacken, die vom Markt, aber auch von der staatlichen Verwaltung nur unzureichend oder schlecht gelöst werden können. Umweltschutz, Wohnen, Gesundheit, Bildung und Kultur sind Sektoren, in denen schon heute ein beträchtliches Engagement von gemeinnützigen oder Non-Profit-Organisationen festzustellen ist. Gesellschaften wie die Bundesrepublik Deutschland arbeiten so produktiv und sind so wohlhabend, daß eine radikal veränderte Organisation dieser Aufgabenfelder realisierbar erscheint. Die effiziente gesellschaftliche Wertschöpfung muß verküpft werden mit einem Einkommenstransfer in diese Bereiche. Statt uns immer tiefer in der Sackgasse des Gegensatzes von Reichtum und Armut zu verlieren, sollten wir den vorhandenen Reichtum und die Fähigkeiten in dieser Gesellschaft nutzen, einen attraktiven dritten Sektor aufzubauen. Es hängt von unserem Umgang mit der hochentwickelten Produktivität gesellschaftlicher Arbeit ab, ob wir uns mit dem massiven Anstieg der Arbeitslosigkeit und einer Entsolidarisierung der Gesellschaft arrangieren oder die Chancen zu einer Veränderung des Alltagslebens ergreifen.

Gemeinnützige Tätigkeiten im Non-Profit-Bereich sind eine grundsätzliche Alternative zur traditionellen Lohnarbeit. Jeremy Rifkin, ein US-amerikanischer Journalist, hat mit seiner Festellung recht, daß viele der Elemente des dritten Sektors zu Bausteinen eines Weltbildes werden könnten, das sich vom Nützlichkeitsdenken und dem Verwertungsdrang des Marktsektors unterscheidet. Noch hat allerdings der Geist der Gemeinnützigkeit keine festen Konturen angenommen, und dies hat vor allem damit zu tun, daß die Wertorientierung der Marktwirtschaft - siehe Standort-Ideologie - die Mehrheit immer noch fest im Griff hat.

Hamburger Ermutigung

»Reicher Mann und armer Mann
standen da und sahn sich an.
Und der Arme sagte bleich:
Wär ich nicht arm, wärst Du nicht reich.«

Bert Brecht

»Der Gegensatz zwischen dem, was ist, und dem, was sein kann, ist so total, die Idee der Befriedung und Befreiung der Existenz so realistisch, daß nichts mehr utopisch ist als der Anspruch, ihre Verwirklichung verhindern zu können.«

Herbert Marcuse

Behauptet wird, alle Kassen seien leer. Behauptet wird, »wir hätten über unserer Verhältnisse« gelebt. Behauptet wird, es müsse noch mehr gestrichen und gekürzt werden an sozialen Leistungen, in den Etats von Kultur und Bildung, am Umweltschutz, am Gesundheitswesen oder an der Entwicklungshilfe. Behauptet wird, Haushaltslöcher und Staatsverschuldung ließen keine Alternative zum Abbau öffentlicher Leistungen, zur Verscherbelung von Volksvermögen und zum Sparen selbst auf Kosten der wachsenden Zahl von Erwerbslosen, Obdachlosen und Sozialhilfeempfängern, darunter überdurchschnittlich vielen Kindern.

Reden wir vom reichen Deutschland

Tatsache ist: Geld ist genug da! Die Bundesrepublik Deutschland ist eines der reichsten Länder dieser Erde. Allen als schicksalhaft suggerierten Sparzwängen zum Trotz wächst der gesellschaftlich produzierte Reichtum. Das hierzulande produzierte Bruttoinlandsprodukt ist fast so groß wie das, was Frankreich und Großbritannien zusammen erwirtschaften. Deutsche Unternehmen dominieren auf dem Weltmarkt in vielen Bereichen. Hinter der US-amerikanischen Wirtschaft ist die deutsche Wirtschaft Vize-Weltmeister beim Export (nicht nur von Rüstungsgütern). Das deutsche Handelsvolumen ist größer als das der EU-Länder Spanien, Portugal, Irland, Dänemark, Schweden, Finnland, Luxemburg, Österreich und Griechenland zusammengenommen. Nach Milliarden Mark rechnen sich die Gewinne, die vor allem die deutschen Banken und Versicherungen, Chemie-, Energie- und andere Konzerne erzielen. Allein im ersten Halbjahr 1995 haben deutsche Firmen für 27 Milliarden Mark im Ausland investiert oder/und ausländische Firmen aufgekauft. Das war etwa soviel wie im gesamten Jahr zuvor. Die privaten Geldvermögen in Deutschland haben sich in den vergangenen zwei Jahrzehnten nahezu versechsfacht. In der Summe haben private Haushalte ein riesiges Geldvermögen von 4,3 Billionen (4 300 000 000 000) Mark angesammelt. Das ist dreimal mehr als die Summe der privaten Schulden (366 Milliarden Mark an Konsum- und 1 120 Milliarden Mark an Baukrediten).

Reden wir von den Superreichen

Tatsache ist auch: Dieser gesellschaftlich produzierte Reichtum wird höchst ungleich angeeignet. Eine Minderheit profitiert von ihm deutlich stärker als die große Mehrheit der Bürgerinnen und Bürger. Zwar verfügen inzwischen rund eine Million Haushalte – überwiegend in Westdeutschland – über monatliche Einkünfte in Höhe von rund 10 000 Mark und mehr. Das heißt, sie haben mindestens das Doppelte eines Durchschnittseinkommens. Doch die hinter diesen Zahlen verborgene Gruppe der Wohlhabenden ist so heterogen, daß die wirklich Reichen darin untertauchen. Wer sind die Reichsten im ganzen Land? Die sonst fast alle Lebensbereiche erfassende amtliche Statistik gibt keine Antwort auf diese Frage. Sie enthält keine Angaben über die Zahl der Millionäre und Milliardäre. Die Superreichen scheuen das Licht der Öffentlichkeit. Stören wir diese von den Geldgiganten gewünschte Diskretion!

Denn unbestreitbar ist, Superreiche wie Otto, Haub, Albrecht, Waldburg-Zeil, Guttenberg, Flick, Beisheim, Mohn, Kirch und andere verfügen nicht nur über riesige Vermögen, sie üben auch ökonomische und politische Macht aus. Angesichts des Konzentrationsprozesses in der Wirtschaft gilt mehr denn je, was Bernt Engelmann bereits Mitte der 70er Jahre beschrieb: Die Summe dessen, was einzelne Familien mit den von ihnen beherrschten Unternehmen alljährlich umsetzen, ist nicht selten größer als der gesamte Haushalt mittlerer Bundesländer; privater Grundbesitz übertrifft an Ausdehnung das Areal ganzer Landkreise, und selbst der private Verbrauch einer stattlichen Anzahl von Geldgiganten ist bedeutender als der Jahresetat vieler reicher Gemeinden, ganz zu schweigen davon, daß es die Gesamtzahl der von einzelnen Superreichen abhängigen Familien durchaus mit dem Bevölkerungsstand bundesdeutscher Metropolen aufnehmen kann.

Reden wir vom Wesen der Profitlogik

Unübersehbar ist: Reichtum und Wohlstand stehen hierzulande neben krasser Armut. Während der verschwenderische Konsum teurer Luxusgüter boomt, suchen gleichzeitig immer mehr Menschen nach Eßbarem in Müllcontainern, weil ihre Sozialhilfe nicht bis zum Ende des Monats reicht. Immer weiter entfernt sich die soziale Realität vom einstigen Versprechen: »Wohlstand für alle« (Ludwig Erhard) zu schaffen. Vor allem in den armen Ländern des Südens offenbart sich dieses Versagen der inzwischen global triumphierenden kapitalistischen Wirtschaftsweise, die zudem die natürlichen Lebensgrundlagen immer mehr zerstört. Reden wir öffentlich über dieses Versagen, denn es ist kein Zufall. Reden wir davon, daß die unterschiedliche Verteilung des Reichtums in der ökonomischen Logik der allein am Profit ausgerichteten kapitalistischen Produktionsweise liegt. Reden wir davon, aus welchen Quellen sich unter kapitalistischen Bedingungen der Reichtum speist: aus der privaten Aneignung des Mehrwerts beim Verbrauch fremder Arbeit. Reden wir davon, daß auch der Zins auf Vermögen und die Rendite, die Grundeigentum abwirft, letztendlich bezogen sind auf die »vampirmäßige Aussaugung« (Karl Marx) von Arbeit durch das Kapital. Machen wir deutlich, wie einige in dieser Gesellschaft dank ihrer Privilegien, ihrer Machtpositionen und ihres Reichtums immer noch reicher werden können.

Reden wir von der Rolle des Staates

Reden wir von der immer wichtiger werdenden Rolle, die der Staat in diesem Prozeß der Produktion, Abschöpfung und Verteilung des Reichtums spielt. Wie er unter der herrschenden Politik eine möglichst optimale Verwertung des Kapitals am jeweiligen »Standort« sichert. Reden wir davon, daß angesichts des Konkurrenzkampfes der

Einzelkapitale und der beständigen Revolutionierung der Produktionsprozesse sowie der Erhöhung der Produktivität der erreichte Schlüssel für die Verteilung des gesellschaftlich erzeugten Reichtums immer wieder umkämpft ist. Genauso umkämpft wie die Erfolge gesellschaftlicher Regulierung der Kapitalverwertung, mögen diese auch per Gesetz oder Tarifvertrag fixiert sein. Diese Erfolge müssen immer wieder neu errungen werden. Das fällt um so schwerer, wenn es dem Kapital angesichts der millionenfach angewachsenen Zahl von Erwerbslosen gelingt, Arbeitskraft billiger einzukaufen und durch Internationalisierung der Kapitalverwertung national beschränkte Regulationsmechanismen ins Leere laufen zu lassen. Seien wir ohne Illusionen: Überall dort, wo das Kapital nicht von der Gesellschaft zur Rücksichtnahme und zur Abgabe von Reichtum gezwungen wird, ist es bei seiner Jagd nach Mehrwert und Profit rücksichtslos gegen Mensch und Natur.

Reden wir von der Umverteilung von unten nach oben

Reden wir davon, wie insbesondere konservative Regierungen die Reichen immer reicher machen, indem sie den abhängig Beschäftigten in die Tasche greifen und auf Kosten der Armen an sozialen Leistungen sparen. Verweisen wir nicht nur auf Beispiele wie den früheren US-Präsidenten Ronald Reagan oder die britische Premierministerin Margaret Thatcher, die bei der Umverteilung von unten nach oben besonders skrupellos vorgingen: Seit ihrem Amtsantritt hat auch die Regierung Kohl ihre Politik unter der verschleiernden Parole »Leistung muß sich wieder lohnen« entsprechend ausgerichtet. Mit Hilfe von Sozialabbau, Subventions- und Steuerpolitik wurden und werden jährlich zig Milliarden in die Taschen der Wohlhabenden und Reichen umgeschichtet. So sorgt die Regierung dafür, daß die Kluft zwischen Löhnen und Unternehmergewinnen wächst und der Anteil der abhängig Beschäftigten an der Konsumtion des von ihnen produzierten Reichtums schrumpft.

Reden wir von den Steuergeschenken und Steuerparadiesen für Reiche

Reden wir davon, daß die Unternehmen mit den typischerweise von ihnen zu zahlenden Steuern auf Einkommen, Gewerbekapital und -ertrag sowie auf Vermögen nur noch 15 Prozent zum Steueraufkommen in der Bundesrepublik Deutschland beitragen. Anfang der 80er Jahre waren es noch 24 Prozent. Dagegen ist seit Kohls Kanzlerschaft der Anteil der von den abhängig Beschäftigten zu zahlenden Lohnsteuer am Gesamtaufkommen von 20 auf 34 Prozent gestiegen, der Anteil der Mehrwertsteuer von 25 auf 30 Prozent. Reden wir davon, daß seit 1983 das Lohnsteueraufkommen um 107 Prozent gestiegen ist, daß dagegen die veranlagte Einkommensteuer der Spitzenverdiener um 10 Prozent und die Körperschaftssteuer - sozusagen die Lohnsteuer der Unternehmen - gar um 17 Prozent gesunken sind. Massive Senkungen der Unternehmenssteuern hatten 1994 zur Folge, daß die Nettoeinkommen aus Unternehmertätigkeit schneller wuchsen als die Bruttoeinkommen: Während die Unternehmer brutto ein Plus von 8,4 Prozent verbuchen konnten, betrug ihr Zuwachs beim Nettogewinn 12,1 Prozent - die Nettoeinkommen der abhängig Beschäftigten verzeichneten Nullwachstum.

Reden wir davon, daß in der Bundesrepublik Deutschland nur etwa 55 Prozent der Einkommen aus Unternehmertätigkeit und Vermögen als zu versteuerndes Einkommen in den Statistiken der Finanzämter auftauchen (so eine Untersuchung des Deutschen Instituts für Wirtschaftsforschung), daß aber die zu versteuernden Einkommen der abhängig Beschäftigten zu 90 Prozent vom Fiskus erfaßt werden. Diese ungerechte Besteuerungslücke summiert sich (bei einem Grenzsteuersatz von 40 Prozent) zu rund 85 Milliarden Mark an Einnahmeausfällen pro Jahr. Reden wir davon, daß die oberen zehn Prozent der Steuerzahler (so eine Studie des Mannheimer Zentrums für Europäische Wirtschaftsforschung) nur 60 Prozent ihrer Einkommen beim Finanzamt offenlegen. Machen wir zum Thema, daß leistungslose Einkünfte wie die privaten Veräußerungsgewinne, die nur innerhalb eng begrenzter Spekulationsfristen steuerpflichtig sind, vom Fiskus verschont bleiben. Daß dagegen die durch Lohnarbeit hart verdienten Leistungseinkünfte steuerlich stärker denn je belastet werden. Reden wir davon, daß Großbetriebe im Schnitt nur alle 4,1 Jahre, Mittelbetriebe nur alle 9,7 Jahre und Kleinbetriebe sogar nur alle 32 Jahre mit einer Steuerprüfung rechnen müssen. Reden wir davon, daß eine schärfere Kontrolle politisch nicht gewollt ist, denn der zahlenmäßige Mangel an Betriebsprüfern wird seit Jahren folgenlos beklagt. Dabei haben Betriebsprüfer beispielsweise im Jahr 1990 vorenthaltene Steuern in Höhe von 11,5 Milliarden Mark ausfindig gemacht - eine Leistung pro Beamten von 2,4 Millionen Mark.

Reden wir von der ganz legalen Steuerflucht

Reden wir davon, daß das deutsche Steuersystem immer unübersichtlicher wird – und allein schon dadurch immer ungerechter: Nach Expertenschätzungen (so die Gewerkschaftszeitung »metall«) sind rund ein Drittel aller von den Finanzämtern verschickten Steuerbescheide falsch. Nur wer sich hoch bezahlte Berater leisten kann, blickt im Steuerdschungel noch durch. Dort aber tun sich gerade für Unternehmen und Spitzenverdiener zahlreiche Pfade zur ganz legalen Steuerflucht durch »Steuergestaltung« auf: So stieg beispielsweise (laut »Stern«) der Konzerngewinn der Deutschen Bank von 1990 auf 1993 um 77 Prozent, aber die Steuerzahlungen sanken aufgrund von Gewinnumbuchungen ins Ausland um neun Prozent. Der Siemens-Konzern konnte (laut »Stern«) im gleichen Zeitraum seinen ausgewiesenen Profit zwar nur um vier Prozent steigern, zahlte aber gleich 71 Prozent weniger Steuern. Vor allem im Rahmen des sogenannten »Aufbau Ost« wurden die Möglichkeiten der legalen Steuerflucht noch vielfältig erweitert. Investitionen werden dort selbst dann mit Sonderabschreibungen von bis zu 50 Prozent begünstigt, wenn sie ökonomisch unsinnig sind und vor allem einen Effekt haben: In Westdeutschland »zahlen viele Umsatzmillionäre keine Steuern, weil sie die Abschreibungsmöglichkeiten im Osten nutzen« (so Schleswig-Holsteins Ministerpräsidentin Heide Simonis). Mit rund 19,5 Milliarden Mark zahlten 1995 die Unternehmen vom Großkonzern bis zur Kleinst-GmbH gut eine Milliarde Mark weniger an den Fiskus, als Deutschlands Raucher über die Tabaksteuer abführen – die Lohnsteuerzahler bringen derweil 284 Milliarden Mark auf.

Reden wir von den Steuerfluchtburgen im Ausland

Reden wir davon, daß die Besser- und Spitzenverdiener Milliardensummen ihres Vermögens heimlich ins Ausland transferieren, um der nationalen Zinsbesteuerung zu entgehen. Reden wir davon, daß ihnen die deutschen (Groß-)Banken dabei helfen und über ihre Auslandstöchter daran mitverdienen. So wurden allein vom August bis Oktober 1992 rund 46 Milliarden Mark zur Vermeidung der nationalen Zinsbesteuerung überwiegend in Steueroasen wie Luxemburg oder Liechtenstein angelegt. Obwohl der Sparerfreibetrag von der Bundesregierung auf 6000 Mark verzehnfacht wurde, melden Spitzenverdiener gerade mal noch fünf Pfennig von jeder zusätzlich eingenommenen Zins-Mark beim Finanzamt an. So konnte beispielsweise 1994 der Fiskus lediglich elf Milliarden Mark verbuchen statt der geschätzten 24 Milliarden Mark, die eigentlich aus der Besteuerung der Zinseinnahmen hätten eingenommen werden müssen. Reden wir davon, warum das Steuergeheimnis hierzulande als heilig gilt und warum die europäischen Regierungen die Steuerfluchtburgen der Reichen bis heute nicht geschlossen haben.

Reden wir von den Steuerprivilegien der Reichen

Hier nur zwei Beispiele: Reden wir von den zahlreichen Luxuskarossen, die fast durchweg als steuerfreies Produktivvermögen durchs Land fahren. Reden wir davon, daß Unternehmerautos selbst dann als Betriebsausgaben deklariert werden, wenn sie privat genutzt werden. Daß sich die jährlichen Steuerverluste durch Geschäftswagen auf rund acht Milliarden Mark belaufen. Reden wir vom sogenannten »Dienstmädchenprivileg«, womit das Finanzamt die häusliche Fürsorge (Steuerausfall rund 500 Millionen Mark) bei Besserverdienenden subventioniert.

Reden wir von den Staatsschulden, die die Reichen noch reicher machen

Reden wir von den Staatsschulden, die für die Vermögensbesitzer zum Dukatenesel geworden sind: Auf zwei Billionen Mark ist inzwischen die Verschuldung der öffentlichen Haushalte angewachsen – nicht zuletzt als Folge der Steuerpolitik der Bundesregierung. Zwei Billionen Mark, die mit Zins und Tilgung bedient werden müssen, mit Steuergeldern, die dem Staat zur politischen Gestaltung fehlen. Steuergelder, die das Vermögen der vermögenden Gläubiger der Staatsschulden noch mehr mehren. Allein 1992 hat die öffentliche Hand 100,7 Milliarden Mark an Zinsen gezahlt, die als Vermögenseinkommen bei Banken, Unternehmen und Besserverdienenden ankommen.

Und ziehen wir Konsequenzen

Die Kluft zwischen Arm und reich wird immer größer. Aus diesem Befund müssen Konsequenzen gezogen werden. Also: *Ziehen wir die Konsequenzen!*

I.
Wer Gerechtigkeit als Ziel der Demokratie ansieht und wer Armut bekämpfen will, darf zum realen Reichtum in Deutschland nicht schweigen. Reden wir über diesen Reichtum – und wie er entsteht. Diskutieren wir, wie von dem Reichtum, der gesellschaftlich produziert wird, mehr in die öffentlichen Kassen umgeleitet werden kann, zum Wohle aller Menschen. Erinnern wir uns an das soziale Motiv der Demokratie!

II.
Widersprechen wir den oft nachgeplapperten Propagandasprüchen der Reichen und ihrer politischen Helfer, daß die Kassen leer seien, daß die Staatsquote sinken müsse, daß öffentliche Armut erfinderisch und kreativ mache. Privater Reichtum wird nicht produktiv, sondern versteckt sich und flüchtet. Nur reiche Leute können sich einen armen Staat leisten. Fordern wir den Umbau unseres Steuersystems und die Aufhebung des Steuer- und Bankgeheimnisses!

III.
Finden wir uns mit der millionenfachen Erwerbslosigkeit nicht ab. Werden wir nicht müde in der Kritik an der herrschenden Politik, die die Erwerbslosen bekämpft statt der Erwerbslosigkeit, die die »Sozialschmarotzer« beschimpft, aber die Sozialhilfeempfänger meint und nicht die Steuerflüchtlinge. Reden wir über radikale Schritte zur Arbeitszeitverkürzung: 20000 Lebensarbeitsstunden sind genug, den Wohlstand zu erhalten.

IV.
Wer die gegenwärtige Verteilung der Sozialchancen nicht für das Ende der Geschichte hält, muß die Zumutungen verstärkter Ausbeutung ablehnen. Anstatt auf Empfehlungen zum »Teilen in der Klasse« abzufahren, muß eine Gewerkschaftspolitik, die das Ziel einer solidarischen Gesellschaft nicht aufgibt, die Solidarität der abhängig Beschäftigten gegen die Umverteilung nach oben stärken.

V.
Reden wir von den Zukunftsinvestitionen: Bildung, Gesundheit, Kultur, Umweltschutz, Altersfürsorge, öffentlicher Wohnungsbau. Eine reiche Gesellschaft kann das für alle Bürger zur Verfügung stellen. Und es muß dabei bleiben, daß dies in unserem Sozialsystem öffentlich finanziert und der Profitlogik weitgehend entzogen wird. Lassen wir unsere politische Phantasie nicht von den ständigen »Es-ist-kein-Geld-da!«-Behauptungen lähmen. Reden wir über eine Entschuldungskampagne: Schuldenerlaß für die Länder des Trikonts.[1] Zinsverzicht für die Gläubigerbanken. Nehmen wir nicht hin, daß immer mehr soziale und kulturelle Errungenschaften kaputtgespart und weggekürzt werden: Schuldenerlaß für die Kommunen, finanziert beispielsweise durch eine Anleihe mit Zeichnungspflicht für Banken, Bausparkassen, Investmentfonds und Versicherungen und Minimalverzinsung in Höhe der Inflationsrate. Die Reichen und Vermögenseigentümer müssen ihren Reichtum nicht auch noch dank der wachsenden Staatsschulden mehren können!

VI.
Reden wir! Reden wir öffentlich! Wenn wir schweigen, dringt nichts mehr durch die von den Reichen beherrschten Medien nach außen! Begnügen wir uns nicht mit Pfennigen. Jede Mark, die mehr in Bildung und Bafög, Krankenhäuser, Theater und Turnvereine, Bürgerhäuser und Biotope gesteckt wird, weil wir protestieren, kann nicht für Kanonen und Kampfpanzer ausgegeben werden. Reden wir! Denn wenn wir schweigen, machen wir uns mitschuldig an den Verwüstungen, die ein entfesselter Kapitalismus anrichtet, und machen die mutlos, die schlechter leben als wir.

1 Trikont: die armen länder Asiens, Afrikas und Lateinamerikas – d. H.

Die Autorinnen und Autoren

Andreas Bachmann, geb. 1962, Versicherungskaufmann, arbeitsmarktpolitischer Sprecher der GAL-Fraktion von 1987–1991, seit 1993 Mitglied der Hamburger Bürgerschaft, Gewerkschaftsreferent der Grüne/GAL Hamburg.

Horst Bethge, geb. 1955, Lehrer in Hamburg, div. Funktionen in der GEW Hamburg. Veröffentlichungen zur Bildungspolitik, zu Fragen der Demokratie und des Friedens und zu Bildungsinhalten.

Dr. *Joachim Bischoff,* geb. 1944, Wirtschaftswissenschaftler, Journalist, Redakteur der Monatsschrift »Sozialismus«. Letzte Veröffentlichung: »Restauration oder Modernisierung? Entwicklungstendenzen des globalen Kapitalismus« (1995).

Heinrich Bleicher-Nagelsmann, geb. 1952, seit 1985 beim Hauptvorstand der IG Medien, vorher Studium der Publizistik und Arbeit als Redakteur bei einer Lokalzeitung.

Rainer Butenschön, geb. 1951, politischer Redakteur der »Neuen Presse«, Hannover.

Dr. *Christoph Butterwegge,* geb. 1951, Professor für Sozialpolitik an der Fachhochschule Potsdam und Privatdozent für Politikwissenschaft an der Universität Bremen. Arbeitsschwerpunkte: Armut und Sozialstaatsentwicklung, Rassismus, (Jugend-)Gewalt und Rechtsexremismus, Migration und Asylpolitik, Rüstungskonversion.

Klaus Carlin, geb. 1947, Sozialwissenschaftler, Vorstandsmitglied der Gewerkschaft HBV (Zuständigkeitsbereiche u. a.: Banken, Versicherungen, Ersatzkassen).

Dr. *Eberhard Dähne,* geb. 1938, Diplomlandwirt, Sozialwissenschaftler, 1973–1989 Mitarbeiter am Institut für Marxistische Studien und Forschungen (IMSF) in Frankfurt a. M., seit 1989 Freiberufler.

Dr. *Friedrich Heckmann,* geb. 1953, Professor für Sozialethik an der Evangelischen Fachhochschule Hannover, Fachbereich Sozialwesen mit den Arbeitsschwerpunkten Ethik und Ökologie.

Raimund Hethey, geb. 1953, erwerbsloser Akademiker, Redakteur der Antifa-Zeitschrift »Der rechte Rand«. Zahlreiche Beiträge zur Thematik »Neofaschismus«, Mitherausgeber des Bandes: »In bester Gesellschaft. Antifa-Recherche zwischen Konservatismus und Neofaschismus« (1991).

Dr. *Jörg Huffschmid,* geb. 1940, Hochschullehrer für politische Ökonomie und Wirtschaftspolitik an der Universität Bremen. Mitglied der Arbeitsgruppe Alternative Wirtschaftspolitik (Memorandum-Gruppe). Veröffentlichungen u.a.: »Wem gehört Europa?, Wirtschaftspolitik und Kapitalstrategien (2 Bde., 1994).

Dieter Hummel, geb. 1955, Rechtsanwalt, Vorsitzender der Vereinigung demokratischer Juristinnen und Juristen.

Dr. *Ernst-Ulrich Huster,* geb. 1945, Professor für Politikwissenschaft an der Evangelischen Fachhochschule in Bochum, Mitglied im Observatorium der EU zur Analyse nationaler Politik gegen soziale Ausgrenzung im Rahmen des 3. Armutsprogramms. Autor verschiedener Untersuchungen zu Verteilungsfragen, so u. a.: »Reichtum in Deutschland. Der diskrete Charme der sozialen Distanz (Hg., 1993); »Neuer Reichtum und alte Armut« (1993).

Dr. *Heidi Knake-Werner,* geb. 1943, Sozialwissenschaftlerin, seit 1994 Abgeordnete des Deutschen Bundestags für die Gruppe der PDS, stellvertretende Fraktionsvorsitzende und Leiterin des Bereiches Arbeitsmarkt- und Sozialpolitik.

Otto Köhler, geb. 1935, Redakteur bei »Pardon«, dann Kolumnist des »Spiegel«, seit 1972 freischaffender Journalist und Schriftsteller. Buchveröffentlichungen u. a.: »... und heute die ganze Welt – Die Geschichte der IG Farben und ihrer Väter«; »Wir Schreibtischtäter – Journalisten unter Hitler und danach«.

Ulrich Podszuweit, geb. 1954, Sozialwissenschaftler, wissenschaftlicher Mitarbeiter am Forschungsprojekt »Sozialatlas Hamburg« an der Fachhochschule Hamburg. Publikationen u. a. zu Armuts-, Reichtums- und Stadtentwicklung.

Hans Reich, geb. 1954, Schuldnerberater beim Deutschen Roten Kreuz, Braunschweig.

Dr. *Udo Reifner,* geb. 1948, Professor an der Hochschule für Wirtschaft und Politik Hamburg, Direktor des Instituts für Finanzdienstleistungen e. V.

Rainer Roth, geb. 1944, Professor an der Fachhochschule Frankfurt a. M., Fachbereich Sozialarbeit, Vorsitzender von KLARtext e. V. Veröffentlichungen: zahlreiche Leitfäden zur Sozialhilfe und »Über den Monat am Ende des Geldes« (eine empirische Untersuchung über das Leben mit Sozialhilfe).

Gisbert Schlemmer, geb. 1946, Diplomsoziologe, seit 1979 bei der Gewerkschaft Holz und Kunststoff (u. a. als Leiter der Abteilung Humanisierungsprojekt, Bezirksleiter Baden-Württemberg), seit Oktober 1993 Vorsitzender der Gewerkschaft Holz und Kunststoff.

Dr. *Fred Schmid,* geb. 1938, freier Journalist, Mitarbeiter beim isw – sozialökologische Wirtschaftsforschung e. V., München. Arbeiten und Publikationen u. a. zu Militär-Industrie-Komplex, Globalisierung der Wirtschaft, Europastrategie des deutschen Kapitals, Konzern- und Branchen-Analysen.

Dr. *Wolfgang Schoeller,* geb. 1943, Professor an der Hochschule für Wirtschaft und Politik, Hamburg.

Dr. *Herbert Schui,* geb. 1940, Professor für Volkswirtschaftslehre mit den Spezialgebieten Verteilung, Konjunktur- und Geldtheorie und -politik an der Hochschule für Wirtschaft und Politik in Hamburg, Mitglied der Arbeitsgruppe Alternative Wirtschaftspolitik. Letzte Buchveröffentlichungen: »Ökonomische Grundprobleme des entwickelten Kapitalismus« (1991); »Die ökonomische Vereinigung Deutschlands. Bilanz und Perspektiven« (1991).

Dr. *Hans See,* geb. 1934, Professor für Sozialpolitik und Wirtschaftskriminologie an der Fachhochschule Frankfurt a. M. Veröffentlichungen u. a.: »Kapital-Verbrechen. Die Verwirtschaftung der Moral« (1992); »Die Macht der Banken – Wie Menschen und Völker, Städte und Staaten in Schulden versinken«, in: Gegen die Soziale Lüge – Armut und Verelendung im reichen Deutschland« (1993); »Wirtschaft und Politik im Spannungsfeld der Korruption«, in: »Korruption in Deutschland.« Dokumentation einer Tagung der Friedrich-Ebert-Stiftung am 16. und 17. Februar 1995 in Berlin.

Dr. *Manfred Sohn,* geb. 1955, Angestellter und Gesamtpersonalrat bei der Versicherungsgruppe Hannover (VGH).

Eckart Spoo, geb. 1936, Journalist. Buchveröffentlichungen u. a.: »Die Tabus der bundesdeutschen Presse« (Hg.; 1971); »Fetisch Eigentum« (Hg.; 1972); »Unser Faschismus nebenan« (mit Günter Wallraff; 1975); »Anspruch auf Wahrheit« (Hg. gemeinsam mit Bernt Engelmann u. a.; 1981); »Kohl-Zeit – Ein Kanzler und sein Deutschland (Hg.; 1991); »Was aus Deutschland werden sollte. Konzepte des Widerstands, des Exils und der Alliierten« (mit Reinhard Kühnl; 1995); »Weltmacht Deutschland« (mit Dietrich Heimann u. a.; 1996).

Dr. *Klaus Steinitz,* geb. 1932, Profesor, bis 1989 tätig in Lehre und Forschung im Hochschulwesen und an der Akademie der Wissenschaften der DDR sowie in der Staatlichen Planungskommission (1967–1979); 1990–1993 Mitglied des Parteivorstands und Präsidiums der PDS, ab 1991 Sprecher der AG Wirtschaftspolitik beim Parteivorstand, 1990 Mitglied der letzten Volkskammer der DDR und des Deutschen Bundestages (Okt.–Dez.).

Susanne Uhl, geb. 1966, seit 1993 Mitglied der GAL-Fraktion in der Hamburgischen Bürgerschaft, zuständig für den Bereich Wohnungs- und Baupolitik.

Andrea Weinert, geb. 1958, Diplomvolkswirtin, 1985–89 wissenschaftliche Mitarbeiterin Universität Paderborn, 1989–95 wissenschaftliche Mitarbeiterin Kirchlicher Dienst in der Arbeitswelt, jetzt Pressesprecherin des Niedersächsischen Sozialministeriums.

Dr. Dr. *Stefan Welzk,* geb. 1942, Wirtschaftswissenschaftler, Forschungsprojekte zu Finanzentwicklung, zu Finanzierungsmethoden und Investitionsverhalten von Kapitalgesellschaften der deutschen Industrie, 1988–1991 Referatsleiter Wirtschaft der Gewerkschaft NGG, seit 1991 im Ministerium für Bundes- und Europaangelegenheiten Schleswig-Holstein, Landesvertretung Bonn. Schreibt für diverse Zeitungen (u. a. Kursbuch, Blätter für deutsche und internationale Politik) und Rundfunkstationen, Buchpublikationen u. a.: »Boom ohne Arbeitsplätze« (1986); »Vom Börsencrash zur Wirtschaftskrise« (1988), »Europa 1992. Flopp oder Fortschritt« (1990).

Dr. *Harald Werner,* geb. 1940, Sozialwissenschaftler, arbeitet in Bonn bei der Bundestagsgruppe der PDS, ist Mitglied im Parteivorstand und dort gewerkschaftspolitischer Sprecher.

Heinz in der Wiesche, geb. 1933, Schriftsteller und bildender Künstler.